2021年合肥市教育科学规划课题
《家校共育背景下提升家长教育胜任力的课程实践研究》
（课题批准号HJG22054）
阶段性研究成果之一

QIMING YINLING
FUXIAO GONGSHENG
——JIA XIAO GONGYU GONGZUO SHIJIAN

启明引领 拂晓共生

启迪心灵 明亮人生

——家校共育工作实践

冯璐 等——著

时代出版传媒股份有限公司
安徽文艺出版社

图书在版编目（ＣＩＰ）数据

启明引领　拂晓共生：家校共育工作实践/冯璐等著. —合肥：安徽文艺出版社，2023.11
　ISBN 978-7-5396-5992-3

　Ⅰ．①启…　Ⅱ．①冯…　Ⅲ．①中小学－学校教育－合作－家庭教育－研究　Ⅳ．①G636

中国版本图书馆 CIP 数据核字(2022)第 048561 号

出 版 人：姚　巍
责任编辑：姜婧婧　　　　　　　　装帧设计：张诚鑫
....
出版发行：安徽文艺出版社　　www.awpub.com
地　　址：合肥市翡翠路 1118 号　　邮政编码：230071
营 销 部：(0551)63533889
印　　制：合肥创新印务有限公司　(0551)64456946
....
开本：710×1010　1/16　印张：23.25　字数：360 千字
版次：2023 年 11 月第 1 版
印次：2023 年 11 月第 1 次印刷
定价：68.00 元
....

序

家校共育才会使教育更科学更有力量

  拜读了合肥市师范附属小学组织编写的《启明引领 拂晓共生》一书,深感真正办教育的人必须具备情怀、智慧与坚守三大品质。这本书是合肥市师范附属小学与合肥市冯璐名校长工作室的家校共育经验荟萃,集中体现了以上所说的三大品质。没有情怀,只会把学校单纯看成教师与学生互动的场所,不会看到家庭教育的功能;没有智慧,更看不到智能化推动了家校共育,学校教育已不是教育的唯一;没有坚守,就不会有今天这本令教育同行敬慕的成果汇编。这些品质,会成为合师附小越走越远、越做越强的发展动力,因为它走在一条符合教育规律与发展趋势的正确之路。让家庭与学校成为教育的伙伴,各司其职,分担责任,这已成为国际教育改革与发展的成功经验。但这个国际共识,在我们的教育管理中仍任重道远。《中华人民共和国家庭教育促进法》从 2022 年 1月 1日正式实施,给予家校共育法律支持,令人鼓舞。合师附小这个研究成果展示了它们的教育远见。

  家校共育是指家庭和学校两个相对独立的社会组织进行的一种旨在促进青少年儿童健康发展的相互配合、相互协调的互助活动。家校共育不仅对青少年儿童的发展具有很大的推动作用,而且对家长和教育工作者教育水平的提高以及中小学管理的现代化都有重要的意义。

  没有家长的配合,学校教育孤掌难鸣;而没有学校和相关部门的指导,家庭教育也举步维艰。面对两代独生子女群体和社会种种影响的冲击,家庭和学校教育都遇到了前所未有的困难和挑战,家庭和学校只靠本身的力量难以提高教育效果。因此,家庭比以往任何时候都需要学校帮助,学校比以往任何时候都需要家长支持。学校教育与家庭教育存在着天然的联系,家校合作愉快,受益最大的是学生;家校发生冲突,受害的不只是学生,还有家人、他人,甚至还会危害社会。如果把学校教育比作双轮手推车的一个轮子,那么,家庭教育就是另一个轮子。只有双轮驱动,才能将孩子平稳地推向未来。

家校共育的核心是亲师协同,亲师协同就是孩子的父母与老师配合工作。家长与教师将教育资源结合在一起,进行互补,孩子的成长会更健全,学习效果会更好。亲师协同的共同出发点是家长与教师对孩子真诚的关爱。亲师协同的基本要求是在工作上的相互支持。不支持就谈不上合作,就会出现不良的结果。家庭、学校和学生的关系,可以用等腰三角形做比喻:学生是顶点,家庭和学校是底边的两个点。命题是:底边越长,顶点越低;底边越短,顶点越高。结论是:家庭和学校距离越远,学生的发展预期越低;家庭和学校的距离越近,学生的发展预期越高。事实上,一个孩子走进学校之后,家庭和学校就成了同盟军,把孩子培养成人、塑造成才是双方的共同目标。这一共同目标使他们同心、同德、同向、同行、同育。这种共同的愿景构成家校共育、亲师协同的基础。

现代学校制度构建起专业化的教师队伍,作为孩子第一任老师的家长若无专业化的知识与方法,把孩子养育得人伦不通、生活无能,期望第二任的学校老师把孩子变得优秀,无异于痴人说梦。家校共育、亲师协同,合肥市师范附属小学的研究与探索,是对我国当前家校社协同育人机制建设的重大贡献,也是对《中华人民共和国家庭教育促进法》正式实施的贺礼,向本书的编写团队致敬!

(序者系中国国际民间组织合作促进会理事兼家长与教师合作管理委员会理事长、中国教育学会学术委员会委员兼家庭教育专业委员会副理事长、东北师范大学家庭教育研究院院长。)

赵　刚

2022 年 2 月 20 日

自　序

习近平总书记在全国教育大会上指出："家庭是人生的第一所学校，家长是孩子的第一任老师，要给孩子讲好'人生第一课'，帮助扣好人生第一粒扣子。"近年来，国家多次从政策层面出发，要求加强家庭教育，实践家校共育模式，家校共育的师资培养和课程建设工作成为各区教育主管部门家校共育工作的焦点问题。2022年1月《中华人民共和国家庭教育促进法》正式实施，家庭教育正式从"家事"变为了"国事"，同时也让各中小学、教育主管部门和社会机构更加清晰了自己的责任与使命。教育是一个需要学校、家庭和社会三方合力的终身事业，是我们每一个人的责任。

我进入师范附小已经二十余年了，深知学校办学工作中家校共育的重要性。尤其是师范附小集团化办学以来，学生数量越来越多，如何让家庭教育与学校教育形成合力，成为我们一直关注的课题。因此，合肥市师范附属小学教育集团与我所主持的冯璐名校长工作室成员一直积极关注家校共育工作，共同探索新时代背景下的家校共育实践路径。

师范附小在"启明"教育理念引领下开展家校社共育工作，以包河区教体局下发的《合肥市包河区"党建领航　家校共育"工作试行方案（2020—2021）》为引导，与所在社区协同合作，共同开展"拂晓共生　儿童为本"家校社共育项目。此项目以家校共育的课程建设为突破口，坚持"拂晓共生　儿童为本"的核心理念，集结学校、社会和家庭的力量，构建"拂晓同心圆"共育新模式。

坚持"拂晓共生　儿童为本",打造共育新模式

师范附小的家校共育工作坚持"拂晓共生　儿童为本"的核心理念。"拂晓共生"是构建师范附小共育新模式的使命。其一,"拂晓",既是从黎明开始,也是立于师范附小文化本体论;"共生",既是教师间的相互学习和成长,也是与师范附小发展、学生发展、社区及社会发展相融共生。其二,以师范附小教育集团为圆心,扩散教育的影响力,与社区及社会充分沟通与合作,以达到学校教育与社区教育、社会教育一体化。

"儿童为本"是构建师范附小共育新模式的基本原则。其一,为了儿童、基于儿童,"拂晓共生"的使命才会有的放矢;其二,课程及成长实践的方向与路径是否正确,也需通过儿童的成长与发展来检验。"儿童为本"与"拂晓共生"互为前提,互为目标,形成辩证统一。

包河区"党建领航　家校共育"工作致力于构建区域家庭教育的"同心圆",是党员先锋示范同心圆,是家校社协作的同心圆,是区域同心同德的同心圆。附小作为包河区家校共育项目的试点校之一,在包河区共育同心圆的基础上,构建师范附小自身的"拂晓同心圆"。以"附小本体"为圆心,辐射其他分校,推动集团家校共育工作的开展,构建"拂晓同心圆",形成集团化运行的师范附小家校共育创新模式。

坚持"学校主导　师资助力",构建共育新课程

师范附小为推动家校共育工作,面向学校全体教师和家长开展了家校共育现状调研,充分了解学校共育工作的基本情况。在调研中发现,家长对于家庭教育指导有着非常大的需求,且家长最希望求助的对象是学校的班主任。在这一调研前提下,师范附小以学校的教师队伍为核心,联合社区资源、专家资源、名校长工作室资源共同开展家校共育课程的研究工作,旨在在学校的主导下,

以教师的力量为主体,打造一支能研究、能授课、能指导的家庭教育指导师队伍,构建师范附小教育集团的家校共育课程体系。

分段:以幼(幼小衔接)、低年级段、中年级段、高年级段、初(小初衔接)五个学段为主要依据,构建共育一体化教师指导。

分层:普通班主任以知识学习与技能考核为主;骨干班主任遴选后组建拂晓家校共育宣讲团;优秀班主任依托名班主任工作室开展家校共育课题研究,形成学术成果。

分时:春秋学期为主体、寒暑假为补充,构建线上线下学习双结合,家校社共育一体化,教师专题系统化的服务功能。

分事:以立德树人为根本任务,以学生阶段性发展为根本出发点,构建助力学生身心健康成长的系列化课程体系。

本书基于师范附小教育集团家校共育工作的实践探索,集结了我所主持的名校长工作室各位同人以及师范附小教育集团教师们的智慧,收录了家校共育方向研究论文 30 余篇,家校共育课程教学设计 20 余篇。对于各位教育同人而言,相信本书是一本非常有实践指导价值的参考用书。

冯　璐

2022 年 2 月 20 日

目录

课例篇　拂晓家教　共育新课程

◇ 论文篇 ◇

启明引领
　　共育元动力

"音频识字"，儿童自能阅读的前奏

合肥市师范附属小学　冯璐

《语文课程标准》中指出：阅读是搜集处理信息、认识世界、发展思维、获得审美体验的重要途径。众所周知，犹太民族是个热爱阅读的民族，他们让孩子从小舔食洒在《圣经》上的蜂蜜，为的就是让孩子明白"书甜如蜜"的道理。阅读造就了一个人口占世界人口不到 0.3% 却拥有全世界 11.6% 的诺贝尔奖得主的民族。阅读对人的帮助可见一斑。

朱永新教授指出：正如孩子学习语言、音乐、绘画都有不同的最佳时间窗口，人阅读的关键期在 14 岁之前。目前，学校和家庭都十分重视培养儿童的早期阅读兴趣，各种课外阅读指导课、读书交流会、故事爸爸妈妈活动丰富了儿童的阅读生活，有效地激发了儿童的阅读兴趣。但是，让我们静下心来想一想，再丰富的活动、再热烈的交流、再频繁的互动，其实最终的阅读姿势都将定格为自能、静心阅读，是一种慎独的状态。兴趣固然重要，而能力也不可忽视。四五岁的儿童进入阅读敏感期，开始"痴迷"各种带文字或图片的东西，包括各类图书、报纸、广告牌、宣传画，甚至合同书。阅读时他们不再单纯停留在图画书多彩而有趣的图画上，对图画上的文字也产生了浓厚的兴趣。然而，当儿童兴致勃勃开始阅读后，如果被大量的汉字"拦路虎"阻挡，他们的兴趣势必瞬间减退。因此，识字量决定了儿童早期自能阅读的进程，缩短识字时间、提高识字效率是开启儿童自能读书乐章的优美前奏和必要协奏。

现行的教材虽然也依据《语文课程标准》提出的"多识少写，先识后写"原则编排识字内容，但是普遍要到二年级结束时才能识得 1600 余字。"先识"的时间过长，"多识"的量仍然偏少，这样，儿童在早期阅读中，只能阅读字数少、表达简单的短文,与思维和语言发展水平无法真正接轨,其影响就是识字量制约了自能阅读的内容,拖了语言发展的后腿,影响了儿童思维的健康发展。如果不能在儿童语言和思维发展的最佳时期,在大量识字的基础上开展与思维和语言同水平的阅读活动,只会让儿童的发展"原地打转转"。如何才能改变这种低效的状况呢?笔者在多年的小学教学中,尝试开创"音频识字法"来突破这一难关,通过家校共育的方式,将听读与识字结合起来,努力缩短识字的时间,竭力为儿童的自能阅读保驾护航。

一、"音频识字法"开创信息化时代的识字新途径

所谓"音频识字法",就是借助电子播放器,如音响、mp3、优盘播放器等,反复播放儿童喜闻乐见的音频材料,在充分记忆的基础上,通过儿童指读材料,形成音形义一一对应的认识,从而轻松识记生字的一种识字方法。"音频识字法"寻找到了与当前信息化水平日益提高、网络资源空前丰富的契合点,用音频播放优质电子材料,可以充分挖掘各种网络音频资源的教育功能,最大限度地发挥其育人作用;可以让儿童接触最规范、最动听的语音内容,获得美的享受和规范的演示,为日后的朗读、表达打下基础;还可以解决一些家长因为工作繁忙、家务繁重而没有时间为孩子一遍又一遍朗读材料的现实问题,播放器就如同一位电子助手,成为孩子学习的好老师。音频识字的这些优势超越了普通听读法,突破了识字的时空限制,能够取得更加高效便捷的效果。

二、"音频识字法"架设了符合科学规律的识字流水线

早在 20 世纪 60 年代世界著名心理学家特瑞赤拉就证明了:人们学习,1% 是通过味觉,1.5% 是通过触觉,3.5% 是通过嗅觉,11% 是通过听觉,83% 是通过视觉。也就是说,人们通过听觉和视觉获得的信息是他获得所有信息的 94%。此外,特瑞赤拉在说明人类的记忆与感官之间的关系时指出:人们一般可以记

住自己阅读到的10%,自己听到的20%,自己看到的30%,自己既看到又听到的50%。他的结论说明了,从记忆角度考虑,在学习过程中同时使用听觉和视觉,能明显地提高学习效率和记忆效果。

音频识字的操作路径是"听—记—读—认",从心理学的角度来看,儿童的学习经历了一个以听觉支持的"整体输入""无意识记"为起点,以目视指读的"自发模仿"为桥梁,最后通过音形义的一一对应实现"意义建构"为终点的过程,让学生同时使用视觉和听觉来学习,符合儿童的记忆规律和认知特点,其简单易行的操作程序如同一条高效流水线,悄悄地改变着儿童的认知结构。

1.借助音频资源,为"整体输入"建立取之不尽的素材源泉

很多家长都发现孩子喜欢听故事、儿歌,而且具有"百听不厌"的特点,当孩子总能从一个内容中获取新的发现时,他们就会乐此不疲地反复聆听同样的内容。依据儿童的这一特点开展"音频识字"可谓是因势指导、顺势而为。

(1)精心选择音频材料

通过网络搜集和选择音频材料识字的第一步,家长和老师要根据儿童的兴趣爱好,从多如繁星的网络音频资源中进行遴选和剔除,并循序渐进地传递给他们,如果儿童年龄小,可以选择短小精悍的儿童诗歌等朗朗上口、便于记忆的材料;如果年龄较大,则可以选择诗歌、国学、童话等篇目。

家长在选择的时候要注意所选材料一定要能找到相匹配的文本和音频材料。这样的材料有的是在购买文本材料时会配套赠送光盘;有的在书籍上会注明音频下载网址或微信公众号,如《聪明豆》系列童话故事、《法布尔昆虫记》等图书就有具体下载地址,只要登录后就能随时下载,效果也很好;有的是内容比较固定的篇目,如《三字经》《百家姓》《千字文》,内容是不会改变的(除了个别地方因版本不同而略有差异),可以从互联网上查询到相关音频继而下载;还有的是先有了音频材料,然后寻找文本,实在找不到同样的文本时,就需要成人根据音频整理出文字,留作认读的材料。另外,所选的音频材料一定要是正规录制的,语音准确、表述规范、形式完美,真正能发挥示范作用的。总之,材料的来源广泛,教师或家长要做搜集材料的有心人。在学校里,教师可以通过教研组

合作搜集、集体共享的方式来形成音频识字资源库。

（2）持之以恒实现"输入"

"整体输入"的关键在于"坚持"和"专一"。"坚持"指的是"每天坚持、时间固定"。依据儿童喜好和习惯定好时间，可以是在早晨他们"赖床"的时间，也可以在晚上入睡前。一旦定下时间就要持之以恒、专时专用，切不可三天打鱼两天晒网。细心的家长在播放音频时，会营造合适的倾听环境，不让周围的光线、声响等因素分散儿童的注意力，如：拉上窗帘、调暗灯光、调小音量，让孩子在宁静安详的环境下集中注意力聆听。

"专一"指的是循序渐进，不可操之过急，一个材料充分使用，直至认字完成之后再使用第二个，一股脑给孩子听太多的材料会打乱孩子的思维，影响听记的效果。

2. 借助音频复播，产生"无意识记"的神奇效应

从美国心理学家布鲁纳研究大脑发育水平的结果就可以看出，4 岁儿童大脑的成熟度已达到了 50%，8 岁儿童则已达到 80%。儿童的记忆是成人无法想象的，当我们每天在固定时间给他们播放他们喜欢的固定内容时，大脑就如同录音机一样一点一点记录下来。从儿童开始聆听起，成人每周或每月记录一次儿童背诵情况，在文本中记录下具体时间。按照记忆的规律，儿童的背诵是分段逐步实现的，可能是先背下最前面的一些，接着又背出一些，随后又增加一些，每次当儿童背不下去时就停止，并且给予真诚的赞扬和鼓励，让他们感受到自信与乐趣。

笔者在研究初期，曾让儿童每晚在入睡前躺在床上静静地聆听配有古筝音乐的《三字经》（教师诵读版）音频材料一遍，在舒缓的乐声和轻柔的朗诵声中，儿童渐渐进入梦境。笔者起初担心儿童在半睡眠状态能否记住如此长的篇目，但事实证明这种担忧是多余的。经过两个多月的持续聆听，儿童分阶段背诵出了全文，背诵的曲线呈上升状态，即起初听的时间长，到了两周的时候才开始背出一些内容，且篇幅不长，但随后的几周里，记录的频次越来越多，一周甚至三五天就有新背出来的内容，每次增加的内容也越来越多。所以在听记阶段要充

分相信儿童,多鼓励、多激趣、多赞扬。

3. 借助音频示范,形成"自发模仿"的积极状态

古人云:"熟读唐诗三百首,不会写诗也会吟。""音频识字法"的中心环节是"指读",主要靠"读"来搭建"听"与"认"的桥梁。指导儿童用右手食指指着文本上的文字,字字入目地读,建立起头脑中的读音与文本中的文字一一对应的关系,在儿童的潜意识里感知每个符号的名称。

通过听记过程,学习材料已经深深地印刻在了儿童的脑海中,这时候让儿童"读"这些材料,他们会煞有介事的读起来。其实这时候的"读"并非真正的认识字而朗读,而是在依据记忆线索进行"自发模仿"。处于阅读敏感期的儿童非常热衷于这种"自发模仿",因此有的时候会出现文本与听记的内容略有不同,儿童也会按照听记的内容来"读",所以音频与文本务必相同,否则在识字早期,儿童一旦"张冠李戴"陷入误区,以后就很难纠正。

需要说明的是,在日常指导儿童阅读和朗读时,教师是不建议儿童"指读"文本的,要让儿童的目光以线性路线移动,追随文字,"一目十行"。在"音频识字法"中的"指读"是特例,为的是让音和形建立一一对应的关系,只在听读过程中使用,一旦儿童的识字量增加,就不要再指读了。

4. 借助多次往复,实现常用汉字"意义建构"

语文学习要遵循"字不离词,词不离句,句不离篇"的规律。与"集中识字法"不同的是,"音频识字法"始终借助音频搭设的语境支持,使每个汉字并非孤立存在,在与前后文的衔接中已经呈现出与语境对应的意思,在音和形联系起来的同时,音形义同步对接,建立起意义建构便水到渠成。

在反复指读之后,将所读材料的文字打乱顺序,制作成字表,让儿童认读,这是真正检验他们识字效果的阶段。字表的字号、行距、字间距都要大,字体要规范,一般使用楷体或宋体,便于儿童辨认。"兴趣是最好的老师",在认读过程中可以组织游戏活动来激发儿童的兴趣,如找字宝宝朋友,把认识的字宝宝送回家,看看你有多少汉字朋友等,边玩边标出儿童的识字量。梳理出来的还不认识的字作为后期指读的重点,在文本材料中做出醒目的标记,在继续指读中逐步识记。这样,在"读"和"认"的多次循环往复之后,儿童的识字量呈井喷式提升。

三、"音频识字法"时间短收益高,给识字教学赋予综合内涵

在与一些识字方法的对比研究中,"音频识字法"的高效便捷显而易见。

1. 与集中识字比较

以归类识字为主的先集中识字后阅读的识字方法收效快、识字量大,影响非常广泛,但是因为在识字过程中更加注重汉字的个体归类,将汉字从文本中剥离,低年级学生缺乏阅读能力,当面对由这些生字组合成的文章时,仍然会出现陌生迷离的感觉。"音频识字法"从"整体输入"到"意义建构",始终围绕完整的文本,对于生字的学习是从阅读中来回到阅读中去的过程,因此更加有助于儿童后期的阅读和运用。

2. 与先学拼音后学汉字比较

先学拼音后学汉字是学生自主学习汉字的重要途径,由此延伸的同类识字方法众多,在学生不识字或识字量少的情况下,借助拼音引导学生提前大量读写,为儿童的语言发展提供了极为有效的路径。但是事实证明,在儿童机械识记最佳的阶段输入拼音,儿童对读音的认识强于对字形的概念,读写都借助拼音,虽然语言得到了发展,但在汉字运用时会出现严重的同音替代现象。"能力递减法则"认为:人的记忆方法大致分为推理式的记忆和机械式的记忆两种,机械式的记忆能力以零至三岁之间为最强,过了三岁便逐渐减退。照此法则,应让一年级学生尽量多识字,学生不会感到记忆负担很重。"音频识字法"让儿童直接听音、看形,不需要拼音的拐杖,在较短时间里记住汉字读音,凭借文本阅读感悟字义,更加强调的是音形义的直接对接,因此效率相对更高。

3. 与先学简单汉字再学复杂汉字比较

过于简单的汉字组合的文章因为简单,限制同步阅读的水准,影响思维和语言的发展。"音频识字法"依据音频材料的难易程度给儿童呈现汉字,只要文

本是儿童能够听懂、读懂的，那么学会了这些音频材料里的文字，就可以阅读符合他们认知水平的读物，对语言和思维的发展产生良好的推动作用。

4. 音频识字在增加识字量的同时提升语文综合积累

研究数据显示，五六岁的儿童能够在半年内，借助"音频识字法"不知不觉地识记汉字 1500 多个，从而开展正常的自能阅读活动，并且积累诸如《三》《百》《千》《弟子规》等经典篇目三篇以上。这样，"音频识字法"不仅为小学低段的学生节约出了四分之三的时间，让大量提前阅读成为现实，而且在识字的同时，学生因为大量的记诵，变得"学富五车、满腹经纶"，这是其他识字方法望尘莫及的。

综上所述，"音频识字法"简单易行、效果显著，在帮助儿童识字的同时，还有利于积累经典篇目、学会规范表达、获得美的熏陶，诵读、识字、积累多头并举，化枯燥的学习于无形，变漫长的过程于瞬间，为高效学习开辟了崭新的途径，可以在家庭、幼儿园、小学低年级尝试使用，与其他识字方法共同铺就儿童提前阅读的康庄大道。

建设家校学习共同体，走向家校共育3.0

合肥市阳光小学　王玲　叶寅莹

【摘要】

《中华人民共和国家庭教育促进法》的颁布与实施,对政府和社会各界帮助促进家庭教育提出了明确要求。合肥市阳光小学主动作为,积极探索帮助家长提升家庭教育水平的路径和策略,提出建设家校学习共同体,通过共学和共享,实现家校共进。

【关键词】

家校共育;家庭教育;学习共同体

2022年1月1日,《中华人民共和国家庭教育促进法》正式实施,明确了家长实施家庭教育的责任以及国家和社会需要为家庭教育提供的指导、支持和服务,为促进未成年人健康成长和全面发展提供法律保障。该法要求,"中小学幼儿园应当将家庭教育指导服务纳入工作计划",学校有责任为提升家庭教育水平提供指导和帮助。学校是距离家庭最近的专业教育机构,教师是距离家长最近的专业教育人员,指导和影响家庭教育,学校有着天然的优势。如何发挥学校的教育影响力,实现家校紧密合作,指导提升家庭教育水平,合肥市阳光小学逐渐摸索出了一条有效路径。

合肥市阳光小学于2004年建校,是合肥市文明校园,合肥市家教名校,合肥市家庭教育工作先进集体,市、区两级家校共育创新实验校。建校初期,学校就成立了由家长代表组成的家长委员会。这是一个相对独立的组织,发挥了沟通与监督的作用,但在实际运行中往往难以融入学校教育。这是家校共育的1.

0 版。2009 年,学校引入了"家长教师会"模式,由班主任和家长代表组成校级和班级两级家长教师会,家长参与到学校和班级的管理和活动中,与教师形成了一种共事关系。该模式是家校共育的 2.0 版本,实现家长深度参与学校教育,但是,缺少学校指导家庭教育的功能。当下,学校指导家庭教育的责任越来越明晰,然而家庭教育是与学校教育相关但并不重合的领域,教师的教育教学能力并不必然转化为指导家庭教育的能力。这对教师提出了新的挑战,教师必须具备终身学习意识,通过学习提升自身指导家庭教育的能力。同时,教师需要将终身学习的观念传递给家长,使家长能够形成较强的终生学习意识,主动学习,更新知识,提升能力。学校进一步提出了建设"家校学习共同体"的路径,中科院基础研究所单志艳指出,"家校学习共同体"是一种以学习为逻辑起点,学校和家庭汇总所有成员发展为终极目标,以共同愿景、平等尊重、自主合作、共学共享为表现形态的学习型组织。在这个组织中,教师与家长心怀共同目标,彼此支持,共同学习,实现共司的成长与进步。

一、开展"共学",构建家校学习机制

(一)开办家长学堂

学校系统构建家长学堂课程体系,突出科学性和实效性。每年 12 期家长学堂,内容包括学校文化、心理健康、习惯养成、高效学习、亲子沟通、幼小衔接、小初衔接等,既有通识教育,又有专题培训。为了保障课程质量,学校一方面培养本校教师成为讲师,一方面邀请学校外专业的家庭教育和心理健康教育机构从业人员主讲。在每一次培训后,家长都填写意见单,学校根据家长的评价,对内容和形式进行调整,关注课程的实效性。为了照顾家长的时间,课程全部在傍晚上课,由学校党员义务承担组织工作。

通过问卷调查,学校发现家长遇到问题最先求助的人是班主任,学校多措并举提升班主任指导家庭教育的能力。同时,通过同听讲座、校本培训、每月研

训、案例学习、专题演讲等方式帮助教师储备家庭教育知识,提升指导家庭教育能力。在学校的鼓励下,有5位教师相继通过了家庭教育指导师的资格考试,走向指导的专业化。

(二)开展家校共读

班主任率先阅读家庭教育书籍,然后推荐给家长,一年一本,帮助家长组成读书小组,督促阅读,定期交流,每学期组织一次面对面的读书交流活动,促进家长与书本的对话,去感悟和反思自己的教育行为。如果说家长学堂通过讲座把压缩过的家庭教育知识打包给家长是快做工,短效应,读书则是慢做工,长效应。

学校积极推进书香家庭建设,通过亲子共读、家庭书架建设、好书伴我成长等活动和讲座,让家长了解如何培养学生阅读兴趣和习惯,营造家庭阅读氛围。比如,针对一年级学生家长不知道怎么读,读什么的问题,学校为每个孩子配备了小书袋,里面放上3—4本经典绘本,每周带一袋子书回家,请家长为孩子读完,坚持一年下来,每个家庭都读了近百本绘本。

教师和家长一起读书,家长与孩子一起读书,形成浓厚的阅读氛围。向书本学习,在阅读中成长,支持教师、家长和学生的终生学习。

(三)树立好家风

家风是社会主义核心价值观在家庭层面的具体表现,是一个家庭所有成员共同的是非观,有好家风,才有好家庭教育。如果听讲座、读书是显性的学习,树立好家风则是隐性的学习,是与自我的对话,是反思性学习。从2020年暑假开始,我们连续开展"好家风伴我成长"活动,读名人家训、提炼家风、讲家风故事、编制家规、评选家庭大事记。孩子和家长一起,挖掘自己家的优良家风,树立每个家庭成员都要遵守的家规,唤醒成年人的榜样意识,建设积极健康的家庭文化。同时学校倡导开展家风互访活动,家庭之间展示家风,互相学习,互相解惑,成为学习共同体。

二、开放"共享",实现家校资源融通

（一）共享学校资源

学校更多地开放资源支持家庭教育。学校实现资源三开放：开放体育设施、开放图书馆、开放学校活动。有家长向我们反映，课余时间想带孩子运动，但是小区没有合适场地，我们主动申请加入合肥市体育设施对外开放，在傍晚和节假日开放场地，提供给家长带孩子来锻炼。暑假里，学校主动开放图书馆，每天组织阅读，每周组织看电影，鼓励家长和学生参与。

家长对学校教育有好奇，有参与的热情，我们就开放学校活动，游戏日、森林运动会、中秋节活动，都邀请家长来参加，沉浸式理解学校教育理念，就连专业性很强的学校学术节都面向家长直播。学校以足够的自信和开放的姿态向家长展示老师是怎么上课的，孩子是怎么学习的，引导家长了解教育发展的方向。

（二）共享家长资源

所谓学习共同体，不仅仅指大家一起学习，还要求每个成员都要为共同体贡献学习的资源。我们开放课堂，鼓励家长参与到学校教育中来，每个班每学期2—4次的家长进课堂，把各种学习资源带入教室，让每个孩子都可以共享。例如2021年开展的"党员爸妈进课堂活动"，邀请家长进课堂给学生讲中国共产党党史，讲革命历史故事，讲党员的先锋模范故事，学生深受教育。在假期，孩子们组成雏鹰假日小队，由家长带领开展社会实践和参观学习。

（三）共享决策权力

在阳光小学，家长参与学校管理，不仅仅是做义工，而是参与更重要的学校治理。家长参与学校决策，大到学校年度工作要点的制定，小到校服的采购、研学承办机构的招标，学校都主动邀请家长参与。每年1月，学校都会召开家教会大会，一方面汇报一年的工作情况，一方面解读新一年的工作要点，向家长公开征求意见，对家长提出的合理化建议，学校都会积极采纳。

三、追求"共进"，实现家校共同成长

（一）形成家校凝聚力

我们与家长逐渐形成共同愿景，能够彼此理解，相互尊重，互相支持，紧紧团结在一起。这具体表现在家长总是能够积极响应学校的号召，对我们工作的不足能真诚地给出意见和建议，形成良好的家校关系。

2021 年，学校组织的一次家长问卷调查反映，90%的家长对学校管理方式非常满意或满意，79%的家长认为家校沟通顺畅及时，仅有 0.5%认为不顺畅。从教师反馈来看，90%的教师认为家长能够理解教师工作，家校沟通良好。过去一年，学校实现了家长 0 投诉的记录，从一个侧面体现了家校关系的融洽。对于家长的投诉，学校有了更为理性的认识：投诉是在提醒我们工作有瑕疵，沟通有堵点，我们应该主动沟通，化解矛盾和误解。

（二）提升家庭教育水平

在家校合作的基础上走向家校共学，学校对家庭教育产生了积极的影响。我们可以看到，今年的"双减"背景下，学校积极向家长宣传教育理念，学校减轻课外作业负担的举措得到家长的认可，同时提出孩子每日阅读、常做家务、坚持锻炼的要求得到家长的积极响应。

家庭教育水平提升的成果，是体现在孩子的发展上的。经过书香家庭建设，去年绿色评价的统计显示，四年级学生家庭藏书量在 100 本以上的占到73.9%；家校合作提升学生体质健康效果显著，2021 年全校学生体质达标测试优秀率提升到了 34%；而 2021 年六年级学生毕业的学科综合合格率是 100%，优秀率是 84%。

以"学习"为逻辑起点开展家校共育，是基于对家长需要的洞察。家长都爱自己的孩子，更希望把孩子教育好。但是，爱不代表会爱，通过学习，掌握科学的家庭教育方法，提高家庭教育能力，帮助家长不仅"爱"还"会爱"。

"家校学习共同体"的建设，其一，解决了教师指导家庭教育能力有限和家

长家庭教育水平亟待提高之间的矛盾,家长和教师秉持终生学习的理念,共同学习,共同成长;其二,通过避免学习与实践脱离的问题,将学习育儿理念与解决实际问题相结合,思想与行动统一,教育效果可见,增强双方的信心,积累形成个人的经验;其三,面在共同学习、协同育儿的过程中,形成共同的教育理念和协调的家校教育行为,实现家校教育合力,让孩子成为受益者。

　　未来,我们将进一步探索、完善"家校学习共同体"建设的机制,教师、家长、孩子抱团前行,共学、共享、共进,在陪伴孩子成长的过程中也成就自己的成长。

家长，班级管理"爱的翅膀"

合肥市南门小学海恒分校　范亚萍　张立恒

【摘要】

一个团结、奋进、优秀的班集体除了有班主任、任课教师、学生的强有力合作外，必然也少不了家长的身影。若能正确把握家长在班级管理中的角色定位，调动家长参与班级管理的积极性，无异于给班级管理插上了一双有力的"爱的翅膀"。本文通过探讨家长在班级管理中的角色定位，探索家长参与班级管理的有效方法，促进班级的长足发展，为每个孩子的成长助力。

【关键词】

班级管理；角色定位；责任共同体；家长课程

引言

一个团结、奋进、优秀的班集体除了有班主任、任课教师、学生的强有力合作外，必然也少不了家长的身影。家长是班级管理的隐形资源，邀请家长参与班级管理，充分吸纳家长意见及资源，相当于给班级管理插上了一双"爱的翅膀"，能够促进班级和谐有序健康地发展。

一、明晰家长在班级管理中的角色定位

目前"家校合作"成为较多学校、教师常谈的话题，但是在真正实践的过程中，不免会出现或多或少的难题。通过对班主任的访谈，笔者以为，多半问题的

原因是班主任及家长在班级管理中错误定位自我角色。在家长参与班级管理实践中，往往容易出现两种极端现象：一是家长过多干涉班主任的管理，有时候甚至越俎代庖、糊涂越位；二是家长各种推托，对班级管理漠不关心、严重缺位。以我所带的班级来说，就有近三成的家长从不主动联系老师，从不接送孩子上下学，家访有时都难以联系上家长，这样一种角色缺位，势必导致其与班级管理的脱节。正如佐藤学先生在《教师的挑战》一书中引用的日本小千谷学校平泽校长的一句话："教师要认识到教师的责任，家长要认识到家长的责任，那时才能实现教师和家长的联合。"的确，班主任与家长应该是基于共同责任（促进学生成长与发展）之上的一种合作关系，二者的主次关系要分明。

二、以强有力措施推动家校共育

（一）组建班级家委会，助力班级建设

几乎每个班级都有家委会，但是家委会在班级管理中是否只是流于形式的一个组织而已？很多班主任对此不置可否。如何发挥家委会对班级管理的助力作用？

一是推动全员参与、强化家长责任意识。家委会是班级家长群体的中坚力量、核心组织，以往，我总是在班级中呼吁有意愿、有时间、有能力的家长参与到班级管理中来，但效果并不理想。很多家长出于多种原因不愿加入家委会当中，也有一些老成员出现疲软状态，对班级管理不再上心、推托了事。基于此现象，在组建家委会时，我打破原有思维，将所有家长都纳入班级家委会组织当中，在投票+推荐的基础上选定家委会主任及副主任，由家委会主任按照不同分工及职责设定家委会成员角色，家长自愿报名，形成固定岗位。全体家长以每月轮岗的形式参与到班级工作中。这样，每一位家长一个学期基本上只需要参与一次班级活动，既合理地解决了家长没时间的难题，又增强了家长的责任意识，抱怨的声音渐渐少了，多的是家长开心的身影，孩子们也越发期待爸爸妈妈的到来。

二是适当放权,发挥家委会作用。除安排班级常规事务外,我希望家委会能在班级中更好地发挥凝心聚力的作用,形成以班主任为中心的"家长影响学生"的模式,打造团结协作的优质班集体。于是,在家委会的组织下,我们班级的"一周大讲堂"活动轰轰烈烈地开展起来了,有心灵手巧的家长教孩子做手工、有家长开读书分享会、有家长给孩子带来神奇的科学世界、有家长教孩子毛笔字……这一形式不再只是某个老师的课程教学,既增添了学生学习的趣味性,又增强了家长在孩子心中的权威,孩子们往往用崇拜、热情的眼光看着自己的父母。这一活动有力地将教师、学生、家长紧密地联系在一起,自开展以来,我没有听到家长推托的声音,更多的是看到家长参与班级管理的自信与期待;更多的是听到孩子们自豪地说我爸爸要教大家什么、我妈妈会什么,那种表情温暖着家长的心。这样适当的放权,极大地激发了家长参与班级管理的耐心和热情,同时也能体会到老师教学、管理的不容易,更能理解教师的付出、增强对教师的感情。当然,放权要适当,做到收放自如,切不可让家长随意干涉学校的日常教学与管理。

(二)构建"家长课程",规范参与班级管理

家长课程,是指以学生为中心,结合学校、教师、学生、家长以及社会力量,形成的系统性、可操作的富有班级特色的家校合作课程。

一是借助学校的力量,给予家长规范管理。很多时候,家长管理学生或者想要参与班级管理时,心有余而力不足,缺乏知识的积累和方法的指导。得益于本人所在学校是"家教名校"的示范学校,学校会不定期举办一些针对家长的知识讲座,如"营养搭配"讲座。根据这个讲座,我在班级推行了"光盘行动"活动,家长们纷纷响应,午饭学生在校"光盘",晚上回家,家长自觉监督孩子吃营养、吃健康、吃"光盘",有了家长的强有力支持,我的午餐班班级管理变得得心应手,孩子们吃得开心快乐。再如,学校去年举办的"运动健康知识"讲座,也对本人的班级管理助力不小。现在孩子的生活条件变好,许多小朋友喜欢吃一些油炸食品,导致身体发胖,体育运动不爱参与,找借口请假偷懒,让我大为苦恼。借助学校举办的这次讲座,我请家长们细心留意孩子们平时的饮食和运动量,

很多家长深受启发,自觉带领孩子进行锻炼,在班级群里打卡,渐渐形成一种运动风气。孩子们吃饭变香了,零食不吃了,体育课、大课间也正常参与了。这学期,请假的现象基本消失。同时,每学期举办的亲子运动会,正好也有力地促进了学生和家长运动的意愿提升。

二是开展班级特色课程,有的放矢提升管理水平。很多时候,家长参与班级管理容易落入俗套,或是根据"要求"办事。如何打破家长"人云亦云"的想法呢?就需要班主任创造条件,合理开设班级特色课程,引导家长自觉主动地参与班级管理,提高管理水平。如:班级家长提出,不知如何提升孩子阅读兴趣,面对这一困惑,我在班级开展"亲子阅读"课程,组织家长进行细致有效的亲子共读,既增添学生阅读兴趣,也帮助家长找到提升孩子阅读兴趣的好方法。本人就经常在朋友圈看到各位宝爸宝妈晒和孩子一起看书的情形,以及他们的一些思考,亲子关系融洽至极,不用担心孩子不愿意看书了。目前,本人一直致力于新型家长会课程探索,我的家长会上,不再只是分析孩子的成绩、谈论学习方法等,有时,我会邀请孩子讲讲自己的心里话,在家长会上以一封信的形式传递给家长;有时,是家长给孩子送卡片、表达爱意;有时,我会安排孩子与家长一起参加家长会,让孩子感受父母的真情实感;有时,我也会就班级管理、学生学习的某个议题,请家长们各抒己见,并将大家同意的方式拿到班级去具体实践,以观成效。在这些过程中,家长表现出极大的热情,自然而然地将自己当作班级管理的主人,而不再是一个"附属品"……

有的时候,部分班主任"谈家长色变",觉得可能家长很难讲话,容易做多错多。殊不知,用好家长这把宝剑,很多事情反而轻松很多,因为我们教育的孩子是他们的宝贝,他们是最关心孩子的群体,只是有时有点心有余而力不足。

相信,通过班主任的有力引导,改变家长在班级管理中的角色定位,激发家长对班级管理的认同感,使家长成为班级管理和班主任教学的协同者,而不是志愿者,那时的家长将会是老师最有力的坚强后盾。家校联合,用好家长这双"爱的翅膀",将会促进学生的优质发展、健康成长!

家校合作实现共进

和平小学第二小学　路遥

孩子成长的绝大部分时间在家庭和学校,家庭和学校对于孩子的影响显而易见,如何科学地实施家校共育,形成合力,培养高素养的学生,让学生健康快乐地成长,是一项我们现阶段必须思考的、必须重视的课题。家是孩子一生的学校,学校是孩子温暖的家,家和校密不可分,双方应优势互补,互相促进。苏霍姆林斯基说:"家校合作,是最完美的教育。"下面就家校合作谈一谈我的思考。

一、家校理念共享,达到教育共育

（一）家长和老师理念的统一,高效促孩子成长

家是孩子成长的土壤,是孩子一生的幸福之源。孩子是家长的"影子",在家里,孩子每时每刻都在跟家长学习,受到家长的影响,好的家庭教育影响孩子的一生,所以要想孩子主动积极,努力进取,家长必须先学习,必须站在更高的维度,有更高的认知,更广阔的视野,才能开拓孩子的潜能,发挥孩子的优势特点,助力孩子的成长。反之,家长认知不高,视野不广,不能很好地理解接受孩子,矛盾和争吵可能就会随之而来,产生负面的教育影响。同理,教师也是如此,家长和老师的同频学习进步,会促进与孩子有温度的相处。有了明确的目标,才能包容理解孩子的创新做法,培养出孩子优秀的品质,孩子在这种自由、和谐的环境中肯定会茁壮成长。家长和老师通过学习,有了更高的认知,就能够很好地理解孩子出现的各种问题,如:遇到孩子的某次检测成绩不够好,分数

或者等级过低,家长肯定不会发火着急,一通训斥结束教育,而是会先接受孩子的不足,心态平和地和孩子共同找原因,分析问题,找到更合理的学习计划和学习方式。这样的做法孩子更能接受,因为孩子能感受到家长和老师的良苦用心,感受到家长和老师是和他站在一起,共同进退,不只是唯分数定胜败,而是以培养孩子优秀的品质和个性为目标。这样的教育才是温暖的、有效的,才能培养出孩子更好的学习习惯,更加良好的学习心态,更加自主的学习能力。教育就会在润物细无声中产生强大的力量,孩子也在这种自由自然的环境中健康成长。归根结底,家长和老师都要加强学习和实践,提升理论素养和认知,家校互相交流形成统一的育人理念,才会更高效地促进孩子成长。这是教育孩子首先要做的事情,要明白持续学习,终生学习,才是成长的根本。

(二)成立家长讲堂,定期学习

学习是需要时间和动力的,很多时候,家长不一定能够主动地读书学习,因为工作累,回家后也想休息,会给自己放放假,这都是可以理解的,但是这不是不学习的理由,也不要给自己找这种理由。懒惰是会传染的、会成为习惯的,所以学校要成立家长讲堂,定期给家长培训,分年级进行培训,督促家长抽出时间到校参加交流活动,聆听专家的经验,积累育儿理论,慢慢地提升家长的教育理念。学习一旦有了收获和成就,渐渐地就会成为习惯,好习惯也是会传染的,成为自觉的行为。既然开展了学习活动,就不能让活动流于形式,要规范家长的学习行为。家长认真聆听的同时,要做好记录,整理笔记,并结合自己的育儿经验,写出心得体会,让每一次学习都过心、留痕。更重要的是,写出心得体会后,一定要给家长思想输出的机会,让家长当着专家的面,也当一回专家,给大家说一说自己的经验。世界公认的高效学习法——费曼学习法就强调:输出是最好的学习。在这样一次一次的学习积累过程中,肯定有一部分家长先成长起来,家长与家长之间也会互相交流学习,互相带动,学习的氛围会逐渐养成,家长整体的教育素养也就慢慢提升了。学习有时得先逼一逼,一旦有了收获,就会促进再学习,形成良性的循环,养成学习的习惯。

（三）成立家长和老师的读书共同体，共同学习进步

除了请专家培训外，还要主动邀请家长和老师一起读书学习，阅读经典教育著作。读书使人充实，读书使人快乐，读书使人幸福，读书能启迪人的思想和智慧、拓宽视野、净化心灵。为了孩子，家长和老师必须要常读书、多读书、善读书。我们可以以班级为单位，开展任课教师和本班家长的读书交流。由班主任或语文教师牵头组织，所有家长参与，制订每学期读书计划，定时定量，规范操作，定期开展读书交流活动。交流的形式可分为网络交流和面对面交流，最好以面对面交流为主，可以通过家长会等时间交流体会，让家长走上讲台，畅谈心得，老师也必须参与。这种交流不仅是一种教育上的交流，更是情感上的沟通。班级老师和家长通过读书，会统一教育思想，拉近心理距离，让家长、学生、老师三者的关系更融洽和谐，有利于教育的开展和实施，有利于教育的力量逐渐增强。同时可以让学生也一同参与读书交流会，让孩子们也听一听，适当参与发言、参与讨论，一个温暖而富有智慧的"学校的家"也就逐渐建立起来了。大家的集体感、归属感、责任感、荣誉感也就逐渐产生了。还可以开展学校行政管理人员与家长的共读活动，家长代表是校家委会成员和各班班委会成员。无论是哪种读书共同体，目的都是多读书、多学习，形成班级和学校的浓厚的读书氛围，成就勤奋的自我，用这种积极的态度影响孩子。教育就是需要这种"化作春泥更护花"的影响力和感染力。

二、家校合力联动，实现教育共进

（一）成立班级家委会和校级家委会，共同管理学校事务

学校除了正常的教育教学外，还有很多其他事务要处理，有些事务的处理有了家长的介入和帮助，会更好解决。为了能让家长更好地配合学校管理和教育好学生，让学校的管理更民主、更科学、更人性化，成立班级家委会和校级家委会很有必要。在成立班级家委会的基础上，再成立校级家委会。班级家委会的成立可根据各班级特色工作及侧重点，合理安排家委会成员的责任和职责，

做好分工。会长、副会长、组织委员、宣传委员、学习委员、安全委员、财务委员等,选择5—7名家长参与,分别负责计划制订、组织协调、活动安排、宣传工作、家校学习、社团课程、活动安全事项、经费管理等等。与班级老师一起配合,教育学生、共同学习,建立一条畅道的交流渠道,形成教育合力。家委会可以参与学校各项事务的管理和组织各类活动:

1. 学校的管理、班级的管理离不开群策群力,家长们为学校和班级出谋划策,提出一些合理化的建议,共同制定学校和班级的发展目标,有了家长的建言献策,学校的发展目标会更明确。家长的建议被采纳,产生教育效果后,他们的自信心会提升,从而产生主人翁的责任感,工作的主动性和积极性会增强,学校也就逐渐成了"家"。

2. 家委会成员可以参与各项学校重要活动,增加教师、家长、学生的交流,如:校运动会、三跳比赛、艺术节等,家长们参与管理学生、和学生一起参与比赛活动,通过各类活动,把家长们带入学生时代,让他们体验与孩子共同成长的快乐,教育的效果会加倍。

3. 由各班家委会谋划、组织、办调,带学生参与各项社会实践活动。孩子在活动中锻炼与人交往的能力,培养吃苦耐劳的精神,学会乐于助人、学会感恩。孩子们在养成优秀品质的同时,增进了亲子关系,教育的力量也增强了,可以说是一举几得。

4. 家委会成员也都是各行各业的工作人员,委员们有各自的社会资源,他们会把各种有利的资源合理用到孩子的教育上,让孩子享受到更多的优质教育资源,促进学生全面发展。

5. 家长开放日活动中,家长进入校园,了解学校的校园文化,感受学校的发展和变化,家长进班级和孩子一起听课学习,家长可以了解教师的教学情况,同时也可以了解孩子的听课状态,更好地发现孩子上课时的优点和不足,能针对性地进行教育和改进。学校还可以收集家长的感想与建议,促进教育教学质量的提升,增强家校的交流频率。家长开放日活动让家长也当回学生,从学生的角度考虑问题,这样能更好地让家长反省自己的教育方法,真正地去理解和尊重孩子,和孩子共同成长。

家委会使家长能及时全面地了解学校的管理和措施,建立家长对学校的信任,起到了桥梁和纽带的作用。学校的所有工作都是为了孩子,教育的过程也会遇到各种困难和挫折,家长参与其中,就能体会到学校的难处,这样会更好地避免矛盾的产生,促成更和谐的家校关系,形成家校合力,促进学生全面成长。

(二)利用多种家校交流方式,全面及时地了解学生的状态,有针对性地进行教育

1. 认真开好每一次家长会

家长会在家校联系中起着重要的作用,面对面的交流让沟通无障碍,家长能真切地感受到老师的真诚和对孩子的关心,所以每一次家长会老师务必认真准备,定好主题,理好流程,内容要丰富,对每一个孩子的特点都要了然于胸,对孩子的评价要中肯。有了很好的准备,才能展现出教师优秀的素养,家长才能放心,才能对你信服,才能更好地和你配合,促进孩子的成长,达到教育的目的。每个人都希望听到表扬,家长也是一样,都希望自己的孩子被表扬,所以家长会上要以表扬为主,但切记表扬不能泛而滥,表扬要准确、真诚,每个孩子都有优点,一定要善于发现,恰如其分地表扬和肯定,这样学生和家长才会从心底佩服你、感激你、信任你。当家长听到对孩子的称赞时,家长也能以一个好的心态来面对老师,也会主动反思自己孩子的不足,跟老师交流,希望得到老师的指导和帮助;听了老师对孩子表扬,家长与孩子交流时也能心平气和,正确地面对孩子的不足,让孩子在和谐的家庭环境下成长。家长会交流的形式也可以多种多样,家长与教师互动的形式,读书交流的形式,家长、学生、教师游戏互动的形式,等等。无论哪种形式,都要营造一个平和的氛围,让家长平心静气地对待孩子的各种成长问题,引领孩子健康成长。

2. 走进孩子家庭,全面了解孩子

教育一个孩子,就要全面地了解孩子的家庭情况,才能正确地认识到他所表现出的各种问题,理解孩子的行为,采取恰当的教育方式。家访就是一个很好的突破口,进入孩子的家庭,跟他们拉拉家常,了解孩子的家庭状况、父母的

职业、他们的性格特点等等。聊天中,不知不觉就拉近彼此之间的距离,交流更加顺畅,教师及时地向家长输出教育理念,提出一些切实可行的教育孩子的方式方法,家长都能欣然接受,积极配合。家访能让我们体会到,孩子成绩和品质的好坏,和孩子的家庭有着极为密切的联系,更能认识到每个孩子都是独立的个体,都是有希望的,不能放弃任何一个孩子,因材施教,培养出有个性的孩子。

3. 利用家校联系本进行沟通

家校联系本能很好地拉进家庭和学校之间的距离,在联系本上写上表扬孩子的语言,及时地把孩子当天的表现记录下来,提出改进的措施,家长看到后,肯定会觉得老师很关心孩子的成长,建立起对老师的信任,同时家长肯定也会在本子上写下他的想法和孩子在家的表现。双方及时互通孩子的表现情况,通过文字的准确表达,有针对性地教育学生。孩子看到家长和老师的评价,他也能感受到家长和老师对他的关心,孩子也可以把他的想法写在本子上,避免了一些面对面交流的尴尬,又增进了彼此的了解。这些文字搭起了沟通的桥梁,起到了沟通心灵的作用,文字的魅力让彼此的心走得更近,体现了温情的教育、爱的教育。

4. 利用信息技术手段与家长进行交流

现在的信息技术在教育中的作用凸显,可以语音通话、可以视频、可以建微信或 QQ 群交流等等,我们可以根据不同的需求,选择合适的信息技术通信工具进行交流。孩子作业中有不会的题目,家长可以通过视频的方式进行沟通交流,老师可以边讲边写,直观地和孩子进行交流,还可以以微课的形式发给家长,让孩子自学,锻炼孩子的自学能力。疫情防控期间,我们通过 QQ 群开线上家长会,互通有无,增进家校交流,让孩子在"云端"成长。

家校合作,实现家长和教师的共同进步,形成合力,共同陪伴孩子成长。家校合作,让我们拥有了良好和谐的亲子关系、亲密无间的师生关系、家长与老师融洽的关系。良好的关系,就会激发温暖、和谐的成长环境,孩子在温暖、和谐的环境下自然成长,才能培养出有个性的孩子,让孩子成为最好的自己。

家校互动微课堂的实践研究

合肥市梦园小学 吴晓娟 黄邦宁

【摘要】

小学品德责任意识的构建对学生整个学习阶段具有基础性与指向性的意义,也是其一生责任意识形成的起点与基础。文章从小学低年级段学生品德责任意识构建的现状入手,通过分析现状,引入家校互动微课堂品德责任教育模式构建的概念、形式、有效应用的案例及应用的效果分析、后续理论与实践构思的规划等。

【关键词】

家校互动;微课堂;品德责任意识;实践

一、研究的背景

《国家中长期教育改革和发展规划纲要(2010—2020年)》在第四章"义务教育"中提出"发挥家庭教育在儿童少年成长过程中的重要作用。家长要树立正确的教育观念,掌握科学的教育方法,尊重子女的健康情趣,培养子女的良好习惯,加强与学校的沟通配合"。全国各地教育行政部门明确要求义务教育阶段,特别是小学阶段应加强家校沟通,构建家庭、学校、社会三位一体的立体化培养模式。

合肥市梦园小学秉承"责任成就梦想"的办学理念,以生为本,积极探索家校互动创新模式。尤其是针对低年级,学校力推家校互动差异化教学,以班级为单元,邀请家长参与教学环节。家长根据孩子的自身特点和需要加强的方面,协调相关资源,走进课堂,丰富孩子们的特色教学。我校家长的整体素质较高,对于该项工作的落实奠定了良好基础,有助于推动实践研究的有效实施。

由此我们提出《家校互动微课堂的实践研究》这一课题。课题领导小组统一思想,明确把家校互动微课堂的实践研究深入推进,充分发挥我校的优势,努力探索家校互动实施的一些有效方法与经验。

二、家校互动微课堂的概念与效果分析

(一)概念界定

由家长与自己的孩子进行互动合作,教给全班学生良好的文明、安全、心理等行为规范。在教学时间上,微课堂的时长一般为8—10分钟,最长不宜超过12分钟。每次思品课安排3—5个家庭上课,组成一个全新的家校互动微课堂。

这种创新的课堂模式,是梦园小学在责任教育理念支撑下,以学生成长为根本,以家长责任体验为目的创建的互动式体验平台。相对于较宽泛的传统课堂,家校互动微课堂的问题聚集,主题突出,更适合孩子学习兴趣激发的需要。通过互动微课堂,给家长和孩子一个展示的平台,为每个孩子健康成长提供一个保驾护航的平台,让每个孩子勇于在班级展示自我,让每个家长在全班孩子面前展现自我,让孩子与家长在展示的过程中完成品德责任意识的构建,同时获得体验与信心。

(二)家校互动微课堂对学生品德责任构建的效果分析

1. 素材来自于学生身边的人、身边的事、身边的情,比课本上的说教更能触动孩子的内心,更容易让低年级学段的孩子掌握。例如,在我们的微课堂实践《爱的教育》中,不再是课本上的说教,而是孩子们每天的真实体验,当看到授课家庭展示的图片,妈妈做的早餐、爷爷奶奶上学放学的接送、爸爸的睡前故事……这都是真实的爱的形式,通过授课家庭的演绎,学生很快能够领会什么是爱,如何表达爱。

2. 形式上简洁明快,互动性强,符合学生身心认知特点。研究表明:低年级

学段学生注意力集中时间短,一般不超过 15 分钟。我们的家校互动微课堂一般由 3—5 个家庭上课,每个家庭 8 分钟左右,能很好地吸引孩子们的注意。授课家长和授课孩子间的互动、听课孩子和授课家庭的互动,让课堂充满活力,孩子们在轻松愉悦的互动氛围中,完成品德责任意识的构建。

3. 有效地发挥了家长在学生品德责任意识构建中的作用。父母是孩子的第一任老师,品德的培养更是父母不可推卸的责任,然而如何培养孩子的品德责任意识却是很多父母的困惑。通过家校互动微课堂,父母参与微课堂、观摩微课堂,了解如何构建孩子的品德责任意识,同时在此过程中发挥重要作用,家校合作是构建品德责任意识的重要渠道。

4. 提升了家校互动的效能,促进了家庭内部、家校之间、生生之间和谐互信、互关互爱等责任品德的形成。在参加互动微课堂的过程中,学生和家长之间的沟通更顺畅,家长能真正理解孩子,走进孩子内心,促进了家庭内部的和谐。家长通过参与家校互动微课堂,更了解自己的孩子的班级和学校,同时也增加了老师和家长之间的交流与合作。家长更能体会老师的艰辛、看到学校教育的成果,增强了家长的责任意识,促进了家校之间的和谐互信。

三、研究的目标与内容

(一)研究目标

1. 通过家校互动微课堂的实践和研究,提升家长在教育过程中的责任意识。

2. 通过家校互动微课堂的实践和研究,以互动微课堂相关论文或论文集,家校互动微课堂实录等为载体,总结出家校互动微课堂的基本模式和应用策略。

3. 编写家校互动创新微课堂教程。

(二)研究内容

1. 以调查问卷等方式,深入了解我校家长参与学生教育的情况,重点调查一定班级内家校互动模式的形式与效果,研究其存在的问题或困难,提出新的策略或方法。

2.以梦园小学低年级为研究单元,积极推进以微课堂为载体的家校互动创新模式。

3.编写家校互动创新微课堂教程。针对低年级学生,以文明礼仪、安全、生活小常识等为主要内容,编写适合家长主导的课程,从而确保每位家长能积极参与其中。

4.建立家校互动创新微课堂动态监督机制,保证家校互动创新微课堂实践能实现常态化。

5.开展合肥市梦园小学家校互动微课堂先进经验研讨,课题组成员借由专题研讨汲取上海等地的先进成熟经验,并致力于在本校进行实践。

四、研究的理论依据

理论之一:

我国研究家校合作的专家马忠虎认为,家校合作就是指对学生最具影响的两个社会机构——家庭和学校形成合力对学生进行教育,使学校在教育学生时能得到更多来自家庭方面的支持,而家长在教育子女时也能得到更多来自学校方面的指导。

理论之二:

美国的霍普金斯大学"家庭—学校—社区"研究专家艾普斯坦在《从理论到实践:家校合作促使学校的改进和学生的成功》一文中,又把家校合作的范围扩展到社区,指出家校合作是"学校、家庭、社区合作",三者对孩子的教育和发展负有共同的责任,同时三者对孩子的教育和发展是相互影响的。

理论之三:

我国研究学校教育与家庭、社会教育的专家赵琴认为,家庭群体关系在时间上最为持久。家庭这种初级群体,又是建立在血缘关系基础上的,家长对子女有一种特殊的亲切感,而子女对父母则怀有很深的依恋与信赖,父母通过情感方式对子女的影响在其效果上就显得异常有力。家庭以缩影的形式包含着几乎所有的教育内容和教育功能。家庭教育所具有的这些特点与优势是学校教育无法比拟的。

理论之四:

刘翠兰在《家校合作及其理论依据》一书中认为,目前在家庭教育的实践中存在种种误区,突出表现在:教育观念落后、教育方法不科学、教育内容偏差等等,这些都严重影响着家庭和学校教育的质量和效果。因此,学校教育必须加强与家庭教育的结合,增强对家庭教育的指导,提高家长的教育素养和家庭教育的水平,形成合力,共同促进学生的健康发展。

五、研究所采用的方法与原则

(一)方法

1.调查法。通过向学生及家长发放调查问卷,调查学生与家长对家校互动微课堂的理解和建议。

2.行动研究法。研究者直接参与实践,探索家校互动微课堂的内容、方式、方法,发现问题、寻找解决问题的办法。

3.案例研究法。结合家校互动微课堂的实践开展,通过具体分析、解剖、实践,寻求家校互动微课堂的具体操作方案。

4.经验总结法。对家校互动微课堂实践活动中的具体情况,进行归纳与分析,使之系统化、理论化,上升为经验。

(二)原则

1.方向性原则:家校互动微课堂研究要有明确的目标,即整合家庭及学校教育资源,提高教育的实效性,合乎素质教育的总体要求。

2.主体性原则:家校互动微课堂研究的出发点与着眼点在于学生的有效发展及可持续发展。

3. 实践性原则：教育的价值本现在实践过程，家校互动微课堂研究的过程及研究的成果均应有较强的实践性和可操作性。

4. 系统性原则：家校互动微课堂研究是一项系统工程，既有家庭及学校教育资源的统合，又有教育理念、教育形式及教育途径的探索，研究过程中需要统筹协调各种教育因素的关系。

六、研究的进程

（一）选题与确定

在学校责任教育理念实施近一年的前提下，在个别班级的家校互动微课堂初步实践的基础上，课题负责人多次征求意见和建议拟申报家校互动微课堂的实践研究课题。

（二）研究方案制定、修改、立项

课题主要负责人草拟了申报书并请专家修改论证，在此基础上，进行修改，立项。

（三）调研合肥市梦园小学家校互动微课堂的现状，形成了专项调研报告

通过调查了解到，每个班级都建立了家校互动的基础平台与组织机构，如家长学校、家长委员会、家长责任课堂、家校互动实践等，但总体看形式比较陈旧和单一，具体实施时仍以家长会及少量的家长讲座为主要形式。

课题组力求对影响家校互动微课堂效果的因素进行深入分析，从社会、学校、教师、家长等多维视角探索家校互动微课堂中家长责任课堂的有效构建，对课题的规划与实施策略做了有效的、针对性的调整。

（四）行动研究阶段

1. 成立班级、年级、校级家长委员会，各班级建立家校互动 QQ 群，方便家校互动微课堂在低年级系统地开展。

2. 创建梦园小学家校互动微课堂课题研究团队，制定了相应的管理机制。

申请与评审：子课题实践班级通过提交《合肥市梦园小学家校互动微课堂

子课题申请表》,向总课题组提出了申请。总课题组通过对子课题申请进行评审,批准具有研究能力和热情的班级作为子课题实践班,创建子课题研究团队。

考核与动态化管理:总课题在研究过程中,总课题组每学期对子课题实践班的课题研究项目进展进行考核,淘汰了不合格的子课题实践班级,同时补充了新的有意愿加入课题研究的实践班级,不断重建家校互动微课堂研究子课题校研究队伍。

团队建设:总课题组在每月的课题研究例会上,通过团体活动交流,来持之以恒地进行子课题实践班级团队建设,旨在提升整个研究团队对课题研究的目标、内容和愿景的认识,加强团队的凝聚力和合作力。

3. 设立课题组的实践操作流程。

总课题组以家校互动微课堂有效实践为重点研究内容,以校家生互动微课堂、校外家校互动微课堂实践活动等活动为抓手,在各个子课题校全面推进家校互动微课堂的家长指导服务活动。为保障活动的顺利进行,总课题组设置了课题研究的实践操作流程与机制。

工作实施的具体流程为:总课题组策划→总课题组评估→总课题组统筹→总课题组反馈(→总课题组策划……)。基本流程是一个螺旋上升的路径,随着课题研究的深入不断调整、不断提升。

每个环节的具体任务如下:

环节一:总课题组策划

通过课题例会,由总课题组与子课题校负责人策划并确定合肥市梦园小学子课题家校互动微课指导活动的内容与形式。

环节二:总课题组"招标"/子课题校"投标"

总课题组经过课题例会确定课题研究具体实践班的任务后,以"招标"的形式在课题研究例会上发布。子课题校负责人自主"投标",上报在本校本学段开展课题研究为基础的实践班活动的策划书。总课题组评估并选定本年度各学段一到两个班级"中标"子课题。

课题组的家长指导工作进度预计为一学期至少在两所学校开展至少两次

家长指导活动。

环节三:总课题组统筹/子课题实践班级组建临时工作小组

由总课题组统筹,"中标"子课题校级负责人再以"招标"与"邀请"的方式,让其他子课题校负责人参与到本校的家庭教育指导活动当中,形成临时工作小组。

临时工作小组由"中标"子课题实践班负责人负责,并对所有成员进行明确的分工,诸如:活动策划的修改、集体备课、场地的布置、活动的签到、调查表的设计与分析、现场的照相录像等等。

在"中标"子课题实践班开展活动时,参与临时工作小组的所有子课题校负责人必须以"合肥市梦园小学家校互动微课堂"团队的名义,开展相关工作。一方面,可以确保活动的顺利进行和细节的周密完善;另一方面,可以形成课题研究团队成员之间相互帮助和信赖的团队精神。

环节四:总课题组反馈

每一次家校互动微课堂活动完成之后,承担家校互动微课堂活动的"中标"实践班级负责人要完成本班级活动总结和调查问卷汇总报告,临时工作小组中的每个成员要完成相应的反馈小结。

上述材料提交课题组后,课题组总负责人带领全体课题组成员进行梳理和反思,不断发现问题和总结经验,以期为下一轮的"总课题组策划"提供反馈信息。

借由"临时工作小组"的工作机制,形成了一个真诚倾听、真话进言、真心付出的研究软环境,构建了一个团队成员之间相互合作共同协商的良好氛围,逐步打造一支人人都能承担家校互动微课堂活动的硬队伍。

(五)研究的检测反馈阶段

所收集整理的过程性材料,重点是主要研究成员上交家校互动微课堂实践的过程性材料。

(六)课题的结题

结题报告是在各小组上交材料的基础上完成的,对照课题实施方案,重点回顾课题实施各阶段的进展,实事求是归纳课题研究的成果和查找研究的不足。

七、课题的研究成果

拓展了家校合作教育的新渠道、新内容、新方法,形成了梦园小学家校互动微课堂模式。

(一)每学期两次电话回访家长,对1—3年级家长对家校互动微课堂的知晓度和满意度进行调查,并征求家长的建议和意见。

(二)每学期开展一次合肥市梦园小学家校互动微课堂先进经验研讨,并邀请家委会成员参与其中。

(三)每学年开展一次家校互动草地音乐节活动。

(四)在实践的基础上,利用暑假时间,课题组主要成员及参与实践的班主任编写与家校互动微课堂有关的校本教材和家长读本。

(五)开发合肥市梦园小学"菜单式"家校互动微课堂体系。

总课题组针对目前家校互动微课堂的研究重点——家校互动微课堂体系的实践与构建,开展了梦园小学家校互动微课堂"菜单式"微课程体系,旨在通过课程使得家校互动微课堂在灵活中不失严谨,让家校互动微课堂系统化、系列化、结构化,进一步提升课题研究的科学性和可操作性。

目前的课程体系是根据前期的理论学习、相关资料调研和每次家校互动微课堂活动反馈意见这三部分相结合建构的,在后续中还要结合实践操作不断地校正和调整,逐步形成更加完善成熟的课程体系。

(六)课题组通过构建梦园小学家校互动微课堂课题研究管理组织体系,特别是实践班的有效运作,积累了大量原始资料。

八、关于家校互动微课堂的实践研究的几点反思

(一)家校互动微课堂的理论基础需继续夯实,基于项目研究成员大多数无

家庭教育的专业知识、理论学习不够系统、参加相关培训少的现状,在课题研究的整个过程中,总课题组不断地引领全体成员参加相关专题的专项培训实践活动。

(二)在各个子课题的实践过程中,反映出个别子课题负责人的家庭教育理论基础不够扎实,因此,课题组需要在以后的研究当中继续抓好理论学习,一步一个脚印地夯实课题组成员的理论功底。

(三)个别教师还没有为人父母的经验,在家校互动微课堂的实效性构建方面稍显稚嫩。具体表现为:在家校互动微课堂的指导内容上,有时会有讲的理论多而空洞、实践操作和指导经验少的问题;在活动的组织上,有时会反映出没有组织策划大型活动的经验,对细节的关注度不够和发生紧急情况时的应变能力不足等问题。

家校共育助力学生全面发展

合肥市庐东学校副校长、高级教师　欧阳会意

【摘要】

目前,许多家长对家校共育的育人功能认识还不到位,给家校共育造成一定的难度。所以笔者首先从家校共育的现状和问题出发,从教育理念改变、家校共育角色转变、家校互动方式的多样化等方面,探讨家校共育的实践路径,助力学生良好习惯的形成。

【关键词】

家校共育;行为习惯;角色转变;互动方式

提及"教育"这一话题的时候,我们就自然想到家庭教育、学校教育和社会教育,而家庭教育和学校教育的有机结合尤为重要。家庭教育侧重关注孩子的启蒙、成长、成人、成才,这是学校教育无法包办取代的;而学校教育又具有一定的特殊性,它会围绕一个大体统一的育人目标给出一个大体一致的培养目标和要求,会采用相对统一的规范来对学生进行约束,按照一定的标准来对学生进行引导,这又是家庭教育无法做到的①。

随着社会经济的快速发展,社会越来越信息化,人们的生活条件越来越好,父母给孩子提供的物质条件不断提高,家庭教育随之产生的一些问题也逐渐凸显出来。接下来,我们就围绕家校共育略作探索,不足不妥之处,敬请斧正。

---

① 　李江.家校共育绘美好蓝图[J].中外交流,2020(9).

一、当前家校共育的现状和问题

目前,许多家长对家校共育的育人功能认识还不到位,给家校共育造成一定的难度。其实,家庭是人生的第一所学校,家庭教育是学校教育无法替代的,它既包含人的习惯、兴趣、爱好等的培养,又包含意志品质的培养、积极向上的斗志的激发、抗挫折能力的养成等。但现实生活中很多家长的想法是:我负责孩子的衣食住行,教育是学校的事,我不会教;我把孩子送到学校就是接受教育的,我什么都管,还要老师干什么……而教师自身的教育素养往往不是都能跟上时代的发展,对家校共育的理念不是很了解,没有接受过相关的培训,缺乏家校共育的有效策略,不会合理利用家长资源来协助班主任、老师管理班务①。

二、教师教育理念应发生改变

学校与家庭是教育有效实施的命运共同体,二者相辅相成,这一教育理念是教师需要理解并加以实践的。首先,教师要更加积极主动地与家长进行配合,积极利用家庭教育来为学校教育奠定基础,并对学校教育进行有效补充,使得家庭教育和学校教育二者优劣互补;其次,学校要更加积极地搭建学校教师和家长平等交流的平台,更加明确地要求教师要对家长予以足够的尊重和理解,用心去倾听家长的心声,虚心接受家长提出的合理的意见或建议,使得家校沟通能够得以发挥其应有的积极作用;最后,教师切勿以学习成绩优劣来作为衡量学生的唯一标准,而是要更加全面地去对学生的在校综合表现进行分析,既要尽可能地将学生的不足和缺点找出来开展行之有效的教育,又要多角度挖掘学生的闪光点,以便将孩子的在校表现最为真实地反映给家长,使得家长能够基于学校教育来进行家庭教育的调整、优化与补充,力求给予学校(教师)工

① 张兰英.初探家校共育的有效策略[J].中外交流,2021(6).

作以最大程度的理解、支持与配合。

对孩子的教育是学校和家庭共同的事,家长要正确理解家庭教育对孩子的成长的重要性,要更为主动地与学校和教师保持联系,以合作的姿态来对孩子在校具体情况进行了解,及时根据学校或教师的反馈来对家庭教育实施的思路进行调整。尽可能地留出时间来陪伴孩子,进行有效沟通,让孩子在充分享受亲情温暖的同时,使家庭教育的氛围变得轻松起来。例如,家长可以通过 QQ、微信等多种方式来与学校和教师建立起更为紧密的联系,以此来更好地了解孩子每天在校的具体情况,如果出现问题便能够在第一时间知晓,并协同老师一起考虑问题的最佳处理方案,从而及时地去调整家庭教育来配合学校教育,得到"1+1>2"的效果。

孩子兴趣的激发不仅是学校教育的事情,更是家庭教育的事情。家长要懂得赏识教育,不要一味地批评孩子,而应尽可能多地鼓励孩子,尽量多关注孩子的成长过程,在保护孩子自尊心、自信心的同时,有效激发孩子的发展潜能,尽可能地让孩子成长在"零负担"的家庭环境之中。例如,家长在辅导孩子做作业时若发现有题做错了,不要急着直接指出错误并开始责骂孩子,而是要委婉地暗示孩子再检查,若孩子实在无法发现自己错在哪儿,才能较为直接地将他的错误予以指出,接下来便可以开始引导其围绕错误进行思考并予以订正。家长还可以帮助孩子详细地讲解其出现错误的题目,最后家长可以就孩子发现并改正错误的这一行为给予表扬,对孩子的付出给予充分肯定①。

三、家校共育中角色的转变

教师要转变角色,以合作为中心,注意沟通方式。把家长当作是自己的朋友,在潜移默化中让家长明白,我们的工作宗旨就是一切为了孩子。对于任何家长,任何事宜,我们都不能板着脸横加指责,而是平等、坦诚地与家长沟通交流,用心、用实际行动去引导家长如何教育孩子。

---

① 李江.家校共育绘美好蓝图[J].中外交流,2020(9).

家长的角色转变,由旁观者变成参与者,例如:我校举办校运会时,每班邀请了3—5名家长当裁判、协助班主任管理班级学生、帮忙拍照等。还有我们的家长义工活动中,家长在烈日下和老师一起,站岗指挥学生排队放学。家长用行动示范,影响和教育学生,起到了事半功倍的家校共育效果①。

四、家校互动活动更加密切

为使家校共育氛围得以更好地形成,学校有必要开展更为丰富的家校互动活动。具体而言,学校不仅要安排教师每学期开家长会,还要根据教学实际情况来安排"家长开放日(周)"活动,更要进一步引导教师来建立起班级QQ群和微信群,以便能够更好地建立起学校教育与家庭教育之间的联系。这样,学校、教师、家长三者才能得以更好地进行沟通,学校和教师方面能够进一步探明孩子在家中的具体表现,家长方面则可以进一步了解孩子在校的实际学习情况。学校(教师)将会更为清楚地知道应如何对学校教育进行优化,并顺便解开家长对于孩子教育问题的诸多困惑,进而家长将会对家庭教育予以积极调整,以便让家庭教育更好地配合学校教育,达到量体裁衣之效果。

例如,学校可以根据教师教学安排开展"家长开放日(周)"活动,既要选择一个相对方便家长参加的时间,又要保证不对正常教学造成过度的影响,将学校教育全面真实地展示给家长和社会。通过一段时间的观察,家长能够更为清楚地知道孩子在校期间各方面的实际表现,比较准确地了解孩子的具体学习能力及水平,明晰孩子现阶段学习还有哪些问题,利于家长通过家庭教育的调整与优化来对学校教育起到更为有效的辅助作用。这样,随着多样化家校共育活动的顺利落实,学校和教师能够更好地获得家长的理解和支持,而家长的育人思路也将获得进一步拓宽,从而家庭教育将会在持续调整和不断优化中得以更

---

① 张兰英.初探家校共育的有效策略[J].中外交流,2021(6).

好地发展,进而使家校共育更加有实效①。

家校长期合作的主要途径和方法:

(一)通信联络簿。对学生家庭情况详细备注,包括家庭详细住址,家长年龄、职业、性格,管教方法,等等。家校电话联系时,有针对性地沟通。

(二)建立微信群。必要事情及时通知,加强沟通。共性问题,群内发布;个性问题,私聊交流。对教育方法和热点问题等不同类别的问题,有的讨论,有的告知,有的劝止,重在把握导向,提高素质。

(三)与家长书信沟通。学生阶段性表现或特殊情况,不定期地采用书信联系的方式与家长沟通,帮助其分析产生问题的原因,协助家长研究应对策略,寻找最佳教育方法,家校联动,切实纠正行为偏差,帮助学生成长。

(四)家校互访交流。教师不定期家访,了解家庭教育环境、孩子在家表现,平等与家长面谈沟通。家长访校,了解校情及学生校内表现。家校联络互动,加深认识,增进理解。

(五)多种类型家长会议沟通。会议形式多样,有全体的,有部分的,有分类别的,有分批的,确保家长会质量效果。

(六)成长记录档案。建立成长记录档案,记载学生点滴变化,便于回顾对比看变化。将学生参加活动时的表现制作视频,毕业时赠送给学生留存②。

(七)家长培训活动。教师以家长沙龙、家长踏青活动、远足活动、文艺体育活动为平台,组织家校合作相关内容的培训活动。家长参与学校和班级的活动,参与家长委员会的各种工作,这种方式下家长影响家长,家长带动家长,团结更多的家长支持家校共建。

(八)利用网络邮箱。向家长推送教育经验方面的文章,如教子有方的文章、优秀案例,学生作文等。与家长进行网上联系,通过读文,提高思想认识,形成共识,化为家校共建的实际行动。

(九)家校留言簿。现在的家长、老师都很忙,平时难得在一起沟通交流,家

① 李江.家校共育绘美好蓝图[J].中外交流,2020(9).
② 王燕.浅谈家校共育的途径和方法[J].甘肃教育,2021(7).

校留言簿可适当解决不能当面沟道的难题。家长(或老师)在遇到难点、困惑、问题时,可在留言簿上写下,老师(或家长)看到后,写下中肯建议和意见,让学生从中传递。

(十)美篇 APP 为家校共育架起一座桥。随着网络的不断发展,出现了各种领域的 APP,美篇就是其中一和。美篇 APP 应用内自带编辑模板,方便老师使用碎片时间进行非线性编辑,素材积累完毕后可用模板排版,不到 1 分钟即可出炉一篇图文并茂的班级生活记录。编辑完成的美篇还能一键分享到朋友圈、微博、QQ 空间等社交平台。在编辑班级美篇的过程中,原则上是按照常规版块进行编辑,有时候也会穿插传统文化、节日文化、学校活动、师生故事等,丰富美篇内容,借此也让学生家长全方位了解学生。尤其是本学期受到疫情影响,许多学生家长对学生返校后的情况很担忧,班级美篇就记录下学生在校一日常规、晨检午检、上课状态、课间活动、午餐秩序,有了有图有真相的记录,家长对学校细致的防疫工作更了解,对学生的学校生活更放心,班主任在管理班级、做家长工作时就更顺畅了①。

五、家校长期密切合作,助力学生良好习惯的形成

学校教育与家庭教育长期密切合作,首先对教师有高素质、高水平的要求,因为班主任教师扮演着教师、家长、保姆、保健医生、心理医生、调解员、辅导员等等角色,是家校合作共育的促进者、组织者、参与者、指导者、协调者,是家校合作共育取得成功的关键②。

小学教育是一种改变人的行为模式、教人积极向上、培养良好习惯的过程,而习惯是家庭教育、学校教育、社会教育、自我教育等教育效果的综合体现。小学生的教育发展和健康成长,最重要的是要全力培养学生良好的自觉学习的习

---

① 程淑华.让美篇 APP 为家校共育架一座桥[J].科学咨询,2021(2).
② 田丽宏.浅谈家校"共育"新思路的探讨[J].考试周刊,2017(47).DOI:10.3969/j. issn.1673-8918.2017.47.034.

惯、遵守纪律的习惯、合作学习的习惯等等良好习惯的过程。促进学生各种良好习惯的形成,发挥各种良好习惯的作用,学生就具备了持续进步的基础,同时有效培养了学生的综合素质和能力。家校合作、家校共育是学生不断成长的动力源泉,是夯实学生终生发展的能力基础,更是良好习惯养成的基石。正如有句名言所说:"播下一个行动,收获一种习惯;播下一种习惯,收获一种性格;播下一种性格,收获一种命运。"

(一)培养学生良好的自觉学习的习惯。学习习惯的好坏直接影响学生的学习效果。培养良好的学习习惯的方法有以下几点:一是学习要在一个轻松愉快的氛围中进行,不要把学习和严肃的事对等起来,给孩子充分展示自己的机会;二是教学要善于由简入难,循序渐进,使学生不畏惧学习;三是激发学生的好胜心,帮助他们建立自信。教师要敏锐地发现学生做得好的地方,如做对了题目、黑板擦得很干净、从来不迟到等,都应该给予鼓励,这些都能够帮助学生重新建立学习兴趣。

(二)培养学生良好的遵守纪律的习惯。良好的纪律营造良好的学习环境,确保学生在最优、最美、最佳的学习生活环境中健康成长。小学阶段课堂纪律相当重要,学生自我约束能力较差,上课爱讲话、搞小动作、注意力分散等等,这些直接影响学生的进步。小学生入学后"守纪律,守秩序"的教育,一定要扎实有序开展,家校合作一定要跟进,需要告知学生该怎么去做,告知学生如何明辨是非,告知老师和家长如何规范学生行为。学校教育和家庭教育要鼓励学生遵纪守法,诚实守信,学会自律,争做合格的小学生[①]。

(三)培养学生合作学习的习惯。合作学习,可以促进学生间在学习上的相互帮助、共同提高。合作学习是一种很好的共同进步的学习模式,通过合作学习,基础扎实的学生可以帮助基础薄弱的学生,在相互帮助的过程中,两者都能得到不同程度的提高。

---

① 王燕.浅谈家校共育的途径和方法[J].甘肃教育,2021(7).

六、多样化形式促进家校共育

很多班主任在进行家校共育的工作时,能够充分认识定期召开家长会等相关活动的重要意义,但是,由于平时工作压力较大,工作时间较为紧张,并没有很多时间来组织家长会或进行较为频繁的家访。为了能够促进家校共育工作的顺利进行,班主任可以充分利用多样化的形式来进行家校共育的工作,以减轻繁重的工作量,达到预期的工作效果。

家校共育交流表便是班主任在工作中可以采用的一种重要形式。在家校共育交流表中,班主任可以每个月确定一个具体的家校共育的交流主题,并通过表格的形式,来实现班主任和家长之间的无缝隙沟通。

阅读习惯的培养方面,为了能够促进学生阅读习惯的养成和发展,在以阅读习惯培养为重要目标的家校共育月当中,班主任可以在表格中为家长详细记录他的孩子当月的在校阅读情况,以及在课堂上相关的阅读表现等。同时,班主任需要将这张表下发给家长,并由家长在表格中详细记录自己的孩子在家庭中的阅读情况等。通过这张表格,教师和家长可以实现无缝隙地沟通,并根据对方的反馈及时调整阅读培养的策略,有效达到家校共育的目标。

总之,班主任只有在进行教育管理的过程中充分认识家校共育的重要意义,并且能够聚焦家校共育,才能为学生的健康成长搭建好重要的平台,发挥班主任的桥梁性作用[①]。

七、结束语

孩子既是家庭的希望,也是社会的未来。要想让孩子健康成长成人成才,学校和家庭都必须要承担相应的责任,逐渐形成对"学校教育+家庭教育"更为准确的认知,采取适当的方式教育引领孩子成长为社会所需的人才。常言道,

---

① 陈舒.聚焦家校共育搭建成长平台[J].教书育人(教师新概念),2021(9).

十年树木,百年树人,教育是个漫长的、持续的过程,注定是件极为耗费时间和精力的事情,只有学校、教师、家长三者通过全方位合作而形成合力,家校共育才能得以更好地实现,才能共同为孩子绘制出一幅美好蓝图,共创美好未来①。

①　李江.家校共育绘美好蓝图[J].中外交流,2020(9).

关于"互联网+"时代小学家校共育策略探究

合肥市万慈小学副校长 杨家兴

【摘要】

文章简单介绍了"互联网+家校共育"的教育模式,并对"互联网+"视域下小学家校共育的现实价值进行了强调。同时,在把握"互联网+家校共育"建设思路的基础上,提出了面向家校共育完善多种组织体系、搭建家校共育智慧平台、围绕家校共育实现教育教学活动的扩充、持续强化学校与家长之间的互动与交流等"互联网+"视域下小学家校共育工作的主要展开路径,以期实现小学教育教学及其管理工作的升级。

【关键词】

"互联网+";小学教育;家校共育

引言

在当前的教育实践中,"互联网+家校共育"的教育模式有着极高的推广应用价值,推动小学教育方法策略的更新,在小学教育教学改革升级进程加速中发挥着重要作用。可以说,"互联网+家校共育"的教育模式的推行是当前小学教育升级的必由之路。

一、"互联网+家校共育"的教育模式及其现实价值概述

"互联网+家校共育"的教育模式主要依托互联网,为学校与家庭之间的沟

通与交流搭建桥梁,并结合校园网、微信、QQ 等网络平台的使用,促使学校与学生家长联合展开对教育教学方法的探究与探索①。实践中,依托互联网技术、信息技术的利用,学校与学生家长之间能够实现更为深入、良好的沟通交流,从而达到推动小学生健康、全面发展的效果。

基于互联网的家校共育,拓宽了共育的渠道,丰富了共育的内容,既促进了家校和谐,又提升了办学水平,推动了学生综合素养的提升。因此,在当前的背景下,搭建并应用"互联网+家校共育"的教育模式有着极高的现实价值,是小学实现教育教学与综合管理工作改革的重要举措。

二、"互联网+"视域下小学家校共育的建设思路分析

第一,通过微信群和腾讯会议软件,推进家校共育。学生家长想要了解学生的学习情况和校内表现,可以加入班级微信群,通过老师在其中发布的信息来获取学生的在校动态。或者在充分的课下时间,老师组织学生和家长在腾讯会议软件中进行线上面对面的沟通。以微信群和腾讯会议作为学校、家庭、社区之间的联络平台,实现了老师和家长的远距离交流。利用平台的双向性,老师也可以及时从家长的口中获得孩子在家中的具体表现,孩子是否能按时完成任务,是否具有良好的学习习惯,是否尊敬家长等。交流平台的搭建不仅让学校与家庭之间形成整体,还让家庭之间紧密联系在一起,在微信群或者腾讯会议软件中,家长之间可以互相分享自己孩子的学习状况,分享教育资源,促进多个家庭中家长与孩子的共同进步。

第二,利用学校公众号开展家校共育。家庭中的琐碎杂事比较繁杂,常导致家长不能够第一时间看到微信消息,或者群消息被其他消息覆盖,家长没有及时注意到。而学校公众号作为一个辅助性的程序,弹出的消息较为明显,家长即使在翻看手机的过程中没有注意到微信群内的消息,也会看到公众号弹出

① 王守顺,伦学永,李瑞晓,等.移动互联时代"校长有约"家校共育模式探索[J].中国新通信,2021,23(15):231-232.

来的消息框,让家长及时了解学校的发展动态和教育学生的新型举措,以及学生的校园生活,从侧面加强了学校与家庭之间的联系。

第三,通过校讯通辅助家长与学校的沟通。校讯通本身就具有联结学生、家长、学校三方的功能,一方面学生可以使用校内的公共电话和家长取得联系,另一方面家长可以通过校讯通接收学校的消息,如学生的个人成绩等较为私密的信息,可以通过校讯通传达给家长,在保证学生隐私的同时,增进了家庭与学校的联系。

通过互联网搭建学校、家庭、社区“三位一体”的学习共同体等,对“互联网+”视域下小学家校共育有着积极的现实价值和意义。

三、“互联网+”视域下小学家校共育工作的主要展开路径探究

(一)面向家校共育完善多和组织体系

1. 家校共育组织体系的完善

学校践行家校合作是家庭教育和学校教育共赢的工作实践,学校需要不断摸索,推动学校家委会工作机制逐步完善。同时,学校还应当切实围绕家校共育完成家庭教育研究中心、家长志愿者团队、家长讲师团、教师宣讲团、家委会等组织的建设。其中,家庭教育研究中心主要承担着探索家庭教育与家校共育展开要点与手段的任务;家长志愿者团队、家长讲师团、教师宣讲团主要依托家长课堂、家长讲坛等活动的定期展开,为学生家长进行科学合理的家庭教育提供支持与指导服务;家委会主要推动家校共育合力的形成,推动家校共育工作的升级。在“互联网+”背景下,学校还需要配套构建起家校共育的线上平台,确保学生家长可以随时随地“进入”学生班级课堂,实时、在线了解孩子在课堂上的学习状态,课后可以就学生的课堂实际表现与相关教师展开直接的沟通交流。在此基础上,还支持家长对教师课堂教学进行评议,由此推动教师教学向着规范的方向发展。

2. 家校共育家长课程体系的完善

在大数据技术的支持下,学校可以实现对当前家庭教育中存在着多种问题的梳理与分类,为家长课程的编写提供全面参考。与此同时,学校可以结合相关内容,完成多主题的家长网络课程的制作,结合专题研讨讲座、线上课堂教学等方式展开家校共育家长课程教学,以此推动学生家长的家教水平持续提高①。

3. 家校共育激励机制体系的完善

在条件允许的情况下,为促使学生家长更加积极地参与家校共育工作实践,学校可以围绕家校共育积极搭建起面向学生家长主体的激励机制体系,同时也引导学生家长参与学生评价实践,并充分发挥出信息技术的优势,保证家校共育工作的高质量展开,也推动学生实现更好发展。

例如,山东省淄博市临淄区太公小学在实践中,积极创新家长学业证书认定制度,采用积分制管理,提高家校共育质量。针对学生实行星币评价办法,开展公德星、礼仪星等10项评选活动,由家长、教师每日一评,根据大数据确定优秀读书明星、贤德少年、学习优秀学生、习惯标兵等,引导学生遇见更好的自己。

(二)搭建家校共育智慧平台

1. 新媒体平台的搭建

依托新媒体平台展开家校共育是"互联网+"背景下小学教育改革的必要举措,在提升家校共育工作实效性方面发挥着重要作用。实践中,学校可以鼓励教师以班级为单位组建QQ群、微信群,并以学校为主体申请微信公众号,为学生家长实时传递学生的在校情况。当学生在学校中出现各种问题时,也能够第一时间联系到学生家长,并由教师与家长协同探讨、处理问题,推动学生健康、全面发展,促进小学教育教学及其管理工作的升级。

2. 网上家长学校的搭建

依托信息技术与互联网的应用,学校应当积极搭建网上家长学校,并结合家校共育公众号的开通促使课程资源的共享成为现实,为学生家长随时随地开

① 王玉玲,郭庆鑫."互联网+"背景下的小学家校共育策略研究[J].智力,2021(17):13-14.

展学习提供有力支持。同时,在条件允许的情况下,学校还应当建设起 VR 体验中心、未来教室、数字书法教室等新媒体课堂,以此为数字化教学的高质量完成提供硬件支持。

同时,为进一步加强家校交流合作,指导家长合理地解决小学生在成长中所面临的问题,学校可以邀请区域家庭教育指导中心专家开展"互联网+家长学校"主题培训会,为学生家长送上家庭教育相关的主题讲座。

3. 智慧云平台的搭建

在家校共育平台的搭建过程中,应当着重纳入智能技术,使平台具有智慧化、智能化的特点,为学校与学生家长之间的畅通交流提供技术更为先进的平台支持,确保学生家长能够实时了解学生的在校情况,方便学校教育与家庭教育的整合、协同展开①。

例如,四川省苍溪县永宁镇中心小学以创建四川省智慧教育学校为契机,利用腾讯智慧校园搭建家校互联互通的平台。在学校日常管理工作中,要求每一名教师通过点对点的方式,向家长推送学生学科学习综合评价情况,实时与家长沟通学生思想学习生活状况,做好云家访。同时,学校每周向家长推送家风家教专题知识讲座或短视频,邀请"最美家庭"分享好家风、好家教经验,办好云讲坛。在此基础上,及时发布家校活动信息、问卷调查和反馈,组织家长评教等,实现学校云管理。

(三)围绕家校共育实现对学生课程教育教学活动的扩充

为满足学生个性化成长需求,学校应当主动构建起多种类别的个性化课程体系,建立课程超市,并积极鼓励学有所长的家长充分发挥自身优势,参与到校课程建设中,以此推动学生各类素质的大幅度提升。

在文化课方面,学校可以参考季节、节日等元素策划实施校园文化特色活动,搭建家长、学生展示交流的舞台。在此基础上,学校应当积极开展家长进课堂活动,定期定时向学生家长推送本校教师的优质课。在开学初期在家长群内

---

① 韩邦梅,杨桔. 对"互联网+"家校共育新模式促进学科教学的探究[J].科教文汇(上旬刊),2021(05):160-161.

上传展示课安排和班级课程表,同时邀请有条件的家长进行网上观课议课。在德育课方面,学校可以在校内设置特色德育课程,并定期邀请部分家长代表参加。此时,学校可以组织集体感恩生日会,为本周内过生日的学生集体庆生并赠送小礼物,让在校学生切实体会到集体的温暖;通过提前录制小视频或现场连线的方式组织家长寄语活动,以此对学生进行亲情感恩教育;定期组织学生与家长一同进入红色文化教育基地、爱国主义教育基地、科普基地等场所开展研学实践活动。在教育教学实践活动中,要着重引导学生在教师和家长的陪伴下,感受大自然的美以及家乡翻天覆地的变化,并用手机或相机记录实践活动过程,由班级推荐到学校,在家长云校进行展评,实现小学生家庭幸福感的进一步增强①。

　　另外,学校还可以联合家长共建优秀社团,丰富学生的社团活动内容以及课余生活。实践中,依托区域少年宫,开展好书香中心、艺术中心、体育中心、创客中心、非遗中心等社团活动,并邀请有特长的家长和教师共同开设多种校园社团的家校共育课程。例如,在四川省苍溪县永宁镇中心小学的教育工作实践中,坚持每天一小时的社团活动,组织开展好每月的分学段或分社团的集中展示和直播活动,既满足了学生个性化发展需求,又丰富了师生的校园生活。

　　(四)持续强化学校与家长之间的互动与交流

　　1.定期邀请家长进入校园

　　邀请家长进入校园最常见的形式就是家长会,家长会是家长掌握孩子学习情况的第一手渠道,家长不仅可以与教师进行面谈,而且能够与其他家长交流孩子在学习方面的心得体会。家长会除了探讨学生的成绩之外,教师要精心准备一堂课,让家长切实体会到班主任的教学风格。课堂也是孩子展现自己的机会,在众多家长面前发挥自己的实力,有助于学生自信心的形成和荣誉感的树立。

　　2.开展家庭教育公益活动

----

① 赵萍."互联网+"背景下小学家校共育发展方向[C].2020年教育信息化与教育技术创新学术论坛(贵阳会场)论文集(二),2020:2-3.

学校应当主动与区域政府部门展开教育合作,共同组织家庭教育公益活动,鼓励学生在课余时间与家长共同参与相关活动。例如,在教师与家长的带领下,进入敬老院,看望、照顾老人;进入社区,参与"建设优质社区"公益活动,等等。通过相应活动的开展,学生、家长、教师之间的交流深入度进一步提高,实现家庭、学校与社区(政府)之间的教育合作,推动家校共育工作的升级。

3. 坚持举办家委会会议

学校应广泛听取家长意见,加强家校联系,充分发挥家长委员会的作用,广泛听取家长对学校工作的意见和建议,推动学校不断健康发展,给小学生创造更加和谐、健康的成长环境。学校应当坚持举办家委会会议,深化学校与家长之间的互动与沟通交流。在此过程中,学校需要为家长介绍开学至今学校开展的各项活动,对全体家长委员会委员提出希望家长多参与学校建设,及时把家长关心的问题反馈给学校等建议。① 同时,鼓励家委会成员积极就学校教育教学工作及管理等方面各抒己见,献计献策,提出多种高价值的意见和建议,督促学校在以后的工作中加以关注和改进。

通过家委会会议的展开,畅通了家校沟通的渠道,为形成家校合力,促进小学生的健康成长营造了良好的氛围,也为学校发展奠定了更加坚实的社会基础。

综上所述,在"互联网+"背景下,小学家校共育的实施与推行有着极高的现实价值。实践中,通过面向家校共育完善多种组织体系、搭建家校共育智慧平台、围绕家校共育实现对学生课程教育教学活动的扩充,持续强化学校与家长之间的互动与交流等策略的实施,深化了小学家校共育的开展程度,推动了小学生的更好发展。

---

① 程晓东."互联网+"背景下解决农村小学留守儿童家校共育的对策[J].新课程(综合版),2019(11):31.

浅谈构建家校共育有效模式

上海师范大学合肥实验学校　陶丽

【摘要】

　　一个孩子的成长受到多方面因素的影响,总的来说,不外乎内在心理因素和外在环境因素。其中,外因一般可概括为家庭、学校和社会三个要素。一个人成长的过程中,在初期和中期起决定作用的首先是家庭教育,然后是学校教育,最后才是社会教育。这与一个人成长过程中接触外在因素时间的长短有很大的关系。因此,孩子成长的初、中期教育,离不开家庭、学校教育的携手合作。但是,在目前基础教育改革的大背景下,家庭、学校教育依然不能完全或是有效避免分离现象。近年来,国家逐步注重对家校共育工作的指导,还为学校培养了一批家庭教育指导师、心理咨询师,促进家校共育工作有效开展。2021 年 7 月,"双减"政策落地,新政策的落实更加需要家校共育。同时,我们逐渐认识到,要提升学生的综合素养能力,仅仅依靠学校教育是很难实现的,必须要达成家校共识,构建家校共育的有效模式,才能更全面地提升学生的综合素养。本文将从家校共育实际情形出发,阐释家校共育工作目前存在的问题及产生原因,并针对这些问题提出几个肤浅的家校共育模式与措施。

【关键词】

家校共育;存在问题;措施

　　教育是个复杂的系统工程。影响孩子成长的要素有很多,各要素之间既相对独立,又互相关联。无论是学校教育的科学体系,还是家庭教育的潜移默化,以及社会环境的影响,都是不可或缺的。对于基础教育阶段的孩子,学校教育和家庭教育更是作用巨大且影响深远。教育的效果相当程度上取决于学校与家庭之间教育价值观的认同度，如果学校教育和家庭教育处于分离或者相悖的情形，那么就像拉着同一辆车却朝相反方向使力，学校教育和家庭教育都不能够真正地发挥作用，也就不能够促进学生的健康成长与全面发展。因而，这两种教育必须做到相辅相成，互为补充。现针对当前家庭教育存在的问题进行分析，并以此为基础提出一些构建家校共育有效模式的具体措施。

一、家校共育工作目前存在的问题

家校共育是实现教学效果持续延伸的基础和最佳途径。首先，学生的全面成长起步于家庭教育。"父母是孩子的第一任老师。"孩子一出生，家庭环境对孩子潜移默化的影响就已经开始。从某种意义上说，孩子在学校的各方面表现跟他在家庭中养成的生活、学习习惯密切相关。其次，学校教育只是孩子所受到的教育的一部分（一个人所受到的教育一般分为家庭教育、学校教育和社会教育三个部分），因此，学校教育是无法承担学生所有成长责任的。所以，我们有时就不幸地看到了五天扎实有效的学校教育加上两天无效的家庭教育，孩子的成长回到起点的"5+2＝0"的教育现象。那么，通过家校共育，形成教育合力就成了势在必行之举，而家庭教育需要学校专业的引领、指导。笔者认为家校共育工作目前面临的较大的问题主要表现在以下几个方面：

（一）家长家庭教育理念落后

家长的家庭教育理念跟其经济、文化、受教育程度等息息相关。以县域内乡镇学校为例，很多家长按照老观念认为：自己只管孩子吃饱穿暖，教育就是学校、老师的事情了。这种传统的教育观念是错误的、狭隘的，这种"甩锅"现象更是很不正确。他们不理解"教育"一词所涵盖的广泛意义，把教育片面地理解成智力教育，把智力教育片面地等同于学校教育、学科教育。

另外，由于家长对子女的教育观各不相同，对子女的教育目标也有高有低，因此表现也就有很大差异。例如，很多家长认为孩子成长成功的标准就是学业成绩好,至于孩子怎么学,以及其他方面,诸如道德素养怎样,思维能力发展如何,综合素质如何,心理发展如何,家长觉得都不重要,也就不关心。他们的思想观念存在错误,将学习成绩作为衡量"好孩子"的唯一标准。对于孩子道德素养、综合素质和实践能力的要求不高,这与坚持"立德树人,五育并举"的教育目标也是背道而驰的。当前社会,很多家长认为孩子只要成绩好,只要能考上大学,以后能够赚钱就可以,对于孩子素质和技能的要求并不高,这样的家长往往不懂得如何有效地进行家庭教育,家校共育工作在这样的家庭也就很难开展。家庭缺失正确的育儿理念造成了家庭教育对学校教育支持力量薄弱的局面。

（二）家长对家庭教育的重视程度不够

我所在的学校属于县域乡镇地区,家长常常忙于工作而忽略了家庭教育。县域地区经济发展往往不如一线城市,很多家长选择外出打工,快速的生活节奏使得很多家长忙于工作,有的长期在外,根本无法顾及孩子的生活和学习。家长起早贪黑忙工作,孩子往往交给长辈带,长辈宠爱孩子,对孩子学习及生活习惯的培养是没有能力的,特别对孩子玩手机及玩电子产品的管束更是无能为力。孩子上学的早出晚归与父母上班的早出晚归,使亲子之间相处的时间得不到保障,家庭教育就无从谈起。在家庭教育的缺失之下,家校共育不可能得以顺利进行。

（三）家长缺乏与学校有效沟通,家校共育无法做到无缝对接

家长对孩子的在校情况不关心不了解,家校共育不能无缝对接。家校共育有效模式要求家庭和学校共同培养学生的各项能力,可现状是很多家长对学生的在校情况漠不关心,无论是学生的学习情况,还是生活情况,都置之不理。对于家长来说,孩子进入校园,老师不来找家长就是最好的模式。也有家长对老师反馈孩子在学校的情况表现出不耐烦。有家长明确表示:你是老师,你都教育不好,找家长有什么用,找家长就是老师无能的表现。家长从根本上忽视了家庭教育的力量,不配合老师共同教育孩子,阻碍了家校共育模式的发展。

（四）家校共育工作缺乏规划性、长期性、连续性，需要课程化

教育学生是一项长期的工程，它是一个因家庭情况不同、学生年龄阶段不同而教育方式不同的复杂过程。所以，学校、教师、家庭要做好长期合作的思想准备。然而，在现实的家校共育中，家长和教师交流往往只是一时热情，缺少针对性；或者只是在学生遇到教育问题时才进行简单的就事论事式的互动，缺少教育的预见性和规划性。当孩子出现明显的教育问题才进行合作是功利性的，不能长期坚持，更是没有从教育的系统性出发的"合作"教育，达不到家校共育的目的。

二、如何构建家校共育有效模式

以上从四个方面分析了当前家校共育实施过程中存在的主要问题，接下来针对这些问题提出几点家校共育的措施。

（一）开设家长学校，规划家长培训课程，唤醒家长共育意识

随着教育改革的不断深化发展，要使学校教育更有效地起到良好的作用，学校的教学模式就要有所变革，只有努力实现家庭教育和学校教育相结合，充分发挥家庭教育本身就有的教育功能，才能够形成家校共育的合力，把孩子教育成才。为此，学校需要加大对家庭教育和家校共育重要性的宣传力度，根据学生年龄和心理特点开设家长课程，转变家长育儿理念，唤醒家长家校共育的意识。

要有计划、有目的地开设家长学校，家长培训课程体系就必须建设起来。我校根据不同年级、不同学期、不同主题的活动等设定不同的家长培训课程，课程体系有知名专家根据当前家校共育热点、社会关切的教育话题确定的培训内容；有年级组根据当前学生存在的主要问题确定的培训内容；有校长根据思政课确定的培训课题；有在重要时间节点需要家长配合和支持家校共育的内容，比如新学期、新学年、疫情背景下家校共育话题等。家校共育需要学校建立系统性的课程，在一次一次的培训下，让家长看到学校的努力，让家长明白其角色

的重要,引领家长朝着家校共育的专业化方向出发,才能唤醒家长的家校共育意识,才能拉动家长真正积极参与到对孩子的教育行动中,形成"1+1>2"的教育合力,助力孩子更好、更快、更全面地成长。

(二)重视家校共育技巧,设定家长培训课题,培训专业性更强的家长课程老师

新时代赋予家校共育新的内涵。每一位老师不仅要成为学校教育的学科专业人才,还要成为家庭教育的引领者,要能够广泛引导家长学习新的教育理念和教育技巧,在尊重学生个性发展的同时,努力实现学生全面发展。所以,教师在和家长沟通时要有现代教育的专业性和技巧,应该引导家长关注家校共育,参与家校共育,实现学生的全面发展。

家校共育涉及的内容十分广泛。学校需要开发形式多样的家校共育途径,努力建立教师和家长相互交流、双边互动的家校共育创新方式。家校共育不是教师的单边教育指导,而是应该形成良性的双向性交流。家校之间要互相尊重,相互帮助,彼此协作。比如:家长可以深入学校,可以提出自己的意见,可以利用网络传播正能量和反馈信息等。教师可以利用问卷了解家长育儿心声、家庭教育困惑、亲子关系等。教师的语言要专业、得体、亲切、自然、大方,要能适时提出自己的建议和方法,切不可针对学生问题、短板指责家长,批评孩子,要对孩子目前存在的问题给出分析、判断,并就孩子下一步成长和家长的教育提出专业帮助和有效措施,给家长送去教育的信心、力量和方法的指导,让家校共育在和谐美好的环境中共进。

例如,为了让家校携手共同推进"双减"工作,共同促进"双减"政策落地落实,我校先向家长积极广泛宣传,再以"共话双减,共育未来"为主题,对家长们进行有目的、有针对性的培训。通过此次培训交流,让家长们深刻理解"双减"的意义不仅是为了减轻学生的学业负担,其根本目的还是为了提质增效,让学生的学习变得更有效才是"双减"的真正意义所在。要做到这一点,学校教育改革固然是一方面,家庭教育的配合也是不可或缺的。同时,通过此次培训,让家长进一步获得了更多切实有效的家庭教育方法,对如何尊重和关爱孩子,培养

孩子的好习惯达成了共识,使家长在家庭教育上得到了启发。以此为契机,使家长对孩子的教育更注重理性和方法,和学校教师更注重沟通和配合,有效促进孩子健康发展,共同为孩子的健康成长保驾护航。

在家长培训活动中,很多家长也将自己的收获体会反馈到学校,如一位家长反馈的会后心得:"走在回家的路上,孩子问我听了他的校长和老师发言有什么感想,我说很庆幸和他爸爸选择了这所学校。他问为什么,我告诉他,有这样一个事无巨细的校长如春风化雨般关心老师和爱护学生,有这样一群兢兢业业的老师如冬日暖阳般照耀每一位学生,还有这样一班默默无闻的门卫恪职尽守保护校园安宁,你说这是不是一种幸运?"

(三)家长浸润式体验丰富多彩的教育活动,有效融合家庭教育力量

学生的发展不仅需要学校提供丰富多彩的教育平台,同时也要让家长有较多的机会参与学校的教育活动,参与学生在学校教育下的成长,进而了解学校教育,知道孩子的成长可以从哪些方面入手,从而理解家庭教育的重要性,找到家庭教育的切入口。

学校要打开办学大门,规划并创建丰富多彩的学生活动平台、亲子互动平台、家长互动平台,家校互动平台。引导家长关心孩子的成长,看到学校为孩子们成长提供了哪些平台,看到孩子有哪些成长和发展,例如:开展亲子阅读分享会、家庭教育交流会、亲子运动会、家庭劳动教育体验日、学生社会实践活动推广会、家长担任评委的学生作品的评选等活动。让家长走进学校,走近老师,走近课堂,走进活动,走近孩子。在活动中体验学校的办学文化、学生的成长、教师的努力。在教育活动中,让家长看到优秀的家庭教育案例、优秀育儿故事,从而在反思中提升自己的育儿能力。

通过这些实践活动的参与,让家长经过感知、理解、领悟、操作、交流,进而明白学校教育的目标,明确家庭教育的方法,提高家长对自身角色重要性的认识,激发其自身用正确的观念、行为去教育孩子的责任意识,从而更好地配合学校的教育,增进家校合作,和谐共进,促进孩子健康快乐成长。

（四）举办家庭教育沙龙活动，辐射优质家教资源

学校开展家庭教育沙龙活动，是激发家庭教育思维碰撞的一个好办法。榜样具有示范性、感染力，身边的榜样的力量更强大。通过宣传身边家长家庭教育的优质方法来影响其他家庭，让更多的家长获得容易操作的家庭教育方法，弥补一些家长教育方法的空白，解除一些家长的教育困惑。这些科学教育子女的方式方法和典型案例，常常具有突出的针对性和实效性，深受家长欢迎，同时也凸显了家长的行为和家庭教育对子女的重大影响。

沙龙活动可依托一个个系列主题的形式开展。首先，学校通过调查问卷，了解家长们在家庭教育中遇到的困惑，或者收集若干个命题案例，把沙龙的问题确定下来，再从家长中征集针对这些困惑的优秀育儿方法，定期举办家庭教育沙龙，由家长分组讨论、提问、交流、学习、提升，家长总结出有效的教育方法，从而使家长们懂得接纳、教育和尊重孩子，关注孩子的需求，能够民主平等地和孩子沟通，欣赏和鼓励孩子，促进家长和孩子共同成长。

沙龙活动的开展，以家长引领、家长成长的方式促进了家庭教育发展。与此同时，家长的一些新的教育观点、独到的见解以及灵活多样的教育案例，也能够使教师深受启发，引发教师深度思考，激发老师针对不同学生不同情况创新教育方式，提高教师教育能力，从而有效促进学校教育。

（五）编写家庭教育优秀案例集、故事集

家庭教育是孩子成长的基础，是学校教育的有力保障。因此，学校为促进家庭教育的发展，可以大量购买满足家长学习需要的专业性家庭教育书籍，邀请家长定期到图书馆读书，学习专业家庭教育知识；学校还可以定期邀请一线家庭教育专家，给家长们进行家庭教育讲座和培训等，采取多种方法提升家长家庭教育理论水平。

同时，引导家长撰写育儿心得，摘录陪伴孩子成长的小故事，收集整理、创办属于自己学校的《家庭教育那些事》，并印发给每位家长。这样既能让家长学习最新的育儿理念、家庭教育方法，关注孩子的成长，又能记录亲子间温馨的瞬间，拉近亲子之间的关系，找到亲子和谐相处的融洽方式。还能让那些工

作比较繁忙,无法参加其他家庭教育活动的家长也能看到优秀的家庭教育案例,弥补家长因工作繁忙而不能参与活动的不足。通过这些努力实现家庭和学校共同教育,建立统一教育目标,共同配合,共同努力,达到更好的教育效果。

(六)多种家校共育形式适时补充,让家校共育时时在线

家访,是家校共育的传统方法,是实现家校共育有效模式必不可少的途径。有效的家访一定是有计划、有目的、有温度的,深受家长和学生欢迎的。老师可以选择家庭有困难、单亲、留守儿童、渴望被关注等有特殊情况的家庭,重点上门进行家访,有针对性地开展解难题、送方法、送温暖活动。走访这样的家庭一定要制定方案,建立跟访机制,并在此过程中了解学生居家学习和生活情况。家访时一定是把爱和耐心放在第一位,针对不同情况,指导家庭教育方法。

除了线下家访这一传统形式外,学校还可以采用 QQ、微信、电话等信息化手段来与家长进行集体交流或点对点的单线沟通,根据不同的事项,采用不同手段、方式来进行数据统计、分析,及时解决问题。如通过钉钉会议或微信视频会等形式,举行线上家长会、线上家庭教育方法分享会等,充分搭建线上家校共育平台。

与此同时,学校可以开通心理健康教育专线,时时处处关注学生心理健康教育。如,学校开通心理健康教育绿色直通专线、校长家庭教育辅导专线等,随时解决家长的家庭教育困难,解决亲子之间的矛盾,帮助家长树立正确的家庭教育观念,传授科学的家庭教育方法。学校通过这一方法,可以了解学生更多的家庭情况,及其在家的学习和生活情况,再根据学生的情况,有效调整学校教育。

家长会是学校、家庭教育双方融合思想,携手探索有效教育方法,共同挖掘宝贵家庭教育资源的重要途径。利用好专题家长会,能更进一步拉近学校与家庭的距离,拉近老师和家长的距离,为探索家校共育提供了良好的面对面交流平台。因此,定期或不定期举行家长会,是家校共育模式的必要补充。

（七）建立完整、持续的运行、跟踪、反馈机制，确保多种家校共育模式真正有效落实

家校共育模式是否有效，关键还要看学生是否有所进步，是否有所改变。如何确保这些模式能够真正地开展落实呢？又如何检验上述多种共育模式是否有效呢？这就需要学校建立一套完整和持续的运行、跟踪、反馈机制。

首先，学校可以以班级或年级为单位对学生进行状况分析，梳理出本班级或本年级学生的共性和差异性，并形成家校共育成长档案。然后，根据共性选取恰当的家校共育模式；根据学生的个性差异，选取合适的针对个别或少数人的模式。最后学校再以选定的模式或措施，针对全体、少数或个体，与家长合作，共同教育学生。如，对于班级中少数同学上课注意力不够集中的问题，在做好记录的同时，召开一次专题线上家长视频会，与这部分学生家长交流存在问题的现象，找到问题产生的原因，教给解决问题的办法。如告诉家长，在生活中如何训练学生集中注意力，进行"让学生在单位时间内专注完成一件事"的专项训练；在学校，教师随时关注这些学生的上课情况，及时提醒，或针对这些学生开展"三分钟找碴游戏"等活动，在课间训练学生的专注力。通过一段时间的家校共育，跟踪学生的进展情况，对有进步的学生要及时进行积极评价或奖励，形成正向螺旋上升；对于变化不大的学生，也可根据学生的情况反馈，及时调整家校共育模式和措施。

当然，孩子综合素养的全面提升和良好习惯的养成不是一朝一夕的事，所以，这样的机制至少要以学期、学年为单位不断延续，持续进行下去，特别是在学生升年级或教师人事有变动的情况下，尤其要注意家校共育模式和措施的衔接和持续。

总之，只有在这一完整、持续机制的影响下，学生真正有了正面的改变或进步，我们的共育模式才是真正有效的。

三、结束语

家校共育是当前教育必须探索的有效模式，家校共育工作的扎实开展与有

效推进,能够更好地营造学生成长的良好环境,融合家庭教育和学校教育的力量,弥补学生居家时段的教育空缺,为全面提升学生综合素质提供更有力的支撑,为完善、提升学校教育的效果提供更有力的保障。所以,在教育孩子成长的过程中,我们要时时有家校共育,处处有家校共育,事事渗透家校共育。家校共育,一起同行!

家庭中赏识教育的有效性

合肥市师范附属小学　韩璐

【摘要】

赏识教育是一种尊重个体生命规律的教育,赏识教育在家庭中有效使用,可以激发孩子内驱力,唤起孩子的自信心。"双减"政策背景下,家校共育、亲子关系、家庭教育的科学性显得尤为重要。然而,现实中很多家庭走进了无效的赏识、过度赏识教育等误区,让亲子关系变得紧张。和谐的亲子关系离不开科学的家庭教育,科学的家庭教育离不开有效的赏识。在家庭中,父母和子女之间应坦诚相待,父母应关注细节,培养孩子的成长型思维,兼顾孩子的性格、年龄等特点,运用恰当的方法,把握好赏识的时机,才能在家庭中实现亲子关系的高质量沟通。

【关键词】

家庭;赏识教育;有效性;策略

赏识教育是一种尊重个体生命规律的教育,赏识教育在家庭中有效使用,可以激发孩子内驱力,唤起孩子的自信心。赏识教育不等同于简单的表扬,它以客观事实为依据,以分析孩子的心理和行为为基础,用激励或表扬的手段,肯定孩子的优点,鼓励孩子产生内驱力,产生生命的觉醒,从而激发孩子向上的自主性。家庭中的赏识教育是学校赏识教育的有效补充,和谐的亲子关系离不开和谐的家庭教育,和谐的家庭教育离不开科学的赏识。家庭中的赏识教育的正确使用,可以帮助家长树立新的教育观,培养儿童积极向上的心态,有利于亲子关系的和谐①。因此,赏识教育在家庭中有效使用,家长有所为,有所不为,方能实现家校共育,为孩子的健康成长和全面发展助力。

一、"双减"背景下家庭中科学赏识教育的重要性

2021年9月,中共中央办公厅、国务院办公厅印发了《关于进一步减轻义务教育阶段学生作业负担和校外培训负担的意见》,"双减"政策实施以后,孩子们告别了繁重的作业负担,告别了过多的校外学科类培训,家庭成员共处的时间增多,沟通机会增多,亲子关系也悄然发生改变。"双减"政策,减掉的是过多的负担,减不掉家长和学校的责任。越来越多的家长意识到父母要时刻修炼家庭教育的基本功。和谐的亲子关系离不开和谐的家庭教育,和谐的家庭教育离不开科学的赏识。

家庭作为孩子发展生态系统的起点,它是学校、社会系统的重要动力来源。心理学家马斯洛将人的需求从低到高依次分为:生理需求、安全需求、社交需求、尊重需求和自我实现需求五种需求②。养育一个孩子,也应该满足孩子这些需求。孩子低层次的需求只用金钱就可以满足,对于孩子高层次的需求,父母应该追求的是"鼓励孩子成为他自己"。对于一个家庭来说,父母是树根,孩子就是花朵。如果花朵出了问题,多半树根也有问题。马斯洛的需要层次理论,用科学的分析帮助父母认识和理解孩子成长过程所需要的营养。这些营养的提供,还是要依赖于父母教育理念的更新,依赖于父母对于教育行为和教育方法的科学使用。

"双减"背景下,孩子的生理和安全需求很容易得到满足,但是尊重和自我实现的满足,却需要家长与时俱进,根据孩子的成长需要而变化。而家庭中有效的赏识教育,有利于实现家庭关系的和谐,有利于家长和孩子的共同成长。家庭中赏识教育,不仅仅是一种对待孩子赏识的态度,更是一项需要认真锤炼

---

① 周弘.赏识你的孩子[M].成都:四川少年儿童出版社,2000.
② 陈云.马斯洛人本主义心理学[M].北京:首都师范大学,2014.

的技能,需要家长用客观地分析和科学的实践去探索。

二、家庭中赏识教育可能存在的误区

（一）过度赏识

当孩子进步,或者某方面取得成绩,我们偶尔可以毫不吝啬地赞美孩子,例如"宝宝是全宇宙最优秀的""你就是小公主""你就是未来的达·芬奇,绘画天才"。生活中,人体摄入超出定量的糖分,会对身体健康有害。这样不分年龄、不讲实际、一味夸赞的赏识教育,就像人对糖分的过度摄取,百害而无一利。频繁的、过度的赏识,容易助长孩子的功利心,甚至会为了得到赞美而表现出努力,这种表现并非自发的,而是为了让他人满意,具有一定的利他性,不利于孩子自身的成长。

（二）无理由、无原则的赏识

赏识教育让儿童学会自尊自信,挫折教育让儿童学会抵抗挫折的能力。如果教育只有赏识,没有惩罚,那么这种教育是一种虚弱的、不完整的教育,也是不负责任的教育。中国青少年研究中心专家孙云晓认为,如果忽视挫折教育,无原则、无理由的赏识,会对正确的规则产生模糊不清的认识,在这种环境下成长起来的孩子,一旦遇到挫折,有可能会变得非常极端,产生逃避现实、失去信心等不良现象。

（三）赏识教育物质化

在家庭教育的实践中,有些家长理解的赏识教育,就是对孩子采取奖金、奖品等物质奖励。这种方式短期可能会提高孩子的兴趣,但是一旦习以为常,孩子有可能会为了得到一定的物质奖励而努力,如果没有奖励,或者当父母不能及时兑现奖励和承诺,孩子对父母的信任感将大大降低,他就不会做对的事,效果适得其反。习惯了被奖励的孩子一旦走向群体,他会发现并不是做每件事都会获得物质的奖励。孩子的功利心越重,做事越心浮气躁,孩子越在意物质奖励,越容易忽视别人的客观评价,他们可能只相信有利于自己的评价,屏蔽不利于自己的评价,在社交上让自己渐渐孤立,他的自我价值感也会因此降低,更谈不上培养孩子成长的内驱力了。

(四)赏识教育功利化

在家庭教育中,孩子们往往都有一个共同的"敌人"——别人家的孩子。内心焦虑的家长容易用对比的方法来对待自己的孩子,以超过别人家的孩子为荣,以比别人家的孩子落后为耻。一直用别人家的孩子做比较,有时候也会事与愿违。孩子越是不断学习、认同、努力超越别人家的孩子,心理压力越大,越会容易忽略自身进步的喜悦感、自豪感。真正优秀的孩子往往是能够排除外界的干扰,自己努力成为最好的自己,而不是为了超越别人获得表扬而努力。2022年冬奥会中,18岁的谷爱凌表现惊艳,她没有听从妈妈求稳的建议,而是选择了超高难度的一跳,并凭借这一跳获得自由式滑雪大跳台冠军,赛后她说:"我不是来打败其他运动员的,我是想打破自己的界限。"回顾她的成长,无论是考斯坦福、做模特还是滑雪,就像对待最后一跳的选择一样,妈妈会给谷爱凌鼓励、帮助和建议,但所有的决定权在于谷爱凌。她家人给予她的正是无条件的信任和帮助,鼓励她做自己喜欢的事情,这种不比较、不功利的赏识教育成就了今天的谷爱凌。

三、家庭中实施赏识教育的有效策略

(一)坦诚相待——父母的赏识需发自内心,与孩子共情

苏霍姆林斯基多次提醒教育者一定要有同理心:"永远不要忘记自己也曾经是个孩子",同理心养育就是真正"看见"孩子,尊重他的意愿,安抚他的情绪,构建孩子坚实的内心世界。当孩子充分信任自己,信任父母和世界时,亲子间才能有效沟通与合作,孩子才能积极勇敢地去探索世界,激发他们天性中的自信与独立。当孩子被认可、被信任、被尊重时,他的自尊心、自信心也就会逐渐提升。父母应该设身处地聚焦孩子的优势和长处,带动和鼓励孩子向好的方向发展。因此,说"好孩子是夸出来的"一点也不夸张。因此,赏识一定要发自

内心。一旦决定表达赞美,一定是完全放下功利心,真诚地说出的真挚话语。

(二)关注细节,宽泛的表扬不如恰如其分的鼓励

不是每一种赏识都是孩子需要的,也不是每一种夸赞都是有效的。当孩子听到无数遍"你真棒!""你真厉害!"就会对这种毫无质量的赏识麻木。空泛地夸奖随处可见,对孩子却不一定能起到切实的激励效果。其实,"你写字时的坐姿比以前标准了"这句话远比"你真棒!"有效,更能让孩子明白自己做对了什么。因此,父母在欣赏孩子时,过程和细节说得越详细,角度越具有指向性,孩子就越明白哪些行为是好行为,孩子的感觉会越真实。当孩子听到这样的赏识的话语,除了增强自信之外,孩子也会知道父母希望他能做到什么,或者往什么方向努力。因此,家庭中的赏识教育只有从细节出发,才能直击孩子的心灵,给孩子带来成长的养分。

(三)培养成长型思维:夸孩子努力远比夸聪明、漂亮有效

斯坦福大学著名发展心理学家卡罗尔·德韦克在进行了多次的儿童心理学实验之后,建议父母在日常生活中首先要注意培养孩子的成长型思维方式。成长型思维方式与固定思维相对,是通过正确的指导策略改善思维,提升智力的思维模式①。其中尤其要赞美孩子的努力、策略和选择,而非天赋。在关于小学生的研究中,孩子被夸奖聪明的时候,实际上是鼓励孩子以一种固定心态看待自己。长期下去,孩子会担心别人看到自己失误,会被认定为不聪明、天分不足,做事情会往往会避重就轻,遇到困难的事情就可能产生逃避的心理,不敢去迎接新的挑战。而运用成长型思维去教育孩子,告诉孩子人是可以通过努力来不断培育和完善的东西,所以当夸奖孩子很努力的时候,他们不会担心别人觉得自己不聪明,也不会有来自于外界的压力。所以夸奖他后天的努力和勤奋等品质,远比夸聪明、漂亮更有效。

(四)关注孩子的特点,恰当把握赏识的教育时机

家庭教育中,父母赏识孩子的时机很重要,每个孩子期望被赏识的方式也

---

① 杨秀,王梦瑗.介绍——关注——建模——实践:美国儿童成长型思维培养的家庭模式[J].教育观察,2019(29).

不同。当孩子需要正向的情感刺激时,适时地鼓励可以起到激励的作用。例如和孩子一起讨论一次考试成绩的时候,无论孩子得了什么等级,会赏识的父母总可以找到他写得特别好的地方,或者是解题步骤完整,或者是思路清晰,或者卷面干净,等等。父母不用一开始就盯着分数和错题,而应该对这些细小的优点大方而客观地加以赞赏。发现赏识的时机,从而帮助孩子树立自信,远离挫败感。因为鼓励和表扬看着相似,但目标完全不同。表扬是为了让孩子的自我感觉良好,鼓励却并不是为了让孩子获得什么,而是我们通过认出孩子真实存在的美好部分,去表达这份欣赏。表扬与夸奖,指向的是结果的成功,只关注结果的表扬,不如及时把握每一次赏识的时机,鼓励孩子激发内驱力。

(五)语言不是唯一的赏识的途径,重视使用非语言信号

赏识,有时候不需要过多的语言,孩子就能感受到你的内心。例如青春期的孩子,自我意识开始觉醒,父母更多的是需要倾听、陪伴和认同,让孩子有一种被人相信的认同感、被理解的尊重感,所以他们更喜欢一些非语言的激励方式。一个眼神、一次击掌、一个拥抱、一场旅行……都可以成为赏识孩子的方式,帮助父母走进孩子的心灵,用这些非语言信号来向孩子传递父母对他的赞赏。生活的多样性,赋予了赏识的多样性,身为父母,我们需要一直去探索赏识孩子的途径。

综上所述,孩子是一个独立的个体,父母不是孩子的掌控者,而是孩子成长的引导者。父母应该理解孩子的需求,在家庭中科学而有效地实施赏识教育,才能让家庭教育成为学校教育和社会教育的积极补充。"双减"政策,减掉的是过多的学业负担,减不掉家长和学校的责任。家长想要充分发挥赏识教育的有效性,就应该在理解孩子的行为,尊重孩子的基础上,有所为,有所不为,科学运用家庭中赏识教育的策略,助力孩子增强心理弹性和韧性,让孩子拥有真正意义上的健康全面的发展。

浅析离异家庭儿童的心理发展与早期干预

合肥市师范附属小学　邵骋晨

【摘要】

　　社会的发展给人们婚姻观带来了诸多变化,离婚率也随之呈现出一定的上升趋势,这一现象势必导致生活在离异家庭中的儿童数量增加。受新型冠状病毒疫情以及新出台的《婚姻法》的影响,全国 2021 年上半年离婚登记为 96.6 万对,而这其中约有百分之六十七的离异家庭存在子女问题。离异家庭儿童可能会出现的心理问题、行为问题日渐成为许多家长与教育工作者所关注的话题。本文旨在通过离异家庭儿童心理发展与早期干预的论析,探究其实践意义。

【关键词】

　　离异家庭;心理发展;早期干预

一、离异家庭儿童的心理发展

　　离异家庭儿童的心理发展问题伴随着离婚问题产生而不断出现。例如通过对比调查,合肥师范附小某班 45 名学生中有 6 名来自离异家庭,这些离异家庭儿童出现心理健康问题的比例高于完整家庭。这些孩子更容易在学习方面出现阻碍,同时他们在情绪调节以及性格形成方面都会遇到一定的心理问题。

　　(一)离异家庭儿童学习和认知的发展

　　面对离异家庭儿童,教育者最能直观观察到的是其学习成绩。我们知道,学习成绩受到智力因素与非智力因素的双重影响,尽管已经有关于离异家庭儿童智力发展的研究表明,无论是正常家庭环境还是离异家庭环境,少年期儿童的总体智力都不会受到特别的影响,但是环境作为公认的重要非智力因素,离异造成的家庭环境的改变对儿童学业难免会产生消极的影响。

离异家庭儿童的学习态度比完整家庭儿童的学习态度差,他们更容易出现作业潦草、偷工减料、延迟拖沓等现象。孩子的学习态度会受到父母离异时的状况影响,一般来说,父母因离异产生的纠纷越大,孩子的学习态度越糟糕;如果父母离异后纠纷有所缓解,孩子的学习态度则会再次往好的方面转变。

通常来说,相对于完整家庭儿童的认知发展水平,离异家庭儿童的认知发展水平较为落后。值得关注的是,儿童所处年级越低即孩子年龄越小,他们认知发展的水平因为父母离异所造成的损害越大。

(二)离异家庭儿童的人际交往

儿童的社会性发展与人格的健康发展受到诸多因素的影响,其中同伴关系是其发展的重要因素之一。在日常教学中,教师常常会发现离异家庭儿童的朋友数量较少,在访谈中,不少离异家庭的儿童表示自己因缺少朋友而感到孤独。缺少知心朋友,朋友关系不稳定,经常因小的纠纷而导致朋友关系的瓦解是他们最容易出现的困惑。例如师范附小某班一名离异家庭女生在三年级期间曾用压岁钱多次大量购买文具慷慨分给班里同学,与其沟通后得知是其在同伴交往中不够自信,希望通过送礼物来收获友谊。

(三)离异家庭儿童的心理与行为

儿童的心理健康会因为父母的离异而受到明显负面影响。离异家庭的儿童常常会出现自责的现象,他们更容易感受到孤独,有时还会出现较严重的焦虑状态。由此可见,相比完整家庭的儿童,这些儿童的心理健康状况以及问题行为出现的概率都有明显的提高。在合肥师范附小某班四年级进行客观认识自我的心理健康教育系列课程时,教师在设置的"目光炯炯""缺点消消乐"活动记录中发现离异家庭的儿童在课堂中往往是被动地参与游戏,他们很难发现自身的优点,而且在活动中呈现消极状态。甚至离异家庭儿童还会表现出各种问题行为,具有孤僻、冷漠、撒谎等社会适应不良问题。

二、离异家庭儿童心理的早期干预

离异家庭儿童的不利处境引起社会各界广泛关注,通常来说,家庭生活、学校教育、社会关怀等方面都应该采取一定的措施。以下针对离异家庭的父母如何进行早期干预进行系列阐述。

(一)做好家长与儿童的心理调适

尽管造成离婚的原因不同,但是离婚的家长都可能面临这样的问题:有监护权的家长将要承担原本是父母双方分担的照顾子女的责任,因而有家庭压力造成的痛苦;没有监护权的家长不能和子女进行日常交流,在被切断联系后产生孤独感和挫败感。如果离异后家长能够发现上述的问题并迅速调节好自身情绪,用乐观积极的态度来面对自己已经离婚这一现实,那么离异对于孩子的负面影响就能够大大减弱。

与孩子讨论父母的离婚需要有好的方式。我们应该抱着坦诚、平和的态度交流,重要的不是说什么,而是用什么情绪在说。父母之间彼此不抱怨,要让孩子感觉离婚后的父母更开心、幸福,自己也更受关爱。目前在我国的主流文化中,人们潜意识仍然对于离婚持有否定的观点,但是我们仍然可以通过实际的行动让孩子感受到这一观念并非完全正确。许多孩子在父母离异后会出现自责现象,例如他们可能会认为是由于自己的学习成绩不好或者比赛没有获得奖励等原因造成了父母离婚。面对这种情况,家长可以明确地告诉孩子这些并不是父母离婚的原因,并且引导他们做出正确的归因,以避免不当归因对孩子的内心造成伤害以及其对父母的不信赖。

(二)营造良好的家庭氛围

离异对儿童有着重大影响,儿童在情感上对家庭、父母有着紧密联系与依赖,父母离异将会危及这些联系。家庭的缺失将会导致孩子出现悲伤与恐惧的情绪,其中最基本的恐惧是害怕被遗弃。

我们可以创造条件,在父母离异后仍能让孩子充分感受到父母的爱。离婚只是爸爸妈妈分开,但并不影响父母对孩子的爱。要培养儿童的兴趣爱好,使其尽快从父母离异的阴影中走出来。鼓励孩子多参加集体活动,学会与人相处,增强人际交往技能;要设置合理的期望水平,不让孩子心理负担过重。避免对儿童的溺爱和放纵,尽量做到对儿童的教养方式不发生太大变化,保持家庭教育的前后一致性,避免孩子无所适从。

（三）与孩子共同成长

孩子的成长最重要的不是家庭成员的多寡问题,而是家长教养孩子的质量问题。承担养育责任的家长应在家庭生活中探寻自身所具备的优势,与孩子一同成长。

1. 充分发挥单亲家长的自身优势

通常来说,单亲家长都具备高度的责任感,以认真的态度对待家庭。研究表明,离异后独自抚养孩子的单亲家长会用行动更多地照顾自己的孩子,并致力于让孩子过得更加幸福。在此过程中家庭价值可以得到充分发挥,因为家庭中没有婚姻伴侣,所以单亲家长把注意力都放在孩子们的身上,以保证家庭正常运转。

单亲家长在交流上简单明了,是一名坚定的决策者,很好的组织者。在家访中,教师感受到因为单身家长在生活中要说得太多而又没有足够的时间,忙碌让他们直接谈论重点,当遇到问题需要解决时,也会直切要害。在单亲家庭中,由于有太多的事情要做,而且只有一位家长来做,因此单亲家长还会创建高效率的系统来承担这些责任。

2. 做好单亲家长与外在的连接

我们需要不断探索建立一种针对单亲家庭的社会支持网络。在一些双亲家庭中,出现问题时家长不愿意寻求帮助,他们会因担心外人知道家中的事情没有处理好而心存顾虑。但是单亲家长反而愿意承认问题并向社会寻求支持与帮助,例如有的单亲家长会将孩子现状告诉老师并向老师寻求帮助;有的单亲家长则会将婚姻状况告诉孩子亲密玩伴的家长,在接送上下学等事情上寻求帮助。

3. 对待孩子方法明确

单亲家长创立的家庭体系中,孩子明白父母对自己的期待,以及他们对父母的期待。在这一互为信赖的关系中,孩子得以健康成长。不少单亲家长会有意识地、循序渐进地培养孩子承担家庭责任的能力。作为单亲家长不可能完成所有的日常工作,因此他们擅长把这些家庭责任委派给孩子,而孩子通过对家庭的贡献而实现自我成长,知道自己对家庭的重要性。

综上所述,离异会对儿童的心理发展造成一定的影响,但单亲家长只要充分发挥自身的优势,通过温馨的家庭环境、密切的亲子互动、明确的教养方法等良好的家庭干预方式的实施,能够有效促进离异家庭儿童的健康成长。

构建和谐家庭　铸就美好未来

合肥市师范附属小学　郑兆甫

【摘要】

家庭和谐共生,即在孩子的教育中,家庭成员之间、家庭与学校之间和谐共处、目标一致、互相配合、共同发展。家庭是孩子的第一所学校,父母是孩子的第一任老师,孩子在家庭中成长,家庭环境对孩子成长影响深远。有些父母由于个人的享乐主义,导致家庭的不和谐;有些父母由于育人观念陈旧,将注意力放在知识传授上,始终把应试教育与升学作为教育的出发点和归宿,忽视了对子女兴趣、理想、性格等非智力因素的培养等,导致家校教育不和谐,严重削弱教育的效果。笔者将以多年教育工作中的实践经验为基础,通过具体的案例,从家长的视角,谈一谈如何构建和谐的家庭关系,提高家庭教育的效果,促进孩子阳光成长。

【关键词】

家庭关系;和谐共生;阳光成长

苏联教育家苏霍姆林斯基认为:"如果没有整个社会,首先是家庭的高度教育素养,那么不管老师付出多大的努力,都收不到完美的效果,学校里的一切问题都会在家庭里折射出来,而学校复杂的教育过程产生困难的根源也都可以追溯到家庭。"

2015年国家"十二五"教育课题调查"孩子教育影响因素比重"的成果显示,家庭教育占比51%。

俞敏洪认为,一个人在18岁之前的成长过程中,家庭教育的影响占比超过

60%,学校教育的影响占 30%,还有 10%的影响来自社会教育。

由此可见,家庭教育对孩子的影响是最深远的。在孩子的教育中,家庭成员之间、家庭与学校之间,和谐共处、目标一致、互相配合,才能实现孩子的健康发展。家庭教育和家校关系是孩子阳光成长的决定性因素。

一、家庭教育不和谐的影响

孩子的问题,我们往往能够从家庭中找到原因。现在有些家庭,由于夫妻的受教育程度、人生经历不同,因而在对孩子的教育问题上会产生种种分歧,而正是因为家长在管教孩子态度上的不一致,导致了家庭教育的失败,使孩子无所适从,不知道听谁的好,同时更会造就孩子的双重性格,这对孩子的健康成长极为不利。

(一)认知能力混乱

父母在生活的各个方面不统一,尤其在对孩子教育的态度和方式上不一致,有时甚至相互对立。认知不和谐,孩子就会形成许多错误的观念,在错误的观念的指导下行为必然偏离正常。进一步还会导致情绪混乱,给孩子的心理健康发展带来不利影响。

(二)情绪、情感烦恼与恐惧

面对父母不断地争吵、指责,破坏了孩子对父母的真诚情感的体验,产生了强烈的内在冲突,使他们总是感到恐惧与烦恼。有时孩子的正当要求得不到满足,由于情绪不稳定而发展到仇恨父母。

(三)行为习惯懒散、不自律

在不和谐环境中成长的孩子,由于他们的认知不和谐,没有建立高尚的动机,也没有积极向上的进取精神,面对困难就会退缩,面对挫折不知所措。他们没有自律意识,行为往往表现得十分懒散,生活也没有规律。

(四)性格任性、不合群

12 岁之前,是孩子个性品质形成的最佳时期,如果在不和谐的家庭教育环境中长大,缺少父爱、母爱的情感体验,一般情况下,就会出现任性、不合群等不良的性格特点。

【案例1】我曾带过一个脾气暴躁的学生,讲脏话、骂人,一有不满意就要脾气、摔东西,甚至跟好几位课任老师起过冲突,在班集体中也极不合群。经过与家长和孩子沟通,我了解到:父母在家经常吵架,在教育孩子上观念不一致。母亲要求过高,报了很多兴趣班,孩子接受不了,在家经常跟母亲发脾气、摔东西,而父亲总是偏帮孩子,长此以往,孩子就形成这样的个性。

他的父母后来也认识到问题的严重性,做了很大改变,小学毕业时,这个孩子性格温和了许多,能够融入大集体中,学业也有了很大的进步。

罗素在《婚姻革命》中说:"如果想让孩子长成一个快乐、大度、无畏的人,那这孩子就需要从周围的环境中得到温暖,而这种温暖只能来自父母的爱情。"夫妻恩爱,子女就会生活在温馨的家庭氛围中,得到关心和爱护,获得爱和尊重的体验,从而心情愉快,身心皆健;反之则影响子女的发展,甚至会毁掉子女一生的幸福。

因此,保持家庭教育的和谐一致性对孩子的健康成长具有尤为积极的作用。

二、家庭教育不和谐的成因

进入新时代,人民的生活水平极大地提高,家长十分重视孩子的教育与投入。当下,为推进素质教育,学生的学科门类不断增多,加之众多的考级和竞赛,家长有些抓狂,对孩子由"望子成龙""盼女成凤"逐渐演变为"逼子成龙""逼女成凤"。其结果就是抹杀了孩子的独立人格和主动精神,使孩子成为家长的"附庸"。

（一）家长教育观念和方法错误

一些家长把教子成才仅仅与孩子个人前途联系在一起，为国教子的观念不强，为社会育才的意识淡薄。特别是一些父母由于育人观念陈旧，始终把应试教育与升学作为教育的出发点和归宿，忽视了对子女兴趣、理想、性格等非智力因素的培养等。家长的教育观念决定着家庭教育的具体内容和方法，因而不正确的教育观念必然导致教育内容的片面、教育方法的失误。而家庭教育方法的不当，常会给孩子精神上和肉体上造成巨大伤害，从而影响孩子的身心健康，进而不利于孩子的健康成长。

（二）家长期望值过高，而自身心理素质偏低

俗话说："言传身教，身教重于言教。"父母的行为举止无时无刻不在影响着孩子。十年树木，百年树人。家庭教育也是一个循序渐进的过程，而现在一些家长心理素质偏低，自我控制能力较差，总拿别人家的好孩子说事，对孩子缺乏耐心，看见孩子做错事，不是耐心地讲道理，而是大发脾气，一味地打压孩子。这种错误的教育方法严重影响了家庭教育的实际效果。

（三）家庭关系的不和谐

家庭关系不和谐带来的紧张压抑气氛，极易引起孩子的情绪不稳定、心灵失衡。父母之间的争吵会让孩子产生恐慌的心理，也会影响父母在孩子心目中的形象，从而失去了孩子对父母的尊重和信任。在这样的环境中成长的孩子容易形成自卑、封闭、厌倦家庭的畸形性格，进而形成反社会的扭曲心理，严重的还将走上违法犯罪的不归之路。

【案例2】几年前，我曾经见识过一个特殊的孩子，这个孩子的教育曾惊动了市长、局长、校长。他在校的表现是这样的：课堂坐不住，插嘴怪叫，戳戳捣捣周围同学，课间惹事打闹等，一点文明守纪的意识都没有，严重影响到班集体日常教学管理。许多同学、家长反映这个孩子的情况，学校、老师也积极联系该生家长，结果该生家长满腹怨言：说同学欺负他，老师歧视他，孩子在家表现很好，为什么一到学校就不好了？经过学校进一步了解

到:在家里,母亲很强势,教育孩子上自负、自以为是。自己经常打孩子,却要求孩子在外面"不能吃亏",自己认为孩子"吃亏"了,就亲自出马,甚至教唆孩子以牙还牙。每次家长来校沟通时,母亲辩解的理由一套一套的,老师都插不上嘴,也根本听不进去老师的话,父亲默不作声,表现得无可奈何。

直到现在,孩子的教育问题也没有解决,我们可以想象,这个孩子整天生活在一个怎样的家庭氛围中。学校的教学管理是一视同仁的,如果家长不做出改变,孩子的未来真的难以想象。

我们把童年定义为无忧无虑,其实不然,在童年生活中,孩子也时常会遇到种种挫折,只是很多孩子没有表达出来,有的孩子表达出来了,父母却认为小孩子哪有这么成熟,不予关注,最后不了了之。

孩子的心理健康,永远比少犯错,高分数更重要。

三、家庭教育不和谐的对策

众所周知,孩子是父母的一面镜子,家庭是孩子成长过程中第一所学校,孩子的阳光成长,家庭起到决定性作用。因此,解决孩子的教育问题,重点应放在家长的肩上。

(一)家长要提高自身修养,努力创造和谐的家庭环境

家长要不断学习,丰富自己,提高自身的文化素质和心理素质。尤其是在信息高度发达的今天,家长更应该不断更新自己的知识结构,使之能满足孩子的求知欲,胜任对孩子的教育指导工作。除此之外,家长还应该创造良好的家庭教育环境,使家庭充满温馨,让孩子能感受到父母对他们的爱和期待,从而激发他们推动自己不断进取。

建立恰当的父母角色,言传身教,当好孩子的榜样,诸如:孝敬父母、热爱家庭、讲文明、讲卫生等。家庭成员之间要互相关心、互相帮助、互相爱护、互相体

谅，营造平等、温馨的家庭气氛，养成良好的生活习惯。教育孩子要从自身做起，要求孩子做的事，自己首先要做到，起表率作用。

古人云："近朱者赤，近墨者黑。"环境对每个人的发展都有着至关重要的影响，一个良好的社会环境造就了人们安定舒适的生活，一个良好的家庭环境为孩子身心健康的发展奠定了坚实的基础。同样，孩子的学习也需要一个良好的环境做保障，显然家庭环境对孩子的成才有着深远作用。比如说孩子在家学习，这个时候家长应该做到不看电视、不高声谈话、不玩手机，这样才不会分散孩子的注意力，提高孩子的学习质量和学习效果。甚至家长也应该养成在家里经常读书看报的习惯，从而影响、熏陶孩子也养成爱读书、爱学习的习惯。这对孩子来说更有说服力，更能建立家长的威信。

【案例3】读了《犹太人智慧全集》一书，被书中母亲的启蒙教育所折服。

在每个犹太孩子成长的过程中，母亲都会提出一个问题："如果有一天你们的房子被大火烧了，你们的财产被人抢光了，你们将带着什么逃命？"很多孩子少不更事，天真单纯，会回答说是金钱、钻石、财物。但他们的母亲会告诉他们："孩子，你们带走的不应该是金钱，也不是钻石，更不是财物，而是书籍，因为只有书籍里的智慧是不会被人抢走的，只要你们活着，书籍和智慧会永远跟着你们。"

从故事中我收获到了，犹太人给孩子最宝贵的财富是书籍，以及书籍里面所蕴含的智慧。这是多么宝贵啊！

（二）家长要与时俱进，更新教育观念和教育方式

社会在飞速发展，技术不断创新，国家对于人才的要求也在变化，我们必须随着时代对家庭教育提出的新要求进行相应的变革。这种变革首先应该是观念上的变革，因为观念是行为的先导，有什么样的教育观念就会有什么样的教育方式。所以，家长要更新教育观念和教育方式，在实施家庭教育的过程中，始

终要全面施教、以身作则、爱严结合、要求一致。我经常把一些富有哲理的话语贴在案头,以便能随时提醒自己——

1. 以身作则,传播爱阅读、爱学习、积极向上的正能量。

2. 学会倾听,指导孩子倾听和表达,培养良好的人际交往能力。

3. 鼓励表扬,多一份鼓励和表扬,少一点指责和批评。

4. 自律自强,学习与生活立规矩,讲原则,有效率。

5. 谈心立志,经常和孩子沟通,真正走进孩子的心灵。

(三)家长要配合学校教育,形成教育合力

在人的一生中,家庭教育和学校教育对其成长、成才的影响是最深刻、最长久的。尤其在青少年时期,这个时期是青少年世界观、人生观、价值观形成的关键时期,家庭和学校几乎构成了青少年全部的生活空间,如果家庭教育和学校教育不和谐,甚至相互冲突,不仅会影响青少年身心健康发展,严重的甚至会导致心理疾病,而且还会严重影响学校教育教学的质量。因此,家长必须和学校联系沟通,将家庭教育和学校教育互相融合,确保家庭教育和学校教育的方向一致,优势互补。家长应该学会借助学校丰富的教育知识和资源、丰富的教育观念,改进家庭教育方式,促进青少年的身心健康成长。

我曾经中途接过一个班,这个班有个性格怪异的学生,经常做恶作剧,甚至往同学饭里吐唾沫,影响班级纪律,学习更谈不上好,同学们都不喜欢他。经过我了解得知:他的父母离异,他跟父亲和后妈生活。父亲是搞汽车销售的,经常全国各地跑,在家陪孩子的时间很少。后妈虽然对他好,但由于孩子感情上一直有芥蒂,导致不敢管,平时比较放纵他。亲妈也经常来看孩子,买吃的穿的,惯着他。针对这样的家庭,我作为班主任,当然得想办法:先从家庭入手,我将现父母和亲妈分批进行了面谈,特别谈到小学是孩子个性品质形成的关键时期,可塑性也强,一旦到了小学毕业,孩子进入青春期,就很难教育、纠正不良习性。这个时期,父母的陪伴、教育、影响不能缺失。他的家长也认识到问题的存在,非常配合老师的教育。

经过几次交流,父亲、后妈、亲妈达成了共识:关心孩子的个性品质,关注孩子学习表现,立规矩,制订计划;父亲陪孩子多了,经常来访,常陪孩子参加活动。当然,作为老师,我给他班干部的角色担当,点滴进步就及时给予表扬。到六年级时,可以说他是全班进步最大的孩子,合群了,自信了,成绩好起来了。毕业典礼时,孩子和父亲依依不舍含泪与我拥抱。孩子在 2019 年参加了高考,考后向我报喜,考上了重点大学。

我想,他的逆境成才,是家校和谐教育的结晶。

无数的个案表明,问题学生不仅仅是学习问题,他的个性品质也存在问题。我们常挂在口头的"状元""学霸",经调查:他们不仅学习好,综合素质也高。这些孩子的成长,都能从家庭中找到原因,而且是决定性的影响因素。我们特别要探讨的是家庭教育给予人们的启示——

1. 重视家长的榜样作用,和孩子一起成长。

2. 努力创建"学习型家庭",让孩子以学为乐。

3. 尊重信任孩子,促进孩子主动发展。

4. 强调非智力因素的培养,激发孩子潜能。

5. 注意家校教育的一致性,亲其师,方能信其道。

幸运的人,能一生都被童年治愈,不幸的人,却要用一生去治愈童年。童年,是孩子最重要的人生经历,给予孩子良好的生长环境,能塑造一个健全的人格和强大的心理素质。如果孩子成长在一个长期缺爱、压抑的环境里,很难拥有一个完美的灵魂,也许用其一生都不会修复童年的不幸。

进入新时代,社会巨大变革给家庭教育又提出了许多新课题、增添了许多新内容,家长光靠老经验不能胜任对子女的教育,要学点优秀的育儿知识,要努力提高自身的修养,共同营造和谐共生的家庭氛围和家校合作关系。只要我们家长有责任心、爱学习、勤思考,就能找到科学的教子之方,就能培养出新时代全面发展的阳光少年。

浅谈多胎家庭父母合作共育的策略

合肥市师范附属小学　　许艳

【摘要】

父母是家庭教育的主力军,是孩子的第一任启蒙老师。家庭教育是孩子最重要的教育来源,它贯穿了孩子前期的成长过程。家长言传身教所体现的教育水平和教育理念,会潜移默化地塑造着孩子的个性和三观。

【关键词】

智慧父母;合作共育;教育策略

一、父母合作共育的重要性

家庭教育是孩子最重要的教育来源,家长言传身教所体现的教育理念和教育水平,会潜移默化地塑造着孩子的个性和三观。6—12岁是教育孩子的黄金年龄,更是一生都值得被回忆的童年时光。

幸运的人一生都在被童年治愈,不幸的人一生都在治愈童年。父母如果能学习更多的儿童心理学知识,以科学的教育理念为支撑,给予孩子均衡的关注与爱,相信他们会更全面、更健康、更和谐地成长。在这样家庭长大的孩子,内心一定是健康的、丰盈的、幸福的。

二、父母如何合作共育

家庭教育的主力军是父母,那父母如何合作实现共育呢?

（一）夫妻关系和谐

夫妻关系是家庭关系的核心。夫妻和睦恩爱，家庭气氛温馨，孩子才能感受到安全感、自信心，才能活泼开朗，积极乐观。如果父母经常争吵、互相指责，家庭气氛紧张，就会破坏孩子对家庭关系的亲密度，使孩子感到恐惧与烦恼，这样不利于孩子智力和情感的发展。所以想要教育好孩子，父母先要经营好夫妻关系，避免争吵，特别是当着孩子的面争吵。

（二）教养观点一致

在许多家庭中，由于夫妻双方的经历、认知水平、工作环境等不同，因而会在孩子的教育问题上产生分歧。父母要么特别严厉，要么习惯性放养，往往是导致家庭教育失败的重要原因。过于严厉和溺爱本身就是错误的。在孩子的教育上，父母要统一战线，做一对会"演戏"的父母，一个唱红脸一个唱白脸，互相补台，孩子才能从父母各自身上得到温暖和教益。父母在孩子面前才能树立真正的威信，教育才能发挥最大的功效。

（三）好好沟通，学会倾听

很多家庭在教育上出了问题，很大原因是夫妻间不能好好说话，一张嘴就开启互怼模式，火药味十足。夫妻在教育孩子的问题上要心平气和多沟通，制定出赏罚分明的、适合自己孩子的教育策略。除了心平气和地沟通，还要学会当一个合格的听众，平静地聆听对方的观点而不找茬，不仅是对伴侣的尊重，也是自己修养的体现，还能更快地找到共同点顺利解决问题。

（四）主动学习，共同成长

孩子的教育不是一成不变的，会因年龄、性格、性别、成长特点等差异而不同，孩子每个阶段的教育方法也不同。要想教育好孩子，就需要家长不断成长进步，学习是必不可少的。父母需要掌握一定的心理学和教育学方面的知识，可以阅读家庭教育类的文章，也可以参加相关的讲座培训，还可以咨询教育类专业人士。总之，教育孩子既是一门科学，也是一门艺术，需要我们不断地学习和探索。

三、多胎家庭教育的几大误区

在多胎家庭的平常生活中,孩子们会在很多方面产生矛盾,如果此时父母不能及时、平等、正确地教育孩子,长此以往,孩子必然会出现人格缺陷。教育的偏失,轻则影响孩子之间的感情,重则让孩子一辈子都深陷原生家庭带来的伤害中无法自拔。

（一）偏心

不管哪个孩子更讨人喜欢,父母在处理问题时一定要一碗水端平。如果父母偏心,孩子之间很容易产生争执和矛盾,得到父母爱更多的孩子会变得十分骄纵,而缺乏爱的孩子性格就会越来越孤僻敏感,总之,都不利于孩子的成长。

（二）总拿孩子做比较

这个世界上没有哪两个孩子的长相、性格是一模一样的,即使是双胞胎。一只手伸出来手指也有长短之分,父母如果总是拿孩子进行比较,让他们站在对立面,就会让他们之间产生竞争,制造隔阂。为了争个高低胜负,获得父母更多的喜爱,往往就会产生恶性竞争。

（三）当面训斥孩子

大人总想着教育孩子如果可以同步进行该有多好,杀鸡儆猴、敲山震虎。当一个孩子做错事的时候,当着其他孩子的面批评犯错的孩子,会伤害到孩子的自尊心。要是孩子做错了一件事,被其他孩子知道后当成笑柄,一直嘲笑他的话,会伤害孩子的自尊心。所以孩子犯错时,家长应尽量做到单独批评、私下消化。

（四）榜样绑架

多胎家庭中,父母潜意识里会认定大宝就应该给弟弟妹妹做个好榜样。所以平时总是高标准要求大宝,不允许大宝犯错,一旦犯错会加重惩罚。父母要平等期待,不给大宝加无形的砝码,只有在和谐、宽松的环境下,孩子才能更健康地成长。

能成为兄弟姐妹是缘分,父母可千万不要用错误的教育方式,导致他们彼此嫉妒、怨恨,成为最熟悉的陌生人。

四、父母合作共育的有效策略

(一)关注孩子的心理

1.耐心倾听,与孩子平等沟通

经常有家长私下和我抱怨,说孩子有什么心事都不愿和自己沟通了。父母是孩子最亲近的人,为什么孩子不愿意和父母沟通呢? 父母常常因为忙着工作、忙着做家务、忙着刷手机,在孩子兴致勃勃想跟他们分享学校的事情、同学之间趣事时,很不耐烦地敷衍,"嗯,好"随便应付。孩子是很敏感的,既然你不愿意听,那么以后他也就不愿说了。

有的父母喜欢揣着家长权威,高高在上,用不屑、指责的姿态,来对待孩子的问题。当拒绝孩子的要求时,不能从孩子的角度考虑问题,也很少解释为什么不行,直接地拒绝孩子,这样暴力沟通的家长,让孩子害怕、讨厌,唯恐避之不及,哪还愿意和你沟通、分享呢。

良好的沟通是亲子关系的桥梁,最长情的爱是耐心倾听,好好说话。学会倾听,是每个父母必修的共情能力,如果你也想做个智慧父母,想走进孩子的内心,就要学会蹲下身子,耐心倾听,积极互动。

(二)关注孩子的心理需求

没有哪一个孩子不希望得到父母的关爱。现在养育孩子,不是给孩子好的物质生活就可以了,还要关注到孩子的心理需求,看到孩子行为后面的原因,及时帮助孩子解开心结,这样孩子才能健康成长,这样的父母才是孩子信赖的朋友、钦佩的偶像。

特别是家里有了二宝、三宝,父母的时间精力有一大半要去照顾二宝、三宝,不可能把全部关注放在大宝身上,此时,父母就更要关注大宝的心理,多与孩子交流,及时梳理心结,培养孩子乐观、开朗、乐于沟通分享的性格。

（三）关注孩子的学业

父母虽然很难把全部精力都放在大宝身上，但是不能忽略孩子的学习。父母每天工作之余，一定要去孩子的书房坐坐，翻翻孩子的课本、作业，与孩子聊聊学习上的收获、课堂中的趣事、作业中的亮点、考试中的失误。发现进步，一定不要吝啬你的表扬。

晚饭后，还可以陪孩子看看刚买的新书，聊聊书中的人物故事，听听孩子的观点，让孩子从心里感受到父母的关爱。

此外，还要经常与老师沟通，了解孩子在学校的表现，课堂听课状态、课下与同学的相处等。父母积极参与学校组织的家长会及其他的活动，让大宝感受到父母一如既往的关注，从心理上规避因二宝、三宝的到来，大宝心理的失落、嫉妒。

（四）关心孩子的体质

父母每天都很忙碌，不是被工作拖了腿，就是被家务、琐事缠身，总觉得分身乏术。经常会让孩子们自己玩耍，或是给他们买很多玩具做补偿。但孩子的天性就是要去大自然中和小伙伴一起玩耍，否则多没意思、多孤独。

父母不能忽略了孩子的户外运动。在周末或节假日，带着孩子们，再约上小伙伴一起去公园、游乐场转转，放放风筝，划划船，或是在草地上疯跑，孩子们也会高兴到尖叫。

如果时间不允许，晚饭后，802孩子们去小区的健身区域锻炼身体，也是不错的主意。下楼扔垃圾的间隙，也可以陪孩子们拍几下球，一起跳绳，心情不错还可以来场亲子跑步比赛。精力跟不上，与孩子手牵手，一起在小区散散步，也能让孩子们欣喜不已。

家是孩子的第一所学校，也是永远的依靠。父母是孩子的第一任老师，也是永远的朋友。让我们放下焦虑，打破常规，调整心态，不断学习，时常反思，学做智慧型父母，共育幸福儿童。

浅谈高质量亲子陪伴的策略

合肥市师范附属小学 刘晓燕

【摘要】

我们可以在点滴中，用心陪伴；在行动中，一起做有意义的事；在交流的过程中，更加了解孩子。

【关键词】

高效率陪伴；优质的陪伴；沟通

一、当前亲子陪伴的现状

（一）太过敷衍，没有解决问题

陪伴，不只是陪着这么简单。假如爸爸妈妈在陪孩子的同时又做自己的事情，和没有陪伴没有区别。妈妈下班之后虽然第一时间回家，却把工作带到家里完成。孩子的父亲虽然每次下班都非常晚，仅仅与孩子做一会游戏，但是孩子却和爸爸比较亲昵。这里的原因是什么呢？最根本的原因就是妈妈只是换了一个地方在工作，但是孩子的父亲的做法是彻底切换状态，从工作中抽离出来，沉浸式地与孩子一起游戏。虽然时间不长，但全情投入。所以孩子对于爸爸的亲近要多于妈妈。孩子需要的是"被看到"，而不是"被陪着"。

（二）耐心太差，没有控制好情绪

一部分爸爸妈妈恨铁不成钢，不能很好地控制自己的情绪，言语上与肢体上对孩子造成不好的影响。眼睛里只有孩子表现不好的地方，并没有意识到或者注意到孩子表现好的一面，就如《好妈妈胜过好老师》一书中，尹建莉老师的观点："打骂孩子可能会解决眼前的一个小问题,却给孩子的成长留下大的隐患,创痕会伴随孩子一生。暴力教育能让孩子变得顺从,不能让孩子变得聪明懂事;能让他们变得听话,不能让他们变得自觉和上进。一个用武力征服儿童的成人,无论财富多么丰厚,地位多么显赫,学问多么高深,打人的理由多么充足,都是智慧不足的表现。这一瞬间,你以为自己强大而正义,其实是缺失理智,恃强凌弱。你在弱小的孩子面前心理全部失守,只能从体力上给自己找平衡——在爱的名义下施暴,此时比刻的你不过是个穿西装的野人罢了。"

(三)回应太少,和孩子距离很远

有一部分爸爸妈妈爱敷衍了事,在孩子做得好的时候或者不好的时候简简单单地一句"知道了"就草草应付了。对于 12 岁以下的孩子,爸爸妈妈形同虚设的陪伴,对于孩子的成长不仅没有帮助反而有害。比如,带孩子到游乐场玩,他们坐在那里专心玩手机,孩子自己在里面玩,有时候看到一个好玩的东西想让妈妈看看,妈妈头也不抬地说你自己玩,看也不看孩子到底想让她看什么,或是想告诉她什么。从不参与到孩子的玩乐当中。这样即使一整天都陪着,也没有多少效果,孩子还是孤单的,感受不到你的爱,也会缺乏安全感。

(四)说教太多,使孩子产生厌恶

《好妈妈胜过好老师》中尹建莉老师说:"溺爱并不是爱,它是一种包办,是披着爱的外衣的过度管制。说教也同样并不是真正意义上的教育,它只是一种情绪上的发泄,一场毫无责任心地胡乱指责。"父母总是一味说教,不知不觉间就与孩子对峙起来了。孩子更多的精力用来和爸爸妈妈抗衡,用来思考如何躲避爸爸妈妈的说教,哪还有精力投入到学习与人际交往中。

(五)期待太高,给孩子施加压力

卢勤老师曾说过:"过高的期望,会带来孩子的无望。"古往今来,做父母的都希望自己的孩子能够成为最耀眼的那颗星。但超出孩子实际学习能力和心理承受力的超高期望,则会给孩子造成巨大的心理压力,影响孩子身心健康发展,甚至会出现心理问题。在教育孩子这件事情上,我们是不可以急功近利的。陪伴孩子,也不是只为了让他考出好成绩。

二、亲子陪伴少对儿童的影响

（一）会出现自我封闭，性格孤僻

孩子长期缺少父母的陪伴或在很小的时候就与爸爸妈妈长时间分开，会使孩子缺乏安全感和归属感。安全感与归属感等情感依靠的缺失，容易造成孩子内向，不愿意积极主动地与他人进行交流。加上焦虑与紧张，孩子逐渐形成既孤僻又自卑的封闭心理。

（二）情绪失控容易冲动

孩子正处于身体与心理的成长时期，非常易于情绪失控，还容易对周围人产生攻击行为。事实上，他们极有可能只是想用这种非常幼稚的行为来取得父母的关注，却没有意识到这样做会毁了自己的人生。

（三）认知偏差，内心迷茫

还有一部分孩子在长期缺乏陪伴之后会刻意疏远父母，双方情感间产生隔膜，致使孩子不能树立正确的三观，对未来感到迷茫，甚至等到孩子自己为人父母后，也依然会这样对待他们的孩子。

所以我们需要给孩子们提供高质量的陪伴。

心灵的陪伴促进心理的成长，互动的陪伴促进父母的成长，积极的陪伴促进家庭的成长。高效的陪伴，会成为一种成长的力量。

三、高质量亲子陪伴的策略

（一）优秀孩子都是"陪"出来的，真正优质的陪伴，不在于时间的长短，而在于陪伴的质量

1. 用心陪伴

陪伴孩子要"用心"，而不是"用力"。用心关注、倾听、帮助，才能助孩子发现并解决问题。总之在陪伴孩子的这段时间内，请不要拿手机，也不要想别的

事情,全心全意地投入孩子的世界,这才是真正意义上的陪伴。这样的陪伴即使时间短,对孩子也是很有益的。

2. 尊重的陪伴

不要颐指气使,倚老卖老,高高在上,对于自己的孩子也好,别人的孩子也罢,彼此之间尊重,互相之间包容,做儒雅随和的父母。

3. 耐心的陪伴

爸爸妈妈在和孩子交流时,请注意言辞和态度,讲明道理即可,不要冲孩子发脾气。更不要给孩子贴上负面标签,给孩子消极的心理暗示。许多道理爸爸妈妈都懂,可是孩子不一定懂,所以请拿出更多的耐心来。

4. 平常心的陪伴

不是所有孩子都能考 100 分,孩子之间是有个体差异的,有智力、天赋、能力差异,不然也不会有孔圣人的"因材施教"。家长对孩子的期望也应该建立在"材"这个基础上,不可随意拔高,给孩子带来无望。要学会接受孩子的平凡,客观、理性地评价孩子,提出切合孩子实际的合理要求。让孩子活成与自己最适合的样子。

5. 共同成长的陪伴

你想要孩子成为什么样的人,你就要先成为什么样的人。父母陪伴孩子也就是给孩子做榜样,以身作则,言传身教。优秀的爸爸妈妈,在陪伴孩子的过程中也在不断进步着。

记得一位作家说过,"父母"这个角色是有有效期的,父母可以陪伴孩子的时间并不多,除去睡觉、上幼儿园、和别的小朋友玩、孩子自己一个人玩的时间,我们能够与孩子真正在一起相处的时间大概有 940 个星期。时间真的不多,你想想现在孩子几岁了,我们有限的陪伴时间已经过去多少周了。孩子越小,家长陪伴的时间越多,随着孩子长大,学业占据更多的时间,孩子也越来越不需要你的陪伴,你们能真正待在一起的时间更少了。所以,需要珍惜你们在一起的时间。

(二)我们不妨更换一个陪伴的指标,用快乐来衡量,哪些方式可以带给孩子真真正正的快乐呢?

1. 和孩子一起玩游戏

在日常生活中,与孩子玩游戏是增进亲子关系的好方法。玩游戏时,孩子自然是快乐的,就会与你更亲近。父母可以选择有趣的智力游戏,例如捉迷藏、跳棋等。

2. 带孩子一起运动

在父母和孩子相处的过程中,爸爸妈妈可以尝试进行一些需要团队合作的运动,例如足球、篮球,或其他球类运动。不仅可以锻炼孩子的身体,而且可以培养孩子的团队合作意识,还满足了孩子爱玩的天性,愉悦中自然会收获更多的亲昵。

3. 带孩子出去远足

在周末,爸爸妈妈可以带孩子出去与大自然接触,教孩子们认识新的动植物,不一样色彩与外形的花朵、不同外观的虫子等等,不仅能够拓宽孩子的知识面,而且能激发他们的好奇心,探索的精神在他们的一生中都是不可或缺的。

4. 坚持和孩子一起做亲子阅读

朗读是一种很好的表达方式,有助于提高儿童的语言表达和理解能力,亲子阅读则能促进亲子之间的沟通交流,促进亲子感情。同时通过大量的阅读,孩子在对这个世界的认知方面一定也会给你带来巨大的惊喜。

5. 给孩子仪式感

仪式感对孩子很重要,不管平时工作有多忙,在特殊的节日里,爸爸妈妈都要抽出时间来陪孩子,给孩子仪式感。比如,在孩子的生日、六一儿童节等有特殊意义的日子,请抽出时间陪孩子做他们最喜欢的事情,让孩子感受到爸爸妈妈的关爱。

6. 重视孩子学校的活动

家长应重视孩子在学校的活动,比如孩子在学校的演出,等疫情结束了,同时各方面条件允许的话,请一定抽时间去观看。很多家长认为自己工作很忙,没有必要因为孩子这样一个小小的演出而专门请假,其实这是很错误的想法。

对你来说,那是一次小小的表演,对孩子来说,那是一件大事儿,他需要你的认可,请务必认真对待。

除了以上的几点,我们可以和孩子一起做的事情还有很多:

可以和孩子一起学一种乐器;

可以和孩子分享今天有趣的事情;

可以和孩子一起攻克作业上的难题;

可以和孩子一起玩他喜欢的玩具;

可以和孩子一起烹饪一份早餐;

……

(三)大人之间也需要积极的沟通与交流

1. 和长辈沟通,让他们疼爱但不溺爱

既然把孩子交给他们,就要让他们懂一点教育的方法与理念,溺爱对孩子没有任何好处。留守儿童的父母应将长辈当作向孩子表达关心的桥梁,给孩子买课外书、文具、玩具、乐器等孩子喜欢的东西并寄回去。比如每周固定快递一本课外书给孩子,让长辈告诉孩子这是爸爸妈妈送给孩子的,以此让出门在外的爸爸妈妈能够通过这一件小小的快递参与到孩子的生活中来。

2. 和班主任老师联系

爸爸妈妈可以提前和班主任约好,放学后班主任基本上都会带着孩子们在校门口等候家长来接,这时,爸爸妈妈可以与班主任老师进行短暂的交流。当然,由于平时接送孩子还是家里的老人们居多,所以,也可以让老人适时地向孩子的班主任了解孩子当天的情况,并及时告知孩子的爸爸妈妈。

3. 电话或微信交流

这是现在最为常用的沟通方式了。这种方式可以就某一天里孩子的情况进行沟通,也可以是就一段时间里的情况进行沟通。如果采用这种方式,家长请注意避开老师忙碌的时间段。

4. 约定时间当面交流

这种方式一般情况下用在孩子出现某些较大问题或者家长对老师的某种

教育教学方式有建议，而感到不得不与老师沟通的时候。

特别需要提出的是，与老师沟通的时候，内容越具体、越明确越好，也便于家长获得有效信息。比如孩子上课表现如何、听课情况怎么样、在校和同学的关系怎么样、综合能力是否均衡发展、心理发展是否健康、完成作业的情况、学习的积极性、孩子近期的家庭表现等。甚至于与老师探讨教育理念、本学期的学习任务、培养目标等。

5.了解学校开展的活动情况，了解学校的教育要求及目的

学校每学期有一次家长会，春学期有春季研学活动、心理拓展活动、体育周活动、学雷锋活动等，秋学期有运动会、元旦活动等。活动开展时，爸爸妈妈应尽量全程参与进来，给孩子们加油打气。

在此，希望在外地工作的爸爸妈妈能够尽可能地创造条件与孩子团聚。爸爸妈妈们可以利用春节、国庆等假期与孩子团聚。孩子放暑假或者寒假，条件许可的话，把孩子带到自己身边，让孩子了解一下爸爸妈妈的工作，顺便让孩子看看周边的风景。

陪伴是世间最好的爱，可温暖生命中所有的岁月。不管离孩子有多远，有心陪伴就好。即便陪伴少，我们也可以陪伴好。

"互联网+"时代家校共育新探索

——如何引导孩子合理使用手机

合肥市师范附属小学　吴晓敏

【摘要】

　　随着"互联网+"时代的到来,手机等电子产品已经成为孩子学习和生活的必需品。孩子年龄小,自制力弱,好奇心又强,往往会对手机等电子产品过分依赖,沉迷其中。如何引导孩子合理使用手机呢? 家长可以通过引导监督、家校合作、制订计划、丰富生活等来引导孩子合理使用,让孩子成为手机真正的主人。

【关键词】

　　"互联网+";现状;危害;对策;家校共育;

　　随着时代的发展,智能手机在一个家庭中除了未成年人几乎人手一部,有的甚至一人多机,再加上之前淘汰的旧手机,可以说家里随处可见手机。俗话说"一机在手,天下我有",交通出行、转账收款、沟通交流、刷短视频、看影视剧、打游戏等等都离不开手机,但是手机给人们带来快捷和方便的同时,也带来了很多危害。如未成年人手机成瘾就是摆在家长面前的一个难题。"互联网+"时代如何家校共育,引导孩子合理使用手机呢?

一、小学生使用手机的现状

　　近段时间,笔者对所在学校五六年级学生使用手机的情况进行了调查,结果如下:

手机主要用途	网上学习	玩游戏	看小说和视频	社交	其他
	38.35%	25.37%	16.58%	14.69%	5.11%
使用时间	不使用	1小时内	1—2小时	2—4小时	4小时以上
	18.81%	49.96%	16.09%	10.82%	4.22%

在调查问卷中,五六年级学生95%以上拥有手机等电子产品。从调查的数据上看,手机已经成为他们日常生活不可或缺的一部分,小学生大多数利用手机进行网上学习,但也有不少孩子利用手机玩游戏、看小说和视频、社交等等,有很多孩子已经有手机成瘾的倾向。如何引导他们拥有良好的网络使用习惯、防止沉迷网络呢?家长要抓住时机,防微杜渐,尽早进行家庭的引导和干预。

二、小学生过度使用手机的危害

（一）身体危害

近年来小学高年级的近视率达60%左右,原因之一就是过度使用手机等电子产品,如果长时间用一个姿势使用手机还会伤害孩子的颈椎,使孩子的颈椎变形。有的孩子为了防止父母发现,偷偷在被窝里玩手机,手机画面过于明亮不仅伤害孩子的眼睛,还会影响人体褪黑素的分泌,影响睡眠。这样就造成许多沉迷手机的孩子上课时精神萎靡,学习效率低下。

（二）心理危害

有专家表示,沉迷手机的孩子会一直沉浸在网络的世界里不能自拔,不愿与别人过多接触与沟通,因而患上抑郁症的概率就更大。此外,未成年人年龄较小,网络上很多不正确的价值观、人生观对于涉世未深的未成年人有着致命的影响。

（三）学业危害

未成年人喜欢玩手机,而且有一定的依赖性,即使自控能力很强的学生也经不住手机的诱惑,他们习惯了手机带来的快感,对于学习没有兴趣,感觉很无聊。一旦因为手机成瘾而导致成绩下滑遭到家人的指责后,就一蹶不振,去虚拟的网络世界寻找认可。这样就造成了恶性循环,亲子关系紧张,孩子甚至不愿上学。此外,手机上还有很多的搜题软件,遇到难题孩子就不想深入思考,直接在手机上搜索答案,导致认知与思考能力减退,产生思维惰性。

三、引导孩子合理使用手机的对策

(一)注重引导监督,家校合作共育

手机对于未成年人来说的确是弊大于利,但是不可否认手机的发展标志着人类科技的进步,我们不能因噎废食。因此对于未成年人使用手机的管理重在疏而不在堵。如果孩子一直用手机玩游戏、刷视频等,他就会认为手机就是用来玩的,这时候家长就要对孩子进行引导,带孩子发现手机还有很多有意义的用途。手机可以用来学习,家长可以指导孩子下载一些感兴趣的学习软件,比如英语的听读软件,还可以指导孩子下载一些与生活实际相联系的应用软件,例如手机的导航功能。有一次,晚高峰时间,一个家长要带孩子赶着去较远的地方看世乒赛,于是这名家长就告诉孩子用高德地图查询出行方式。孩子查询后,发现坐地铁最快,于是他们就选择了地铁出行。在路上,每到一站,家长都让孩子看一下地图上的实时位置,出了地铁再跟着导航往前走,很快就到了体育场。这样就让孩子把电子产品里的信息与现实生活联系起来了。孩子就意识到手机原来和生活紧密相连,就会不断解锁手机中更有意义的实际功能。

如此,他们会意识到,手机不再是玩具,而是拥有强大功能的知识宝库。但由于孩子的自控能力较弱,孩子在手机上学习和查阅资料的时候家长要注意监督,可以和孩子约定时间,一般控制在 20 分钟以内。此外有很多的监督软件,我们家长搜一搜就知道了。这些软件能查看孩子上网的时间和痕迹,家里的无线路由器也可以设置禁止联网时间段,没有了网络,手机的吸引力就小了很多。

现实中对于手机成瘾的孩子,如果家长没收了手机,切断了网络,孩子就会在家里大发雷霆,甚至以离家出走和放弃生命来威胁家长。有的家长不忍心,于是听之任之,这样的家长不在少数,这时就需要老师介入进行干预。家长要

经常和老师沟通,对于学校提出的要求要坚决贯彻落实,对于孩子使用手机的现状,家长更要主动和老师联系,尽量得到老师的支持和帮助,共同引导、监督孩子。尤其有的孩子打着老师的旗号明目张胆地玩手机,还理直气壮地说是老师布置的任务,这时更需要家长跟老师沟通确认,只有加强沟通才能让孩子在家正确地使用手机,让手机真正为学习服务。

(二)合理制订计划,丰富孩子生活

孩子喜欢玩游戏,家里八成有一个爱玩游戏的爸爸;孩子喜欢刷抖音,家里八成有一个喜欢刷抖音的妈妈。孩子的问题,我们总能从他的家庭中找到一定的原因。试想一下孩子在写作业时,爸爸妈妈都在玩手机,孩子怎么会专心地学习呢? 要想引导孩子合理使用手机,身教很重要。我们可以从以下几个方面引导孩子,合理制订计划,丰富家庭生活。

1. 规律作息时间

(1)专心完成作业,养成良好习惯。家长要给孩子安排一个专门做作业的地方,光线充足且十分安静,不能有电视或者其他孩子玩耍吵闹声,这样孩子的注意力才能集中。孩子做作业的时间要固定,固定时间,固定地点,完成固定的任务,把做作业这件事常规化后,孩子很容易进入状态。

(2)加强体育锻炼,拥有健康体魄。为进一步落实教育部提出的"五项管理"中的体质管理,家长应该带着孩子加强体育锻炼,给孩子制订锻炼计划,也可以陪着孩子一起锻炼,比如跑步、跳绳。也可以上网搜索一些体育锻炼指导,更科学地强身健体。这样,既增进了亲子关系,也磨炼了孩子的意志,涵养了品格。

(3)坚持每日阅读,积累点滴进步。家长在家以身示范,创设良好的阅读氛围。可以指导孩子阅读,也可以亲子共读。对阅读完的图书还要进行交流,或者亲子合作完成阅读小报。有了丰富多彩的阅读活动,孩子怎能对书不感兴趣呢?

(4)积极参与劳动,学习生活本领。热爱劳动,从我做起,家长要教会孩子参与劳动,学习生活的本领。孩子也是家庭的一分子,要积极地参与到劳动中,自觉参与整理收纳、一日三餐、卫生保洁等家务劳动,用自己的勤劳双手,替父母分担一些力所能及的家务活。

综上所述,规律作息时间需要家长以身作则,合理规划。但家长应和孩子一起根据自身的情况制定最合适的作息时间表,这样孩子会更容易接受,执行起来也更加容易。

2. 帮助孩子培养新的兴趣

很多孩子迷恋上手机,是因为生活太单调,没有兴趣爱好。父母要注重培养孩子的兴趣,让孩子知道除了那一方小小的屏幕,还有更多的幸福值得他们去发掘。当孩子在真实世界里得到了快乐,哪里还会去沉迷电子产品呢?家长可以利用业余时间培养孩子的兴趣,喜欢运动的孩子,可以学一项运动技能,如游泳、打篮球等;喜欢音乐的孩子可以学一项乐器,如小提琴、葫芦丝等,陶冶孩子的情操。还可以有一些亲子共同学习的兴趣爱好,有的家长就坚持和孩子一起学书法、学钢琴等,这样既融洽了亲子关系,也做了孩子的榜样。

3. 鼓励孩子参加集体活动

节假日家长要鼓励孩子走出家门,多参加社会实践活动。可以做一名小小的志愿者,参加社会公益活动,如地铁站的“小小引导员”、渡江战役纪念馆的“红领巾小讲解员”等,也可以参加研学活动,增长见识,结交更多的朋友。这样孩子的生活就不会单调,当孩子的生活非常充实时他就不会依赖手机这个“电子朋友”了。

“互联网+”时代,网络给孩子展现了比现实更丰富的世界。相信通过家校共育,孩子们一定能够让手机为自己服务,做手机的真正主人。

浅谈"双减"背景下家长如何建立合理的教育期待

合肥市师范附属小学　汤静雅

【摘要】

功利主义的导向和教育资源的激烈竞争,让家长在教育子女的过程中产生了各种不安、紧张的情绪。部分家长陷入了教育的过度焦虑中,甚至出现了比原先更为复杂、多元化的趋势。这时,家长可以从对孩子"构建初步的了解""合理的目标"和"家校期待合力"三个方面建立合理的教育期待,助力孩子的成长。

【关键词】

"双减"政策;教育期待;家校期待合力;合理的目标

从古代教育故事"孟母三迁"到如今的家长租房陪读,说明中国家长从古至今都非常重视子女的教育。家长对子女的未来,也都赋予很高的教育憧憬。现在随着"双减"政策的落地,减轻了孩子的课业负担。孩子放学回家后没有书面作业,周末也不需要奔波各类辅导班,学生轻松多了, 空闲的时间也相对多了起来,家长高兴之余却又有几分担忧。他们担心这样会不会影响孩子的升学成绩? 孩子在班级又处于一个怎样的学习水平? 没有了课外辅导班,孩子课堂上没有学会又该怎么办? 其实,这些焦虑往往是来自于家长对孩子的过高期望。因此,"双减"背景下帮助家长建立合理的教育期待,助力孩子成长非常重要。

一、什么是教育期待

什么是期待? 所谓期待,就是对某事或某人充满希望、充满信心、充满期望。而教育期待就是家长或老师对子女的教育成果的预期。家长教育期待的内涵,不同的研究者有着不同的理解,总体来看,家长将自我期许、子女发展、社会需求等连接起来,建立起对孩子未来发展的一种预期或判断①。这种期待渗透于家庭所有教育活动之中,在生活中的各个方面表现出对孩子的导向作用,影响其成长发展②。已有相关研究显示,家长教育期待是影响孩子成长的关键因素。随着"双减"政策的落地,很多家庭发出不同声音,几家欢喜几家愁,家庭教育也在发生着悄然变化。这时,家长应建立合理的教育期待,更有利于孩子的健康发展。

二、"双减"背景下家长教育期待的偏差

(一)不切实际的"高期待"——用成年人的标准来要求孩子

望子成龙,盼女成凤,每一个父母都对自己的子女寄予了不同程度的期待,都希望下一代要强于自己,能够出类拔萃。这些期待直接影响着家长对子女的教育行为和培养方向。有的父母因期待过高,对子女的要求自然也会很高,他们往往不允许孩子犯错,总希望孩子能静静地一直坐着,好好听课。可不可以不丢三落四,计算永远全对不出错。甚至看不到孩子身上的优点,完全以一个成年人的标准来要求孩子。家长的过高期待,其实也是一种无形的冷暴力,很容易让孩子对自己的能力和父母的爱产生怀疑,从而丧失内部动力。

(二)佛系家长的"低期待"——对子女没有要求的放养

《小舍得》中夏欢欢的家长可以说是"别人家的家长",平时比较佛系。他们尊重孩子的理想和特长,对孩子也是佛系"放养"。然而,这些却导致欢欢的抗压能力差,特别在蜜桃这个"别人家的孩子"出现后,她的娇纵、不努力等问题被放大。等意识到这些问题后,家长突然收紧教育这根绳子,孩子出现了强烈不适应和对抗。这可以说是教育的一个极端,对孩子的教育期待过低,只有放纵没有

---

① 向东.论家长期待与自我效能感[J].法制与社会,2009(11):228.
② 单宁波.浅谈如何建立合理的家庭教育期待[J].家教世界,2016(30):57-59.

要求,这样对孩子的成长也是不利的。

每一位父母对孩子都有着自己的期待,但期待并不是越高越好,也不是越低越好,如果是合理的期待,将会有利于孩子的身心发展。

三、"双减"背景下建立合理教育期待的策略

(一)"双减"背景下,构建初步的了解

众所周知,"双减"之下,辅导班退位,孩子的家庭作业量减少(一二年级没有书面作业),孩子们的空闲时间自然就多了起来。在这样的环境下,更考验家长对孩子空闲时间的支配智慧,以及对孩子现状的了解,从而建立合理的教育期待。因此,家长建立合理的教育期待首先要构建初步的了解。了解"双减"背景下子女的生活、学习,这种了解不是站在孩子生活的边沿对其进行指手画脚,而是父母要参与并融入孩子的生活之中,走进孩子的内心深处,与孩子一起成长,这才是真正地了解。

尤其是高年级的孩子正处于生理、心理的过渡期,对来自家长的正当干涉也会感到厌烦,这就是家长口中所谓的"逆反",其实是孩子青春期的一个正常表现。但这个阶段的孩子,不能很好地控制自己的情绪,他们的意志力也不够坚定,分析问题的能力也不完善,因此在遇到问题的时候,容易不知所措,碰到一点困难就会失去斗志。所以尊重了解孩子的身心发展规律,链接共情,建立安全感和信任感,才能达到更好的教育效果。

作为家长在与子女沟通交流的过程中要善于去观察,观察他们成长的变化、日常的需求、平时的喜好等。同时,家长应专注地倾听孩子的观点、想法或感受,更好地了解他们的心理变化,理解他们需要建立自己的社会关系,把握住教育期待建立的基本点。避免父母把自己的想法、意愿和选择强加给孩子,而是能因势利导,挖掘孩子的兴趣点,顺势培养。

每个孩子都有自己的特点,他们的差异性有很多种,比如有认知能力的差异,智力的差异,也或者是性格与气质差异。如果是智力方面的差异,家长可以

针对孩子不同的智力发展特点，与老师共同协商，制定一个科学合理的教育方法，尊重孩子智力的发展规律，做到因材施教。而不是一味地强求，或者冷言冷语，"同样的老师、同样的班级，别人都会，你怎么就不会"。每个孩子如同一颗颗种子，有的早早破土而出，绽放出鲜艳的花朵；有的则需要更多时间的等待。尊重每一颗种子的差异，总有一天它会给你惊喜！

（二）"双减"背景下，构建合理的目标

"双减"背景下，家长要清楚自己从中获得了什么？要根据孩子的性格禀赋和素质潜力，理性规划孩子的未来，确定孩子的成长目标，给您的孩子适当"留白"，还童年以原来的模样。合理的目标往往先要分解成若干个初级小目标，到中级目标，最后达成最终目标。当孩子的目标太高、太难实现时，孩子就容易失去进取心，甚至不愿与人交往，对老师和同学冷漠，与同龄人缺少共同语言，同时他们往往将失败归结于自己内部原因，生活中流露出逃避与抵触的情绪，缺乏学生朝气，遇到挫折便会垂头丧气①。如同登山一样，如果一下子要求孩子登上山顶，对孩子来说压力很大；但如果把一座高山分成几部分，每一部分就是一个小目标，这样一部分一部分地去完成，孩子就可能不会因为压力过大而放弃，而是一步一步坚持攀登到最高峰。

当然，家长制定的目标得需要一定的努力才能实现，而不是轻而易举就能实现，如果对高年级孩子来说没有挑战性，这样的目标也无法激发学生的动力。正所谓跳一跳才能摘到的桃子，孩子更感兴趣。所以，家长根据孩子的自身特点制定一个具体的合理的目标，让孩子通过自己的努力方可实现的目标，这样孩子就能在不断实现目标的过程中慢慢进步，自信心也就容易增长起来。

有这样一个实验：组织三支队伍，要求分别到达 10 公里以外的三个村庄，第一支队伍，既不告诉他们目的地的名字和行程的公里数，只跟他们说跟着导游走就可以了。走着走着他们便唉声叹气，叫苦连天，整个行程是很不愉快的。第二支队伍，我们把目的地的名字和具体的路程告诉他们，然后让他们往前走，他们只能凭借感觉来估算自己大约走了多长时间，多少公里，还剩多少公里才

① 马成禄. 浅析后进生的心理特点及转化［J］. 现代技能开发，1999（2）：44.

能到达。有目标但不明确,整个行程人们也得疲惫。第三支队伍,他们不仅知道村庄的名字,还知道路程的公里数,同时还在每一公里处的公路旁安放一块里程标志。这样人们一边走一边记着走过的里程数,他们每行进一公里便会快乐一阵子,整个路途中他们因知道自己在慢慢接近目的地而感到愉快,情绪也一直都很高涨,这样很快就到达了目的地。

其实,学习和实验中的行路是相似的。行路过程中一段一段的里程标志对行走的人会有很大的鼓励;阶段目标对在努力学习的孩子来说,同样有着很大的支撑力量。我们知道,对学习充满自信的孩子,他的学习兴趣也是十分浓厚的。孩子在学习过程中如果没有信心,对学习不自信,那对新知的求知欲也会减退,甚至丧失。而如果孩子在学习的过程中,用笔记本记录自己通过一点一点的努力实现预期的小目标,那么成就感和自信心自然会油然而生,从而再激励着自己去挑战下一个新目标。合理的教育期待应该服从"小目标原则",即把一个长远目标分成多个小目标,一步一步地达成,在达成的基础上再期待孩子下一个发展区的发展,这样可以帮助孩子重新建立自我效能,重拾学习自信心。

总而言之,每当孩子实现了一个目标,就是向前迈进了一步,这样一来孩子就比原来的自己强了一点点。如果孩子能持之以恒地坚持下去,每天取得一点点的进步,最终定能超越自己,成就自己的梦想。正如人们常说的那样:"人最大的对手是自己,战胜了自己,就意味着战胜了整个世界。"

(三)"双减"背景下,构建家校期待合力

有人说,家长和老师是"同一战壕的战友",这个比喻真是再恰当不过了。因为孩子的健康成长是教师和家长的共同愿望。如果把孩子比作一辆自行车,那么家庭教育就是自行车的前轮,学校教育则是自行车的后轮,两个车轮不同步,一个不转,另一个转动自如;或者两个都转,但方向和节奏不一致,那么自行车肯定都无法行驶,即使能够行驶也是晃晃悠悠,安全没有保障。因此,教师和家长的教育方向一致,步伐统一,更能发挥教育的合力,达到家校教育同频共振。学校相当于一个小社会,也是孩子们接触、认识、了解整个世界的中间媒介。遇上"双减",家长要做学校的育人"同盟军"。只有学校和家庭有充分的信任,我们才能够邂逅共育的美好。作为家长更应该积极配合班主任做好相关的工作,积极听取班主任及各授课老师的建议,并就孩子发展的相关问题、困惑等及时与班主任沟通,针对孩子出现的具体问题,研究有效的处理方法、明确分工、形成合力,及时而迅速地解决问题。让孩子感受到一个温暖的家庭,一个和睦的家庭,一个理解孩子的家庭。同时,班主任也应利用家访、家长会、家长开放日或开展丰富多彩的社会实践活动等途径,积极联系家长。

"双减"背景下,不减责任、不减质量、不减成长。用适合孩子的方式,帮助孩子更好地成长,长成自己的模样,这才是最好的期待。

三胎（二胎）时代大宝心理调适的家庭教育策略研究

合肥市师范附属小学 王裕凯

【摘要】

随着"三胎"政策的颁布，社会和家庭环境也随之发生改变。家庭教育的规模、方式和质量直接影响到家庭中大宝的心理和行为，因此，如何引导父母树立正确的教育观，促使大宝心理健康良性发展，是亟待解决的社会问题。

【关键词】

三胎(二胎)；大宝；家庭教育；消极心理；心理健康

2021年"三胎"政策的颁布引发了社会热议，这是继2016年"全面二孩"政策实施后，国家对人口管理的又一新举措。近年来，中国人口数量有了一定的增长，但随着家庭规模、家庭结构及家庭教育等各个方面出现的新变化，大宝的教育问题成了所有二胎、三胎家庭亟须重视的问题。

如今，"双减"政策落地，在陪伴孩子成长的道路上，作为家长，我们始终应该是一名学习者，牢固树立正确的家教观、科学的儿童观、先进的成才观。我们应有的家教观是：父母要与孩子共同成长、陪伴成长、共享成长，父母教育孩子是义务，也是权利，更是使命；应有的儿童观：儿童是人，是小的人，是变化着的人，儿童的世界和大人一样丰富、复杂、细腻、美好，儿童是我们的教育对象，也是我们的学习对象；应有的成才观：不断成长、不断进步就是成才，有爱心、会合作、能努力就是成才，成才没有统一标准，有理想、有智慧、有勇气、有力量，孩子就是优秀的人、幸福的人。有人说："家庭教育是儿童教育的重要组成部分。"因此，可以说，家庭教育影响着孩子的未来。

一、三胎（二胎）时代大宝的心理现状

经过调查和接触，现在的二胎家庭和准备要三胎的家庭，其父母通常会感觉亏欠大宝。因此往往在二宝、三宝出生前，家庭生活和教育中父母会迁就和纵容大宝。

在这样的背景下，容易造成大宝在特殊的氛围里过度依赖大人，缺少安全感，情绪容易失控，容易走极端，不能承受生活中那些不可避免的挫折和失望。其消极心理主要表现在以下四点：

（一）大宝嫉妒心理问题

心理学专家研究发现，母亲过度关注其他孩子，婴儿就会出现嫉妒情绪，进而出现不安、愤怒等方面的不良情绪。这些情绪反应在儿童的身体上多表现为焦躁、难过、情绪低落，部分儿童会出现胃疼等生理反应。与此同时，部分孩子还会在母亲的面前说嫉妒对象的坏话、不断搞破坏、持续哭泣等。

（二）大宝抵触心理问题

三胎（二胎）家庭中，大宝憎恨弟弟妹妹的情况十分普遍，部分大宝甚至表示要离开家庭独立生活，抵触家人的关心。尤其是当父母关心弟弟妹妹的时候，不管父母做什么都会引起大宝的抵触心理。争宠的矛盾心理会导致大宝出现消极抵触心理。在这种心理无法得到及时疏解的情况下，他们会通过极端的手段发泄自己的不满情绪，甚至危害家庭幸福。

（三）大宝焦虑心理问题

近几年出现心理问题的儿童呈现出了低龄化的趋势，焦虑问题尤为常见。大宝作为独生子女的生活方式被打乱，容易出现焦虑、紧张的情绪甚至是恐惧心理。随着年龄的变化，头胎儿童的焦虑感也会相应地发生变化，年龄较小的头胎儿童在感到焦虑时多会出现胆怯、烦躁、吵闹等方面的行为，他们对于陌生的环境具有天然的恐惧感，而大一点的儿童则会表现为缺失安全感，一旦父母离开他们的身边，他们就会感到惶恐不安，部分儿童甚至会因此而出现呕吐、睡眠障碍、食欲不振、尿床等生理反应。

（四）大宝自卑心理问题

部分儿童之所以会出现自卑感，不仅有生理因素的原因，同时也有心理因素的原因。受年龄特点影响，儿童在生活中必须依赖成年人，很多方面都受到成年人的影响，尤其是对于三胎（二胎）家庭中的大宝来说，孩子出现自卑心理问题的概率总体更高。如果大宝因为感受不到父母对自己的爱，那么自卑心理就会产生，甚至会因此而出现社交恐惧心理。为了保护自己，他们会因为害怕遭到不公平的待遇而采取逃避的方式，进而严重影响自己的健康成长。

二、三胎（二胎）时代大宝的心理调适的重要性

教育家陶行知说："6 岁之前是人格陶冶的最重要时期。这个时期培养得好，以后只需顺势培养下去，自然成为社会优良分子；倘若培养得不好，那么，习惯成了不易改，倾向定了不易移，态度坏了不易变。这些儿童到了学校里，教师需尽九牛二虎之力去纠正他们已形成的坏习惯、坏倾向、坏态度，真是事倍功半。"

教育家陈鹤琴十分重视家庭教育中父母的重要作用：父母要尊重儿童的人格；父母步调要一致；父母要给儿童以真正的爱。家庭教育贯穿了孩子前期的成长过程，它潜移默化地塑造着孩子、无声无息地改变着孩子，造就了孩子的个性，塑造了他的三观。

一个阳光快乐的孩子是一个能自主的孩子，他有能力面对生活中的各种困难，也能在社会中找到自己的位置。

三、三胎（二胎）时代大宝的心理调适及调试后的家庭教育对策

（一）关注特殊时期的大宝心理调适

1. 备孕期，引导大宝平常心

三胎(二胎)家庭中,大宝出现消极心理的概率整体较高,究其原因是对于弟弟妹妹的到来缺乏足够的心理准备。父母要重视大宝的心理,要把他当作大孩子看待,和其讨论想要生三胎(二胎)的家庭话题和想法,并对大宝的心理想法和态度进行了解,引导大宝有一颗平常心。在备孕期间,家长就要对大宝进行教育和引导,使其期盼自己有一个弟弟或妹妹。

2. 怀孕期,在劳动中培养大宝责任心

家务劳动能磨炼孩子的意志,可以让大宝帮助家长做一些力所能及的家务,如让大宝自己收拾玩具和书桌,帮弟弟妹妹读书、穿衣服,洗脸等。家务劳动,由不会到会,再到主动去做的过程既是大宝克服困难的成长体验。劳动带来的成就感逐渐会形成独立自主、坚毅和自信的心理品质,还能树立起他对家庭的责任心。

3. 生育期,在生活中恰当满足大宝爱的需要

三胎(二胎)到来后,要和大宝一起面对幸福时刻,父母要关注大宝的反常举动,和他主动交流沟通,明确了解大宝的想法。家庭成员可以实施分工,各司其职,友好相处,和睦、互助、友爱,可以一起读书一起游戏,但要保证有和大宝单独相处的时间,满足大宝爱的需要。

(二)心理调适后的家庭教育对策

杰出教育家马卡连克说:"你们自身的行为在教育上具有决定意义。不要以为只有你们同儿童谈话,或教导儿童、吩咐儿童的时候,才教育着儿童。在你们生活的每一瞬间,甚至当你们不在家的时候都教育着儿童。"

1. 营造和谐氛围,训练孩子独立的能力

心理学家说,安全感不是依赖感,如果一个孩子需要热情而稳定的感情联系,他也需要学会独处。尊重孩子独立的人格,认真听取孩子的意见,与大宝坦诚沟通,最大限度地保证教育公平,使大宝能够以更加积极的心态对待自己的弟弟妹妹。在此基础上,对于孩子的各种需要,大人需要去"回应",而不要事事"满足",父母要鼓励孩子自主去完成他们能够胜任的事情。孩子能够独立完成的事情,就交由他来做。只要孩子愿意做,家长就要积极鼓励与肯定,让他们能

够获得成就感,从而增强自信心。让孩子早早地做力所能及的事情,将来他会更积极主动地做事。不要过分替孩子做事情、替孩子说话、替孩子做决定,越俎代庖之前,可以想想,这件事,也许孩子可以自己做。有时候大人禁止孩子做一些事情,仅仅因为"他没做过"。请不要说:"你不行,这事你做不了!"如果事情不是危险的,就放手让孩子尝试。另外,父母要善于发现孩子的兴趣,挖掘其天赋,多鼓励多引导,见证其成长中的闪光点。

2. 加强心理建设,培养孩子的手足情

儿童精神病科医生托马斯博士告诉我们:"只有当孩子明白了一个道理,即能获得某种东西并不取决于他的欲望,而是取决于他的能力,他才能得到内心的充实快乐。"孩子越早明白这个道理,他的痛苦就越少。一定不要总在第一时间满足孩子的愿望。正确的做法是,拖延一些。比如,孩子饿了,可以让他等上几分钟。不要屈从于孩子的所有要求。拒绝孩子一些要求会更有助于他获得精神的平静。在家庭中接受这种"不如意的现实"的训练,会使孩子有足够的心理承受能力,来面对将来生活中的挫折。

另外赋予情感平衡,让孩子敞开心扉,培养孩子的手足情。让大宝认识到父母生育三胎(二胎)不会减少他们对自己的爱,相反,弟弟妹妹也会爱自己。父母要帮助大宝适应自己角色变化,做好情感的抚慰工作,但也要注意留给孩子足够的相处空间。若是大宝已到上学年级,可以请求老师的协助,家校联合关注大宝的心理问题,及时疏导孩子的消极情绪。可以带领孩子开展角色游戏,使大宝体验家庭成员的不同角色,学会照顾别人,帮助大宝顺利度过这一阶段,以更积极的心态对待自己弟弟妹妹的到来。

3. 转变教育误区,陪伴孩子成长

《卡尔维特的教育》里说道:"对孩子正确的启蒙和恰当的关爱就能成就一个孩子美好的人生。"三胎(二胎)家庭教育中,家长要学习更多的育儿方法,认识到自己在教育中存在的问题进而有针对性地予以改进。比如说在各种亲子活动和游戏中,让大宝体会到幸福感和满足感。所以说加强与大宝的互动很重要,晚间"亲子共读"是很好的选择,读经典绘本、读名家传记可陶冶情操,能让大宝感受到父母对自己的爱,主动理解自己的父母。

另外,家长应该培养孩子之间良性竞争的意识,让孩子学会竞争,但是不能以伤害他人为目的。参加团体亲子游戏的活动就是不错的选择,一方面可以增进家人的感情,让孩子感受到父母的关爱和家庭的团结;另一方面多个家庭都在同一时间参加活动,父母间还可以互动交流。在游戏中,鼓励孩子说清楚自己的需求,并试着用自己的方式来达到目的,满足需求。家长不需要为孩子之间的争夺而焦虑,要用平和的心态处理问题,尽量顾及每个孩子的感受。

四、结语

综上所述,在国家新的生育政策下,三胎(二胎)家庭里大宝的教育问题是我们需要关注的话题。家长们要学会树立"理智施爱,爱而不娇"的家庭教育观念,及时关注大宝的消极心理,因材施教,主动进行针对性调适,从而促进大宝健康成长。家庭教育是需要长期坚持并且根据实际情况不断摸索的,相信只要通过家长的努力,三胎(二胎)的家庭教育一定会很好地完成。

家长情绪管理的策略研究

合肥市师范附属小学　李莉

【摘要】

情绪对一个人的成长有着至关重要的影响。情绪又分为正面情绪和负面情绪,负面情绪不仅对我们的生活有影响,对孩子的教育也有着很大影响。它会导致孩子安全感缺失,会导致教育的无效等。在生活中,我们应该认识到这些危害,学会管理自己的情绪,合理宣泄,从而为孩子树立良好的榜样。

【关键词】

情绪;教育;管理

拿破仑曾说:“能够轻而易举控制自己情绪的人,比攻下一座城池更伟大。”可见情绪对人有着多么重要的影响。如何管理自己的情绪,坏情绪会给我们带来哪些危害? 我们的情绪和孩子的情绪又有什么关系呢?

一、情绪的内涵

我国现代心理学家林传鼎对《说文》中描述情绪的词汇做过内容分析,结果表明,人类情绪大致可分为 18 类,即安静、喜悦、哀怜、悲痛、忧愁、烦闷、恐惧、惊骇、嫉妒等。在情绪与理智关系的思辨背后,隐藏的共识是,情绪是一种无可回避的心理现象。不管人们如何给情绪下定义,从过程的视角来看,情绪就是人们在遭遇内外刺激之后的主观体验和行为反应[1]。这种行为反应又有正面反应和负面反应。心情舒畅、喜形于色等即正面的反应，而负面的反应就是愤怒、忧愁、悲伤、恐惊等。这两种反立随时都可能在同一人身上出现，即使坚强、乐观的人也都可能有负面情绪，就像在舒适的地方都会有打雷下雨一样[2]。这里的负面情绪即我们常说的不良情绪。

二、不良情绪带来的影响

（一）不良情绪对生活的影响

一个人的成功是由多种因素促成，但在这多种因素中，情绪管理至关重要，仅这一个因素就能够给人的一生带来很大不同。通过控制情绪，你可以更好地掌握命运。而情绪中的负面情绪会影响你的工作，会影响你交朋友、影响你的家庭。如果在工作中遇到一些让自己看不顺眼的事情就不顾场合地发泄自己的郁闷情绪，这样会让同事莫名其妙，领导也不看好你，之前所有的努力也就白费了。在生活中，人人都不会喜欢负面情绪经常带在身上的朋友，哪怕你有再多优点。负面情绪对我们自己的身体、家庭影响也很大。人在有情绪的时候，通常是不能保持理智的，常常会口不择言，这样就可能会影响到家庭的和睦从而让孩子感到缺乏安全感，也容易让孩子养成暴躁易怒的性格[3]。

（二）不良情绪带给孩子的影响

1. 让孩子失去安全感

安全感是人们内心的一种心理需求。对孩子来说，来自家庭的安全感可以带给孩子勇气，增进孩子的自信心，而家庭的安全感则主要来自家长对孩子爱的满足。情绪稳定的家长更擅长营造轻松平和的家庭氛围，帮助孩子放松情绪，构建安全感；情绪不稳定的家长则会给家庭氛围带来负面影响，造成恶性情

① 陈煦海.跟情绪做朋友：教师情绪管理与成长[M].上海：华东师范大学出版社，2019.
② 曲伟杰.教孩子成为自身情绪的主人[J].中华家教，2008（04）：13-15.
③ 王旨善，王玉.情绪会伤人[M].北京：中国档案出版社，2002.

绪的转移,给孩子以精神压力。

2. 不良情绪导致无效教育

笔者曾经在班上做过这样一个小调查:在班级随机抽取 10 个孩子,并现场问他们:"爸爸妈妈是否对你发过脾气?"几乎每个孩子都会回答"有"。接着再问孩子:"爸爸妈妈怎样对你发脾气?"孩子们的回答千奇百怪。然而,在家长眼里,管教孩子"写作业""好好吃饭"是为孩子好;但在孩子的视角中,爸爸妈妈不经意的"吼""骂"都是发脾气的表现。家长教育水平高低的判断并不依赖于教育力度的强弱,而在于教育是否得当,能否取得最好的效果。正如许多时候,我们对孩子猛烈的斥责比不上温和的教诲;一顿打骂也不如和风细雨的劝导来得有效。当家长面对孩子的教育问题时,情绪稳定的父母大多会采取理性、温和的方式教育孩子;难以控制情绪的家长往往会对孩子采取简单粗暴的教育方式,而这种教育方法实际上不能起到良好的教育效果,甚至还会让孩子产生叛逆心理,向更偏激、更孤僻的方向发展,所以你的教育也就没有达到最初的目的。

(三)不良情绪导致孩子情绪失控

家庭可谓孩子最重要的教育场所,而家长正是这个场所中最重要的角色。家长使用尊重型语言和鼓励型语言对孩子心理健康的积极影响较大;反之家长消极类型语言使用的频率与孩子的心理健康呈正相关,其中妄言断定型语言对孩子心理健康的消极影响最大。[1] 如果父母轻易情绪失控,经常产生恶劣行为,如冷暴力、口出恶言等,那对孩子的心理会带来极大的影响,也会导致孩子的情绪失控。

三、情绪管理的策略

(一)重视亲子沟通

作为家长,沟通是我们与孩子表达感情、传达意见的重要途径。优秀而有

---

① 詹芳香. 家长语言对孩子心理健康的影响[D]. 长沙:湖南师范大学,2010.

效的沟通一是要诉说，二是要倾听。我们不仅需要向孩子耐心地表达意见，还要认真倾听孩子的想法，才能达成有效的双向互动。当你发现你苦口婆心劝说孩子不要玩游戏，结果孩子故意和你对着干；当你想和孩子聊聊学习时，他总是避重就轻，心不在焉，那就要思考孩子不听话，叛逆是因为什么？你有好好和他沟通吗？在他诉说需求时你有认真倾听吗？我的班级曾经有这么一位孩子，之前一直都是很优秀的，也是小伙伴们心中学习的榜样，但是有一段时间在班级却没有伙伴。经过在同学之间询问得知，原来是因为他在跟小伙伴相处的时候不会倾听别人的意见，并且总是打断别人的讲话。看着孩子越来越孤僻，每天在学校都是一个人躲在角落里，我和孩子进行了一次深入的交流。通过交谈得知当他取得成绩开心地和妈妈分享时，妈妈却总是问，"你不是最好的吧"；当他遇到困难想要寻求爸爸帮助的时候，爸爸却说，"这么简单都不会，上课又没听吧"。久而久之，孩子不愿意再去和父母分享自己成长的喜怒哀乐，而且变得越来越不自信。后来，在孩子不知情的情况下，我约了孩子的父母到学校，把孩子的情况以及孩子给我反馈的内心想法一一告诉了家长。这个时候，他们才意识到问题的严重性，说平时由于工作比较繁忙，再加上近期工作岗位的调整，自己需要适应，所以对孩子的关心少了，对孩子的鼓励少了，跟孩子沟通得也少了。跟家长沟通以后家长迅速调整了自己的情绪，不管工作再繁忙，每天都会抽出时间和孩子聊聊今天发生的事情，不管是好的，还是坏的，家长都会认真听孩子诉说完才发表自己的看法。渐渐地，孩子脸上的笑容回来了，又变得阳光起来。

（二）做一个觉察型的家长

古人云"吾日三省吾身"，每天都要反省自身，多做自我批评，完善自我。古人尚有这样的觉悟，那我们作为新时代的智慧型家长，难道不应该也如此吗？每天抽出一点时间来思考一下，今天我发脾气了吗？我有没有把工作中的情绪带到家庭？今天我跟孩子沟通了吗？沟通的时候我有没有站在孩子的立场上去思考呢？如果你能做到每日一思，每日一问，相信你的孩子未来也会和你一样优秀，他一定能成为一个人格健全的人。

（三）合理宣泄，放空心情

"人非草木，孰能无情？"也就是说只要人活着，他就会生活在情绪的世界里，会被各种各样的情绪所影响。首先要明白宣泄不等于发泄，两者有本质的区别。在我们有了情绪后，可以找合适的对象进行倾诉，这个对象可以是专业的心理咨询师，也可以是最关心你的朋友，甚至可以是一种动物。把自己内心的负面情绪倾诉出来，这就是一种情感宣泄。我们还可以选择表达性写作，就是把我们内心所有的情绪和思想通过写作的方式表达出来，使我们的情绪得以释放。除此以外，我们还可以通过合理运动进行宣泄。运动可以使我们体内产生一种多肽物质，这种多肽物质可以降低疼痛的感觉，使人产生持续的快感，使人感到心情愉悦。但要注意的是我们不能为了排遣不良情绪而临时抱佛脚去运动，而是要让运动成为我们的一种习惯。

俗话说"星星之火，可以燎原"，父母的好情绪，何尝不是孩子心中的星星之火呢。父母的情绪有多好，孩子就能飞多高，我相信，每一位父母都不希望孩子成为自己坏情绪的牺牲品。我们做好情绪的管理，有利于自身的成长，也利于帮助孩子成长。如果我们能结合孩子自身发展特点和实际情况，用积极的教育方法引导孩子，相信他们一定能健康、阳光、向上成长[①]。

---

① 　孙明洁.家庭语言暴力的类型、成因及应对策略[J].中国校外教育,2019(33):8-9.

生命教育视角下的小学高年级异性交往教育

合肥市师范附属小学　　刘燕

【摘要】

小学高年级的学生逐渐从同性人际交往为主过渡到一定的异性人际交往，异性人际交往是家庭、学校、社会关注和关心的问题，也是老师和家长经常交流的话题。本文分析了小学高年级学生的身心特点和异性人际交往的意义，介绍了家长引导小学高年级学生进行正常异性人际交往的原则和策略。

【关键词】

青春期；异性交往；家庭教育；教育方式

人的成长是一个不断变化的过程，生命按照一定的内在规律发展。小学阶段是融入集体生活的基础阶段，《中小学心理健康教育指导纲要（2012 年修订）》提出小学高年级阶段要"开展初步的青春期教育"。如何在小学高年级引导学生进行正常、合理的异性人际交往呢？本文从以下三个方面进行分析和介绍。

一、小学高年级学生的身心特点

小学低年级儿童之间的友谊具有相当明显的性别倾向性，课间休息时会看到男孩和男孩在一起玩，女孩和女孩在一起玩，课堂上自由组合讨论或者合作时，一般也是就近的男孩和男孩讨论，女孩和女孩交流合作。随着身体的发育，小学高年级的人际交往方式从同性间的人际交往，过渡到异性间的人际交往。课间休息时,男孩和女孩会一起玩游戏,例如跳长绳、打乒乓球等。课堂上讨论时,男孩和女孩也更愿意相互交流,认真聆听。

伴随着身高体重等身体的变化,小学高年级学生的心理也逐渐发展,自我意识逐渐增强,对待问题有了自己的看法和想法,有些话愿意和同伴分享和交流却不愿意告诉大人。小学低年级,学生之间在人际交往时发生了小矛盾,学生喜欢及时找老师报告,哪个孩子觉得自己受到了欺负,会立即告诉班主任。到了小学高年级,开始了异性人际交往的阶段,学生之间由于不了解,有时会发生矛盾,但这时学生一般不愿意主动去找老师或者家长解决问题。例如男孩说了不好听的话,把女孩气哭了,这时一般都会由别的同学来告诉老师。对于处于这个阶段的学生,家长和老师处理时要有预判性。

二、异性人际交往的意义

心理学将交往定义为个体之间有共同活动需要而产生的多方面的、复杂的接触过程,该过程包括信息的交流、统一战略的制定以及对他人的理解与知觉。在人类活动中,交往是一种生命活动形式,是社会经验与文化的传递手段,具有重要的社会意义。亲情、友情、爱情是一个人成长和发展过程中所需要的。

小学高年级的异性人际交往是友情的一部分,是学生重要的成长经验。小学高年级异性人际交往是人类社会交往的一部分,在与异性的人际交往中培养男生、女生的同理心,学习尊重别人、理解别人、尊重异同,促进彼此言行的文明、健康发展,促进学生人格和社会化的发展。例如,在有关人际交往的一节课中,班级里的学生在真诚、开放的环境中,一位男生说出自己的烦恼:朋友少,下课后没有人玩。几位女生指出男生平时说话让她们感觉不舒服、不开心。男生在认真聆听后,解释了自己本来是开玩笑的,没有想到给别人带来了烦恼,主动道了歉。在一个月后的反馈中,这位男生人际交往情况有了很大的改善。

小学高年级异性人际交往是人成长的必然过程,是人生理和心理发展的必然要求。人是一切关系的总和,小学高年级,随着身体的快速发育,心理也出现变化,产生从同性间的人际交往扩大到异性间的人际交往的需要。异性人际交往会产生积极的情绪,激发学生的潜能,提高学生学习的积极性和创造性。

三、小学高年级异性人际交往的现状

从相关文献分析看:57.31%的小学高年级段学生缺失与异性交往的方法,在与异性的人际交往中时有紧张、不自在、不自然的感觉。在进行心理健康教育校本课程内容调研时,在青春期教育板块中学生最想了解的知识是异性人际交往的方式、方法以及怎样避免被认为在谈恋爱。根据观察和走访班主任,了解到小学高年学生在青春期异性交往过程中产生的摩擦比较多。例如,他们与异性间稍微亲密了那么一点点,就可能被认为在恋爱或者被同学起哄。还有的孩子不知道如何和异性进行正常的人际交往,采用了错误的方法:以和周围的异性同龄伙伴开玩笑的方式,或者是取笑周围的异性同龄伙伴的方式,来掩饰他们对此的焦虑,这样的做法进一步恶化了这些学生的人际关系,影响了他们的身心健康发展。

四、引导小学高年级学生异性人际交往的策略

从小学三年级开始集体意识逐步发展,良好的班风有利于学生的人际交往,特别是异性人际交往发展。作为班主任有责任带领班集体创造积极向上的班风,打造良好的人际交往氛围。比如可以利用大扫除促进学生之间的相互交流和合作活动,分组时进行不同性别的搭配和分工,这样既满足了学生扩大人际交往范围的需要,又让学生相互学习和合作,也有利于班风的建设;也可以利用班会的时间进行有关异性人际交往的主题班会课,增进学生间的了解,避免不必要的人际交往麻烦。

每一个家长都经历过青春期,都对这个阶段有着或多或少的个人感受和体验。随着社会不断进步和发展,当前家长都有这样的共识:对于正常的异性人

际交往,需要和孩子多交流这类的话题,让孩子落落大方、自然地进行异性人际交往。

（一）家长要合理看待小学高年级学生的异性人际交往

每个孩子都有好奇心,随着身心的发展,小学高年级的学生人际交往范围有进一步扩大的需要。异性的人际交往方式、方法和原先的同性人际交往是有所不同的,作为家长要合理看待学生进行正常的异性人际交往。伴随着孩子的成长,在小学高年级,家长可以在一些集体活动,例如志愿者活动、实践活动中观察了解孩子的人际交往情况;如果家长工作比较忙,没有时间参加孩子的集体活动,也可以通过与班主任、任课教师、孩子好朋友的交流,了解孩子人际交往的模式和方法,支持孩子的正常异性人际交往,帮助孩子学会和各种性格的同学相处,培养学生的团队与合作精神,培养学生健全的个性和人格。

（二）家长正确引导小学高年级学生间的异性人际交往

小学高年级学生的人际交往范围有进一步扩大的需要,原有的经验不完全适用新的人际交往,这时有的孩子因为自尊或者性格腼腆等原因,采取逃避的策略,不去和异性交往,长此下去会影响孩子社会化的发展。作为这类孩子的家长,平时一是要与孩子多沟通、多交流;二是多鼓励孩子参加一些集体活动,在集体活动中自然地与异性同学进行交流;三是多创造机会让孩子与同学交流,例如可以邀请孩子的好朋友来家里做客,在自然、放松的环境中逐渐提高孩子的人际交往能力和水平。还有个别的孩子会和某一个固定异性交往比较多。遇到这种情况,家长不要着急,不要在不了解情况的基础上把孩子批评一通甚至动手打孩子。记得一次在上完青春期主题心理课《啊！我们不一样》后,某班级心理委员说他们班有一个男孩和女孩在谈恋爱,大家都知道,两个人每天一道上学和放学。在和孩子、班主任、家长及时沟通后,了解到的实际情况是这两个孩子原先都是家里的大宝,父母的掌上明珠,父母在没有经过他们同意的情况下,两家先后都生下了二宝,大人的精力都用来照顾刚出生的孩子,对他们的关心自然也就减少了,这两个孩子觉得他们是惺惺相惜,有共同的话题,走得也就比较近了。了解情况后,两个孩子的父母都表示要多陪大宝,班级里再没有关于他们谈恋爱的传言了。

学生的成长离不开教师、家长的关心和关怀,作为教师、家长要以合理的心态来看待他们的异性人际交往,在日常工作中将工作做得精细一些,根据孩子的身心发展规律,因势利导,适时给予正确的引导与教育,通过家校的合力促进学生的健康成长和发展。

小学高年级学生同伴冲突行为及解决策略

合肥市师范附属小学   李曼

【摘要】

本文简要解析小学高年级学生同伴冲突行为产生的原因,并从教师角度提出解决的办法。教师的专业素养、教师对待冲突的态度、家庭环境、教养方式、学生性格,以及学生自我解决冲突的能力是小学高年级学生同伴冲突行为的影响因素。解决小学高年级学生同伴冲突行为可从以下方法入手:提高教师的专业素养、创造良好的家庭环境、选择合理的教养方式、培养高年级学生同伴冲突的解决能力等,从而提高孩子的社交能力。

【关键词】

小学高段;同伴冲突;解决策略

小学高年级,是孩子进入青春期反叛之前的一个重要时期,是孩子身体、行为、情感和社会能力发展的一个重要分水岭,也是由亲子关系为主向同伴关系为主转变的重要阶段。小学高年级的学生,对待同伴冲突的态度,以及采取什么样的策略来解决同伴冲突,会在不同程度上折射出小学教师、家庭对学生的影响。

一、小学高年级学生同伴冲突行为概念及表现

小学同伴冲突,即同伴交往冲突,是人际交往中普遍存在的一种现象,是指学生之间发生的对抗行为,在冲突过程中双方相互协调、相互制约,成为一个动

态的矛盾行为过程。小学生常见的同伴冲突主要有身体暴力、言语伤害、孤立排斥、威胁、破坏等。

二、小学高年级学生同伴冲突行为的影响因素

（一）教师因素

1. 教师对待冲突的态度

在学校中，老师的言行举止都会是儿童学习的榜样。因此，学生对待冲突的态度会受老师的影响。敷衍型的教师，草草了结，把它当作过后即忘式的麻烦，导致学生没有意识到冲突本身的严重性和影响性，下次可能还会发生冲突行为；权威型的教师，马上干预，严厉批评，外在强硬的处理可能会导致冲突升级；积极型的教师，把冲突看作是一次学习的机会，耐心倾听引发冲突行为的原因，因势利导，通过合作、交流等方式解决冲突行为。以上三种老师的态度和做法，也体现了他们的个人素质和业务水平。

2. 教师的专业素养

教师要有专业的理论基础，还能把理论运用到实践中来。一些教师对冲突行为不做过多评价，而是冲突结束后，让学生自我评价。小学高年级的学生已经具有了自我评价和明辨是非的能力。就算是事发时内心一时冲动，但事后还是能冷静下来，对自我行为进行价值判断。教师要耐心倾听、循循善诱，让学生在同伴冲突中成长起来，加强沟通与合作，从而建立良好的人际关系，积极促进学生社会化发展。

（二）家庭因素

1. 家庭环境

家庭是孩子的第一课堂。在民主和谐的家庭环境中成长起来的孩子，受家庭环境潜移默化的影响，在与同伴交往中，能够合作、协商、谅解，具有安全感。在紧张消极的家庭环境中成长起来的孩子，在与同伴交往中会缺乏安全感、冷漠，不喜欢与他人合作，严重时还会采用暴力解决问题。

2. 教养方式

父母是孩子的第一任老师。当孩子"犯错误"时,专制攻击型的父母比较强势,不允许孩子有自己的见解,甚至采用暴力方式解决问题,比如拳打脚踢、讽刺挖苦,这就会使孩子认为行为攻击、语言谩骂是解决冲突的有效方式;退缩型的父母,会使孩子在面对冲突时变得胆小、懦弱,选择逃避问题。以上两种教养方式都没有教会孩子如何真正地解决冲突,不利于孩子人际交往。民主型的父母对孩子同伴冲突行为的解决方式有积极的影响,他们能帮助孩子有效地化解冲突,与同伴更好地相处。

(三)学生因素

1. 学生性格

(1)好动型学生。喜欢在走廊或教室奔跑,与他人肢体接触较多,导致冲突的发生。

(2)敏感型学生。高年级的学生较敏感,尤其男女生之间开玩笑时。

(3)情绪冲动型学生。遇事不冷静,采用言语或者行为攻击,导致冲突加剧。

2. 自我解决冲突的能力

高年级的孩子,在与同伴长期相处的过程中拥有了一些人际交往的技能。与同伴相处中发生矛盾时,能力强的孩子采用协商、合作、沟通等积极解决问题的策略自行化解矛盾;不善于沟通交流的孩子,解决问题的方式比较单一,不能换位思考,或主动寻找解决问题的方法以及考虑后果等,最终无法很好地解决矛盾冲突。

三、小学高年级学生同伴冲突行为的解决策略

(一)提高教师专业素养

老师应努力学习教育心理学知识,走进孩子的内心,了解他们这个年龄段的特征,以及内心的渴望,对学生的情绪变化要有一定的敏感度。此外,教师还

要加强对学生的个案研究,便于矛盾冲突发生时,有更好的对策,能够因材施教。

教师要正确对待学生同伴之间的冲突行为,耐心聆听、积极引导,把矛盾冲突看作是一次教育的契机,深入挖掘其中的教育意义和教育价值。

(二)营造民主的家庭氛围

1.重视亲子沟通,提高沟通质量

父母要耐心地倾听孩子说话,说话时眼睛看着对方,必要时还可以辅以微笑、点头、摸头等肢体语言予以回应,让孩子充分感受到自己被重视、被尊重。

在孩子遇到困难时,要一起想办法解决,并给予适当的共情与回应,让孩子感受到自己是被大人理解的。

2.父母恩爱和睦,家庭关系和谐

父母恩爱,才是最好的言传身教,才能给孩子足够的安全感和幸福感。在这样氛围中成长起来的孩子,不需要担心父母吵架等负面行为的发生,不用处于紧张消极状态,他们会变得积极乐观。

3.发挥家长的榜样作用

孩子模仿能力很好,家长不能在孩子面前随意而为,比如爆粗口等粗鲁不文明的行为。

(三)培养孩子自行解决冲突的能力

1.培养孩子换位思考的能力

换位思考的目的是设身处地地理解认识他人,进而为自己接下来的行为做好铺垫。换位思考可以帮助孩子理解别人,从而孩子会有理解别人的举动,进而得到别人的认可,拥有良好的人际关系。那么,如何培养换位思考的能力呢?

(1)要给孩子树立一个"情绪"观念,想让孩子理解别人的情绪,就要先学会表达和接受自己的情绪。

(2)父母是最好的老师。父母双方遇事能够换位思考,体谅对方,对孩子的影响是很大的,所以,父母双方应多多换位思考,相互体谅。同时,作为父母也要引导孩子站在别人的角度去感受和体会,可以问孩子,"如果你是他,你会是什么感受呢"。让孩子产生这种换位意识,慢慢做到可以真正理解他人。

（3）正向强化。老师要善于发现孩子善解人意的表现,及时放大,正面表扬,给其他孩子树立效仿的对象。比如,上课时,窗帘没拉,强光折射进教室内,有几位同学不停地用手挡住光,离窗不远的男生急忙过去拉上了窗帘。老师马上给男生竖起大拇指,夸道:"你考虑到强光给其他同学带来不方便,赶紧拉上了窗帘,会感同身受替别人考虑,这就是换位思考。"

老师不断发现,并引导学生去发现,大家就会把换位思考当作一种优秀的品德发散开来,并继续发扬光大。做得不好的同学,在这种氛围的熏陶影响下,也会渐渐被带领改变。

2. 寻找多种解决办法并考虑后果

（1）发挥同伴的力量。老师把冲突当成一次教育的契机,利用班会课或者思想品德课,让同学们集思广益,一起想多种解决问题的办法,并考虑不同的后果。学生自己根据可能的后果,来判断他的主意是好还是不好。如果他的主意不好,就让他想出其他的办法。

（2）日常生活的引导训练。相关主题的动画片或者电影,以及生活中看到的、听到的案例,父母都可以利用其进行有意识的引导训练,帮助孩子明白:解决问题不只有一种方法,采用不同的方法,相应的结果也是不同的,有积极的结果,也有消极的结果。这样孩子在遇到冲突时,他就能想到不同的方法来解决。

结语

同伴冲突行为影响学生人际关系的发展,更关系到学生的身心健康。家校应该高度重视,让孩子在健康、和谐的环境中快乐成长!

做一名智慧家长的策略研究

合肥市师范附属小学　　沈慧

【摘要】

针对当下的小学生家长因不"慧"爱,既害了孩子,又苦了自己的现状,我将从父母溺爱孩子的现状,父母溺爱制约着孩子发展,做智慧家长的策略,这三个方面来阐述如何做智慧带娃的家长,在孩子遇到"成长的烦恼"时,就能轻松陪伴其成长。

【关键词】

"慧"爱孩子;轻松陪伴

自从有了孩子之后,大多数家长把人生的重心都放在了孩子身上。只要是孩子的事,家长都不由自主地替他操心,期许着孩子将来能成龙成凤。被捧着长大的孩子进入高年级了,这批上有老下有小的家长就更忙碌了。

一、父母溺爱孩子的现状

作为家长,为生活不辞劳苦,为孩子心甘情愿。当孩子在成长中取得一点成绩时,家长往往比孩子还高兴。真实地感受着那份"痛并快乐着"。

这"痛"的背后是家长对孩子的溺爱和焦虑。

细细分析家长为孩子做的每一件事情,惊奇地发现本该孩子自己的事,家长却成了事情的主角。家长不"慧"爱,既害了孩子,又苦了自己。

二、父母溺爱制约着孩子发展

经验表明,溺爱孩子是教育里的大忌。父母过多参与孩子的学习生活,降低了孩子的独立性,限制了孩子的发展。

"当局者迷",家长并没有觉醒,还有着各种焦虑:

(一)成长焦虑

孩子吃喝拉撒睡样样都操心,安全问题次次都牵挂。孩子上学了,事无巨细操心的就更多了。

(二)抢跑焦虑

家长不能听到"别人家的孩子"怎么了,也不能正视自己孩子的个体差异,盲目跟风报班。就是不能让自家的孩子输在起跑线上。

(三)升学焦虑

据了解,大多数家长都会对孩子的未来产生焦虑,尤其孩子的升学问题。家长总会无限想象孩子的将来。焦虑情绪,无形中营造出一种不安的气氛。

若家长能站在正确的视角审视影响孩子未来发展的重要因素是什么,不就能轻松带娃了吗?

三、做智慧家长的策略

(一)六个重要因素早知道

1. 健康的身体。无论社会如何发展,身体是革命的本钱。当下我们要积极响应国家"双减"政策,充分利用节假日、课余时间监督或陪伴孩子加强阳光体育锻炼,让孩子有一个健康的体魄,迎接未来,这是家长带给孩子最好的礼物。

2. 良好的交往能力。孩子良好的交往能力会为自己将来发展加分,家长要引导孩子参加各种有益于身心的集体活动。活动中,孩子的情绪得到了充分释放,并在同伴们的相互影响下,及时修正自己言行举止方面不足之处。家长不用参与,只需默默守望。

3. 开阔的视野。古语说:"秀才不出门,能知天下事。"书籍是人类智慧的结晶,让孩子爱上阅读,是非常重要的开阔视野的方法。而且,这种方法,也正好顺应了我们教育所需,通过阅读提升理解能力、表达能力等。当然,最重要的是拓展了孩子的视野,更深入地认识这个大千世界。

读万卷书,更要行万里路。让孩子跟着书本去旅行,是非常奇妙的历程。旅途中孩子的思维方式与认知领域时时自动更新升级,进而影响着他未来的人生规划。

未来已来,善用网络来开阔孩子的眼界,已成了大众公认的方便快捷的方式了。一句话,我们只要有心,处处都能开阔孩子的视野,处处都能增长他们的知识。

4. 终身受益的方法与能力。孩子成长过程中,知识是学不完的,若他们能早点掌握学习新知识的方法,就能触类旁通,举一反三了。比如一篇新课文学习过程有三步:课前预习、课中学习、课后复习。课前读一读、写一写、想一想、做一做;课中带着疑问去听讲。不懂就问,不懂再问;课后根据自己的难点,利用改错本,运用"及时+经常"的方法巩固。课后复习之所以重要,可以从德国心理学家艾宾浩斯的遗忘曲线上找到答案。

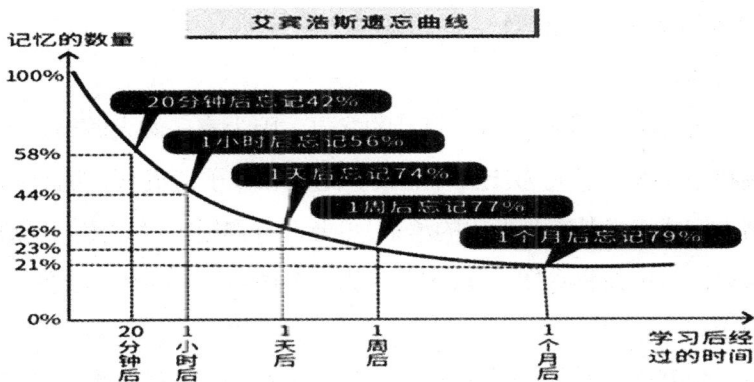

艾宾浩斯遗忘曲线

记忆的数量
- 100%
- 20分钟后忘记42%
- 1小时后忘记56%
- 58%
- 1天后忘记74%
- 44%
- 1周后忘记77%
- 26%
- 23%
- 21%
- 1个月后忘记79%
- 0%
- 20分钟后　1小时后　1天后　1周后　1个月后　学习后经过的时间

孩子们掌握了规律,学习了方法,在生活中学以致用,形成能力,就能为自己成长助力。

5. 合理的计划。"预则立,不预则废"。制订合理的计划是监督孩子薄弱的环节不遗漏,帮助他们有条理、有质量地学习生活。高年级孩子,家长要放手让孩子自己制订一份合适他的计划,家长想提出一些建议,也要依据孩子意愿,和他的个体情况,不能好高骛远,不切合实际。

一个完整的计划一旦定下来,实施过程中就不能轻易终止,否则就是半途而废了,这可是孩子成长路上的"拦路虎"。所以监督执行说起来容易,做起来难,是一件讲究方式方法的工作。家长要根据实际情况严慈并济,给孩子的生活增添些小惊喜。这些小惊喜,往往会让孩子更自觉地履行自己的计划,他的好习惯养成指日可待。

6. 良好的习惯。事实告诉我们,没有一个孩子不想成为好孩子。而良好的学习和生活习惯,能够帮助孩子更加轻松有效地自我成长。一个习惯初步养成需要 21 天,而稳定一个好习惯需要 90 天。这中间的坚持考验着家长和孩子的毅力。当然良好的行为习惯一旦养成了,孩子就能自我要求,自我监督执行。

影响孩子将来发展的重要因素已了解,那我们家长需要怎样自我提升呢?

(二)提高认识,自我修炼

1. 以身作则

生活告诉我们,一定要做说话算话的父母。因为家长做人做事的榜样作用会影响到孩子将来可能成为什么样的人。比如和孩子达成共识的计划需要双方共同努力完成。尤其家长做出的承诺,更要以身作则。这对孩子规则意识形成至关重要。否则他将有样学样,无法成为一个诚实守信的社会公民。

2. 不唠叨

做家长的哪个不教育孩子,但说多了就成了唠叨。孩子最怕的是爸妈的无休止的唠叨。他们会以"选择性失聪"来保护自己。表现出来就是不听家长的话。

3. 会倾听

教育始于倾听。五六年级的孩子虽稚气未脱,但他的思想、认知、身体都有了很大程度的成长。家长要隔一段时间就和孩子做一次理性平等的沟通,听听他的需求,特别是明确他当下的烦恼是什么。了解哪些方面是父母可以参与的,哪些是他自己能够独立解决的。让孩子知道不论他遇到什么样的困难,父母永远是他的坚强后盾。孩子在表达想法时,家长要做一个耐心的倾听者,要明了什么话先讲,什么话不讲,什么话等孩子问了再讲。设身处地地为孩子营造出愿意敞开心扉的氛围,让孩子深深体会到成长背后总能感受到来自父母的爱!

4. 敢于放手

孩子大了,家长要懂得他们的心理所需,敢于放手。这如何做? 首先要和学校同频共振,因为家校是同盟军,同一战壕的战友。其次在生活中锻炼孩子,培养责任感。这也满足了青春期孩子感觉自己长大的心理。如严格执行自己的事自己做,也让孩子在家里做一些力所能及的家务劳动;假期里,积极创造条件让孩子参加有意义的实践活动。让他真正成为生活、学习、时间的小主人。

5. 并肩战斗

孩子的成长中会遇到考试失利、在活动中被同学误会……这些情况都会让他失望、痛苦、沮丧或不安。家长当发现孩子不能解决当前的困惑的时候,第一时间和孩子并肩作战。接纳他的不良情绪,留足时间让孩子自己慢慢梳理;尊重孩子的想法;帮他找出症结所在,给出建议,平等商量出最佳应对方案。这个过程正是孩子的自信和独立性慢慢提升的过程,当再遇到"成长中的烦恼"时,他会变得更加坚强。正如《感恩挫折》上说的:"挫折,只要能坚强面对挫折,它便是成长的一笔财富。"[①]

6. 积极充电

家长要树立终身学习的观念。《家长革命》这本书中写道:"一个有勇气改

---

① 张端,任玲.《感恩挫折》[M].北京:工人出版社,2011.

变自己的家长,才有能力改变孩子。"①家长想让孩子的人生根深叶茂,那提升自己则势在必行。

"训子千遍,不如给孩子一个好习惯。"②是《习惯决定孩子一生》一书中的精髓。

家长除了读专著,还可以结合孩子的兴趣订阅一些报刊,和孩子一起阅读。面对解决不了的问题,带着孩子逛书店、图书馆。那里特有的书香可以浸润孩子幼小的心灵,

做一位智慧家长,在孩子遇到"成长的烦恼"时,该出手时就出手,该放手时就放手,长大了的孩子定会华丽转身,回报父母的爱。

---

① 　崔宇.《家长的革命》[M].北京:光明日报出版社,2009.
② 　靳和平.《习惯决定孩子一生》[M].哈尔滨:哈尔滨出版社,2018.

让孩子爱上劳动

——论如何有效开展家庭劳动教育

合肥市师范附属小学　吴超

【摘要】

当前，一部分中小学生的动手能力和自理能力都比较弱，孩子缺少劳动锻炼的机会，形成不了正确的劳动观念。这一现状，学校和家长都是非常重视的。本文将简要解析家庭劳动教育的意义，家长在家中该如何有效地进行家庭劳动教育，以及开展家庭劳动教育的注意事项。

【关键词】

家庭劳动教育；动手能力；因材施教

如今，劳动教育似乎成了受忽视的教育，很多孩子认为劳动教育就是参与社会实践课，或者理解为洗衣服、打扫卫生等家务活。实际上，"劳动"这个词语，假如用更多的词语去表述它，可以是务实、做事等。劳动教育的根本目的，是让学生用身体与心灵来探索世界。

现在，很多家长不让孩子参与劳动的原因在于，有的家长认为家务事孩子做不好，做不好还添麻烦，那不如就不让孩子做了；有的家长认为做其他事情会耽误宝贵的学习时间，那可就"损失大了"；有的家长对孩子比较溺爱，觉得孩子长大之后便会参与劳动。其实，家长的这种心情是可以理解的，但是所有事情都为孩子包办真的好吗？

一、家庭劳动教育的意义

首先，要明确劳动教育的目的是什么？有的人会说劳动教育为的是让孩子体会到大人的艰辛；有的人会说劳动教育的目的是让孩子掌握技能，培养孩子的意志品质。是的，这些都是劳动教育的目的，但概括来说，劳动教育的目的，是为了让我们的孩子拥有幸福生活的能力，让青少年懂得一个道理：幸福的生活建基于辛勤的劳动之上。

我们通常看到，在家很少做家务的孩子，一般都有以下几个特点：

1. 比较懒散，经常迟到，学习玩耍也没有安排、没有规律，上课时动手动脑更是一万个不情愿。父母把所有事情包办做好，孩子缺乏动手能力，孩子的学习生活没有规律，这样的孩子最容易患上"懒惰病"。

2. 自理能力较差，桌子上摆得乱七八糟，书包里也是杂乱无序，学习文具总是丢。不仅在家中不会整理自己的东西，在学校也是将自己的物品随便乱丢乱放。学会整理，是人成长发展的一项重要能力。

3. 对大人的劳动成果不是特别珍惜，对自己的物品也不是特别爱惜。社会的发展必然要依托这些劳动人民的劳动成果，我们应该对劳动人民葆有一种感恩的心，我们要尊重劳动人民，珍惜他们的劳动成果。

4. 没有进取心，做事不是很认真，无法保持有始有终。不经常参与劳动的孩子会对平时发生的事情都抱以无所谓的态度，这样的孩子缺乏好奇心，专注力也会受到影响。

造成孩子身上的这些问题的主要原因就是，家长喜欢包办孩子的生活，孩子缺乏锻炼的机会。因此，要想让孩子独立，有责任心，家长首先就要改变对参与劳动在认知上的误差。只要是孩子可借助自己的能力完成的家务，家长尽可能不去越俎代庖。家里的不少事情看上去并不是特别重要，但是就可以培养孩子的能力，纠正孩子的不良习惯。在孩提时，便要为他提供良好的条件以及环境。让孩子进行早期劳动，培养其顽强的意志，如此才是让孩子在一生中受益的重要财富。

二、参与家庭劳动的好处

参与家庭劳动给孩子带来的好处非常多：

1.锻炼孩子的动手能力,帮助孩子提升各类技能。能够让其大脑进行思考,养成孩子探索问题的习惯。

2.孩子学会整理东西,学会分类摆放不同的物品,养成整洁的好习惯,学会保管自己的物品,进而养成做事有条理的习惯。做事有条理,学习上自然也会有计划、有规划。

3.多多参与家庭劳动,孩子就会对所要做的事情抱以认真严谨的态度,这样有利于培养孩子的责任心。

4.增加孩子的自信心。孩子从劳动中获得快乐,体会到了自己的力量,就会产生成就感,增强自信心。

5.经常参与劳动,还可以提高孩子处理问题的能力。当我们在家庭劳动中遇到一些问题时,家长可以多鼓励孩子自己去找出解决问题的方法。即便错了,也要鼓励孩子重新思考并尝试。这不但可以培养孩子解决问题的能力,还可以锻炼孩子的意志和承受挫折的能力。

6.家庭劳动能够改掉孩子懒散的坏习惯,"现代懒惰病"直接导致孩子缺乏坚定的意志,对孩子的成长产生较大的阻碍。

7.让孩子懂得珍惜和感恩。孩子只有亲身实践、体验,才能懂得生活的甘苦,才能知道好的生活来之不易,才能学会珍惜,学会用感恩的心对待他人。

三、家庭劳动教育的原则

(一)一致性原则

家庭教育必须和学校教育相互结合起来,假如使用不同的方法,孩子到底应该如何行动呢?比如在学校里,劳动课老师通过课上讲授,让低年级的孩子们现场模拟洗脸、刷牙,学生通过老师的实际演示和观看视频,学到了科学准确的方法。那么在学校学习之后,家长也要积极配合老师,与老师做好沟通,在家也要让孩子按照科学的方法来进行劳动。同理,在家中,家庭成员要保持同样的态度。如果爸爸妈妈让孩子参与家庭劳动,爷爷奶奶看着心疼反对孩子参与家庭劳动也不行。家长在对孩子参与家庭劳动做出要求时,既要态度严肃,也要要求严格。

（二）坚持性原则

对孩子的劳动教育必须坚持不懈、有始有终。要求要到位,家长在孩子面前要树立威信。

（三）层次性原则

不同年龄的孩子在劳动技能上显示出个体的差异,我们可以分层次进行指导。低年级段的孩子训练其自理能力,如收拾课桌、书包、擦洗桌椅;中年级段的孩子进行基本技能的训练,如为父母擦皮鞋、拖地、倒垃圾;高年级段的孩子进行更高技能的训练,如做饭、择菜。

（四）因材施教原则

不同的孩子在动作技能、认识能力、体力等诸多方面都显示出较大的差异,父母必须按照孩子的能力来提出相关的要求。孩子的生长环境不同,主观能动性也存在较大的差异。因此,家长必须意识到这些,按照孩子的能力安排好适合他们的劳动,而不可以看到其他人家孩子会什么,就同样要求自己的孩子。

（五）安全性原则

在满足孩子好奇与学习要求的同时,必须要确保孩子的安全,逐步推进,不应该要求孩子自己拿危险物品、完成危险动作。

四、有效开展家庭劳动教育的方法

当开展家庭劳动教育的时候,假如方法不适宜很可能会适得其反,因此应该考虑使用一些适宜的方法,开展适度教育,进而得到很好的效果。可以通过下面的方法来开展家庭教育:

（一）不用金钱"激励"孩子去劳动

用金钱手段"激励"孩子劳动的时候,虽然能够在很短的时间里刺激其开展一些劳动,却难以使他真正热爱劳动。这是由于,当我们用金钱手段激励孩子的时候,他劳动的目的是希望获得金钱,而不是希望和家长共同分担家务,减少家长的压力。并且,我们使用金钱"激励"孩子劳动,会强化其金钱意识,使他片面地觉得自己的付出必须要获得金钱回报才能体现价值。如此一来,孩子并没有形成正确的金钱观和价值观,更会导致其冷漠,没有办法体验到劳动的价值。所以,不可以用金钱作为孩子劳动的激励手段,使孩子形成错误的价值观念,因小失大。

(二)让孩子分担一定的家务活儿,但要量力而行

参与家庭劳动,一方面能够培养孩子劳动的习惯,另一方面能够培养其责任意识、动手实践的能力、独立性等。所以,在日常生活中,家长必须有意识地要求孩子参与家庭劳动,例如,让孩子扫地、倒垃圾、整理房间、饭前摆放好碗筷、盛饭、饭后整理餐桌等。

家长应该按照孩子的年龄特点与具体情况来安排他的劳动内容,不应该让孩子去做一些他能力以外的事情。孩子劳动的内容应该从简单的劳动逐步转变到复杂的劳动,如此他的自我价值才可能通过劳动体现出来,他可以从劳动中体验到乐趣,进而真正愿意劳动。

(三)及时鼓励孩子,促进孩子积极参与家庭劳动

当家长发现孩子做家务的时候,应该提供支持,帮助孩子完成,这会让孩子产生一定的自豪感,进而喜欢劳动,把这样的行为逐步转变为一种习惯。孩子劳动的积极性通常是受到一定的鼓励后被激发的,因此,应该及时鼓励孩子,使他积极参与家庭劳动。

(四)耐心认真地教孩子一些家庭劳动的具体方法

有的时候,虽然孩子积极参与了家庭劳动,但并不一定能做好。此时,我们应该保持镇静,不应该由于场面的混乱而发火,暴躁不安。孩子不可能一次做好所有的工作,家长需要细心认真地把做好某件事情的方法告诉孩子,耐心地等待孩子学会。

我们可以把需要完成的事情划分为多个步骤来教孩子,细致地引导他们了解解决问题的方法,他们才可以很快掌握且有所收获。学到了如何去完成,孩

子才会对完成任务有更多的自信；有了较好的劳动结果，孩子才可能更加主动地继续进行劳动，进而形成对劳动的热爱。

劳动是孩子的权利，是人得以生存的基本能力，一个人有没有劳动的习惯将影响他的一生。教育孩子从小对劳动产生热爱，即为孩子的人生道路提供了一个良好的开端。家长应支持孩子主动参与劳动，形成好习惯，培养他们的生存能力，更好地服务于家庭和社会，成为有责任心的人。

浅谈家庭教育中如何培养孩子的自律性

合肥市师范附属小学　李琼

【摘要】

道德的最高境界是道德主体的自律,是不需要外界的约束,可以自主规范自己,进行自我教育。没有自我教育的教育,不是真正的教育。教育目的的实现要通过受教育者内化完成。家庭教育中,培养孩子的自律性,可以通过让孩子尽早树立自律意识,激发孩子内在驱动力,制定每日计划,运用赏识与鼓励促进道德内化四个方面来培养。

【关键词】

自律性;制订计划;自我管理;赏识激励

康德认为:"真正品德的产生,是来自人们意志的志愿,不受外界的约束,可以自主规范来约束自己。"故道德的最高境界是道德主体的自律。一个孩子在长大后要想有所成就,就必须具备自律性,要具备独立思考、选择、判断、解决问题的能力。孩子只有以这些为基础,才能应对各种生活的挑战,否则孩子是很难适应现代社会的需要的。

一、皮亚杰的道德性发展研究

瑞士儿童心理学家皮亚杰将儿童的道德发展划分为四个阶段:

第一阶段为"自我中心阶段"或前道德阶段(2—5 岁),这一阶段儿童缺乏按规则来规范行为的自觉性,在与人交往和价值判断等方面都表现出自我中心倾向。

第二阶段为"权威阶段"或道德他律阶段（6—7、8岁），该阶段儿童表现出对外在权威绝对尊重和顺从，把权威确定的规则看作是绝对的、不可更改的，在评价自己和他人的行为时完全以权威的态度为依据。

第三阶段为"可逆阶段"或初步道德自律阶段（8—10岁），该阶段儿童的思维具有了守恒性和可逆性，他们已经不把规则看成是一成不变的东西，逐渐从他律转入自律。

第四阶段为"公正阶段"或道德自律阶段（10—12岁），该阶段的儿童继可逆性之后，公正观念或正义感得到发展，儿童的道德观念倾向于主持公正、平等。

儿童的道德性是从他律渐向自律按阶段发展的，即从服从他人的规定逐渐向服从自己内心的规定发展。

二、当今社会小学生的自律性发展现状

当今社会对人才的要求越来越多元化，不仅要具备一定的知识能力，更重要的是有较高的思想道德素质。当今社会独生子女比较多，孩子在这种环境中就形成了很强的自我优越感。面对所有的人，所有的事，都是以自我为中心的。因此，许多孩子自私自利，自律能力差，甚至没有自律性。

（一）孩子没有自律性对自身的影响

1. 孩子不易融入新环境

居里夫人说："路只有靠自己去走，才能够越走越宽。"没有自律性的孩子，在家里由于有长辈们在身边，可能没有明显的表现，一旦到了上学的年龄，就会出现适应和融入的问题。如上幼儿园后，其他小朋友都已经会用筷子，只有自己需要让老师喂饭吃，这种对比会让孩子在内心产生一种格格不入的感觉，也会打击孩子的自尊心，最后就不容易融入新的环境中。

2. 依赖感让孩子做事没有规划

如今的孩子在家里都是"小皇帝""小公主"，平时有大人跟后面伺候，大小

事都有大人安排,不需要自己为任何事情操心,不需要动手去做任何事情,孩子的自律能力也就被剥夺掉了。长此以往,会让孩子对父母有超强的依赖感,变得懒惰,没有自律性。

3. 精细照顾让孩子逐步失去生活能力

很多的家长不仅自己要工作,还要照顾孩子衣食住行,关心孩子的学习,每天的生活节奏很紧张。孩子上学后,仍然没有养成自律性,这不仅会让父母一天的工作更加忙碌,还会让孩子逐步失去生活能力。孩子独自在家,根本无法照顾自己。久而久之,没有自律性的孩子便失去了基本的生活能力。前几年,更有报道指出有的大学生离开父母生活都无法自理,这更让我们看到了缺乏自律性给孩子带来的不良影响。

(二) 父母的行为与孩子的自律性

1. 父母的大包大揽

当下大多数的父母都对孩子的事情大包大揽。在家里,吃饭、喝水、穿衣、系鞋带,都有人伺候,书包、文具也是由妈妈整理;每天的作业更是爸爸妈妈齐上阵,手把手教着完成。时间一长,孩子就失去了应有的自律。

记得我们小时候家里的条件不好,很多人五六岁时就已经帮妈妈扫地、收拾碗筷,到二、三年级时,炒菜、做饭都已经很熟练了。现在的很多孩子就连自己穿衣、系鞋带、盛饭、倒水都不会,更不要说能帮助家人做家务了。

其实很多孩子在小时候都是很勤快的,看到妈妈扫地,孩子就很好奇,要求自己扫地,妈妈就会阻止孩子,说:"你还太小了,不用扫。"孩子看到妈妈洗碗很有趣,跑过来说,想要洗碗,妈妈说:"不行,你还太小,去玩吧!"什么事情都不让孩子去尝试,不让孩子自己去做,孩子自然就会没有自律性。

2. 父母的榜样示范

父母是孩子的第一任老师。模仿是孩子的天性,是孩子学习的主要方式。孩子会学着大人做家务,也会学大人的说话、动作和生活习惯以及待人接物的方式。

但由于孩子缺乏辨别力,他们的模仿是没有选择性的,父母的一些坏习惯、不文明语言,甚至不良行为都可能被孩子模仿。试想,父母自身在工作和生活中都做不到有计划、有安排,家里是乱的,工作是乱的,天天沉迷麻将,或是玩游戏,就不要怪孩子学习不自律。因为你自己混乱的生活无法给孩子足够的榜样力量。你又如何奢望你的孩子具有很好的自律性呢?

三、父母如何培养孩子的自律性

自律是什么? 通俗说就是一种自控力,即克制自己想做某事的冲动。下面是一段母子对话。

妈妈:儿子,我陪你出去踢会儿球?

儿子:写完作业再踢球。

妈妈:踢完球再写?

儿子:写不完。

妈妈:写不完明天写。

儿子:明天还有明天的作业。

从这段对话中可以看出,这个孩子有目标、有计划、有自律性,认真完成学生该完成的任务。以后,他一定会认真完成工作,认真对待每一件事,这就是自律的效果。

相信很多父母也希望自己的孩子能有如此高的自律性,那么父母又该怎么做呢?

(一)了解小学生的心理发展特点,尽早培养自律意识

小学阶段的儿童,自我意识的发展水平不断提高,表现在从具体的、片面的认识向抽象的、较为全面的认识过渡,儿童逐步摆脱对外部控制的依赖,根据一些内化的行为准则来监督、调节和控制自己的行为,并且开始从对自己的表面行为的认识与评价转向对自己内部心理品质的评价,从依附性向自觉性过渡,从外部监督向自我监督过渡。

作为父母,应当根据小学生身心发展的阶段特点,有针对性地激发学生的

潜能,逐步从他律向自律过渡,培养学生自律的意识。

(二)激发孩子的内在驱动力,自己的事情自己做

孩子如何自律呢? 自律来自于可以照顾自己,自己的事情自己做。要培养孩子的自律性,重点是要激发孩子的内在驱动力,锻炼孩子的动手能力,孩子可以从自己的事情自己做开始。孩子在一岁后,可以尝试用小勺子自己吃饭;两岁后,就可以学穿衣服、穿袜子;三岁后,自主如厕,并开始让孩子自己学习洗袜子、洗小手帕;四岁左右开始整理自己的玩具、衣服。

父母平时在生活中要创造让孩子做家务的机会。带着孩子做家务,只有一个秘诀:"不要只动嘴,不动手。"因为孩子通过模仿学习,所以除了嘴巴说,更要示范给他看。当孩子开始做,就要紧闭嘴巴,不要再说话。等到孩子做完,再说声"谢谢"就可以了。孩子完成后,父母可以给予孩子赞赏和鼓励,使孩子获得成就感,提高孩子的责任感。

(三)制订每日计划,父母以身作则

孩子不懂得自律,注意力就不会集中,会被时间牵着鼻子走。所以,父母要引导孩子学会自律,从被动接受监督到主动自我管理,真正成为时间的主人。父母怎么引导孩子自主管理时间呢?

1. 让孩子学会制订一天的计划

孩子没有时间观念,不会安排自己的学习和休息时间,父母可以引导孩子先制订一天的计划,规定好学习和休息的时间。而且,要督促孩子马上执行。父母也可以制订自己的一日计划,如锻炼身体、陪孩子玩等等,和孩子一起进行自律训练。身教重于言传,一个从重视自律教育的家庭出来的孩子比一般的孩子更明白自律的重要性,也更能做到自律。

2. 玩"对对时间"的游戏

如果孩子不知道时间的宝贵,家长可以给孩子准备一只手表,经常与孩子对对时间,在规定时间内完成相应的任务。如孩子写作业拖拉,这时,父母可以对孩子说:"我们来对对时间,请伸出你的手表看一看,现在是上午 10 点,我们花 30 分钟的时间来完成语文作业。"当然,家长事先要对作业完成时间做一个

准确的预估。

3.学会倒计时学习与休息,增强紧迫感

为了增强紧迫感,父母可以引导孩子进行倒计时学习与休息,让孩子在规定时间内高效完成相应任务。学习和休息的时间一旦过了,就再也找不回来了。例如,在孩子做口算之前,爸爸可以拿来一个闹钟,倒计时10分钟,要求孩子在规定时间内做完相应数量的口算题。时间到了,孩子就可以休息5分钟或者玩一会儿。

4.引导孩子多学习一些关于时间的词语

父母在与孩子的交流过程中可以有意识地、高频率地使用关于时间的语言,以增强孩子的时间观念。例如,父母可以不断重复这些话,"今天是星期几?""明天早上7点准时起床!""现在是几点钟?""等我1分钟。""快用5分钟做完。""做这件事不能超过1个小时。"还可以教给孩子一些关于时间的词语,如分秒必争、光阴似箭、弹指之间等。

(四)善用赏识与鼓励,促进道德内化

孩子在由他律到自律的过程中,父母要及时地给予孩子赏识与鼓励。赏识孩子,激励其向更高的目标攀登。心理学家威廉杰姆斯曾说过:"人性最深层的需要就是渴望别人的赞赏,这是人类之所以区别于其他动物的地方。"赏识教育的特点让孩子在"我是好孩子"的心态中觉醒,从而要求自己往更优秀的自己努力。

学生在各方面都能够严格要求自己按照计划完成目标时,父母要及时表扬孩子坚持的过程,并给予一些奖励。不过要以精神奖励为主,以物质奖励为辅。例如,孩子一天下来吃饭、上学、做作业、阅读、睡觉都能按时进行,父母可以在孩子的作息表上加一朵小红花,孩子一周集齐七朵红花就能获得口头表扬或一件小礼物,下周孩子再集满七朵花,父母就再奖励别的东西。

培养人才,需要从小树立自律意识,从而养成良好的行为习惯。因为,人生中所有值得追求的目标都需要自律才能实现。当一个孩子得到充分锻炼后,自律性得到提高,他就会有信心去处理生活中的各种问题,坦然面对生活中的风雨。

提高孩子心理韧性的家庭教育策略

合肥市师范附属小学　许蓓

【摘要】

困难与挫折的发生是人类无法操控的，对于父母而言，最好不要让孩子逃避它们，而是要教育他们积极主动地去面对困难与挫折。当孩子培养出面对困难与挫折的能力后，即使他们失败了，也会不断地去思考、去尝试、去克服，最终他们还是会成功的。如何提高孩子的抗挫折能力，这需要我们在家庭教育中做到中正平和，学会孩子抗挫折能力的教育策略。

【关键词】

逆商；挫折；心理韧性

一、概念解释

印度的前总统甘地的孩子需要接受手术治疗，在手术之前，医生想通过对孩子讲一些善意的话来安慰孩子，但是，甘地夫人却认为不需要，自己告诉孩子这个手术的危险性与痛苦，鼓励孩子积极地面对手术。在后面的手术中，孩子勇敢地面对手术，最后治疗成功。

从这个故事中，我们不难看出，在面对困难和挫折时，我们越是勇敢地、积极地去应对，那我们的成就感就越强。后来，美国职业培训师提出了"逆境商数"这个概念："逆商"（AdversityQuotient）全称为"逆境商数"，中文也译为挫折商或逆境商。在心理学家看来，一个人事业成功必须具备高智商、高情商和高挫折商这三个因素。在智商和情商跟别人相差不大的情况下，挫折商对一个人的事业成功起着决定性的作用。提高挫折商可以帮助人们产生很高的生产力、创造力,帮助人们保持健康愉悦的心情,也能提高人类各项活动的活力。

美国的保罗·史托兹教授将逆商划分为四个部分,即:Control:控制感;Origin & Ownership:起因和责任归属;Reach:影响范围;Endurance:持续时间。

"C"(控制感):它是指人们对周围环境的信念控制能力。当我们面对逆境或挫折时,控制感弱的人只会逆来顺受、信天由命;而控制感强的人则会凭借自己的力量积极地改变自己所处的环境,相信人定胜天。控制感弱的人经常说"我无能为力""我能力不及";控制感强的人则会说:"虽然很难,但这算什么,一定有办法。"

"O&O"(起因和责任归属):大量研究发现,我们陷入逆境的起因大致可以分成两类:第一类为内因,因为自己的疏忽无能、未尽全力、相信宿命论等。一旦陷入这一类,人们往往表现为自责,意志消沉、自怨自艾、自暴自弃。第二类为外因,如与周围的人配合不利,时机尚未成熟,或者外界不可抗力。陷入第一类属因的人会说"都是我的错""我注定要失败";陷入第二类属因的人会认为"都是因为时机不对""我怎么事前就没想到会发生这样的情况呢"等。而逆商高的人则能够清楚地认识到是什么原因使自己陷入逆境,并能够及时有效地采取行动,痛定思痛,在跌倒处再次爬起。

"R"(影响范围):逆商指数高的人往往能够将自己陷入困境所带来的负面影响范围变小,能够将其程度降至最低。即当我们身陷学习中的困境时,就仅限于学习,而不会影响自己的工作和家庭生活;与家人吵架,不会因此牵连其他方面;在工作中有意见,就仅限于此,而不会对人也有看法。他们能够将逆境所产生的负面影响限制在一定范围,不扩大到其他方面。越能够把握困境的影响范围,就越可以把挫折或是困难视为特定事件,越觉得自己有能力处理,不致手足无措。

"E"(持续时间):逆境所带来的负面影响既有影响范围的问题,又有影响时间的问题。逆境会持续多久,造成逆境的原因是什么? 低逆商的人,往往会将逆境持续时间变长,一直陷入消极、萎靡的情绪中不可自拔。

大量资料显示,在竞争越来越激烈,信息迭代日新月异的 21 世纪,要想有一番作为,很大程度上取决于其面对挫折、摆脱困境和超越困难的能力。

二、提高孩子抗挫折能力的重要性

(一)有利于培养孩子的自信心

如今,很多父母都在感叹,现在的孩子一点儿挫折都承受不了。的确,这是很普遍的一种现象。这一现象的原因是家长的包办。在家长事无巨细地照顾和呵护中,绝大多数的孩子成长过程都过于顺利。因此,当孩子需要去面对社会时,遇到一点点的小挫折,就很容易萎靡不振,甚至情绪崩溃,做出极端的行为。因此,培养孩子直面挫折的勇气是非常重要的。它可以让孩子再经历逆境时,能以积极的心态去面对,而不是选择逃避、退缩,拥有摆脱困境和超越困难的能力。适当地让孩子受一些挫折教育,提高孩子的抗挫折能力是孩子人生的必修课,有利于培养孩子的自信心。

(二)有利于塑造孩子健全的人格

著名的心理学家阿德勒在他的著作《儿童教育心理学》中提到:"培养孩子健全的人格,这才是教育孩子的首要目的。"英国著名心理学家艾森克也指出,人格决定个人适应社会环境的能力;健全的人格可以让人不断认识自我、提升自我,大大地提高一个人适应社会的能力。国学大师南怀瑾说过:"今天的世界惟科技马首是瞻,人格养成没有了,都是乱的不成器的,这是根本乱源,是苦恼之源。"因此,给孩子民主、自主和自信,让他们在人生的道路上不轻易被各种浮世的繁华和虚荣所诱惑,不轻易被挫折和困难所击倒,有战胜一切困难的勇气和力量,这就是给予孩子最好的礼物。

(三)有利于激发孩子的潜能

困难与挫折的发生是人类无法操控的,对于父母而言,最好不要让孩子逃避它们,而是要教育他们积极主动地去面对困难与挫折。当孩子培养出面对困难与挫折的勇气时,即使他们失败了,也会不断地思考怎么去克服,在思考中激发自己的潜能,激发自己的斗志,最终取得成功。

三、提高孩子抗挫折能力的家庭教育策略

现代社会是一个充满竞争的社会,也是一个充满机遇的社会。为了更好地适应并立足于这个现代竞争社会,实现自己的理想和抱负,孩子必须培养自己的抗挫折能力,提高自己的心理韧性,增强自我适应能力,磨炼自己的意志,才能从容应对并战胜学习和生活中的各种挫折。

（一）帮助孩子建立自尊心和自信心

苏格拉底曾说:"看一个人是否有成就,主要看他是否具备了自尊心和自信心这两个条件。"一个不被尊重的人,是很难有自尊心的。儿童时期是培养孩子自我尊重的黄金阶段,而父母的尊重是孩子自尊心的重要保证。是否尊重自己的孩子,守护他们的自尊心,是健全他们的人格的重要内容,也有利于孩子在面对困难和挫折时不胆怯,不畏惧。

人类心理学认为:这个世界上每一个人都有被认可的需求,大多数情况下,被别人肯定的人往往表现出来的积极性比一般人都高。这一论点,告诉我们培养个人的自信的重要性。给予肯定是父母了解孩子的第一步。只有当父母完全了解孩子的时候,才知道怎么样去引导他们。同时,父母的肯定是孩子自信心最重要的来源。有心理学研究表明,当孩子被自己的父母质疑时,他们是最不自信、最孤独的。不要小看了这些问题,这种孤单和不自信轻则导致沟通障碍,严重的还会造成孩子偏激的行为,所以,让孩子拥有自信才是明智之举。有自信心的孩子,在面对挑战和挫折时,往往能够清楚地认识到自己身处的环境,并对周围的一切做出自己的预判,能清楚地了解这件事情最好的结果和最坏的结果是什么,并愿意接受这个结果。能够及时地采取有效行动,做好了面对失败的心理准备,并尝试从失败中寻找经验教训,为下一次的实践做准备。

（二）提高孩子的心理韧性

家庭作为孩子个体成长的最初和最重要场所，它的环境和氛围是提高孩子心理韧性的重要影响因素。很多父母总是舍不得去让孩子吃苦，尽心尽力地呵护和照顾着孩子，帮孩子把所有的事情都做了，孩子什么都没有做过，当然什么都不会做，等到需要他自己去独立面对时，就很容易被一点小困难所打倒。父母要学会用适当的方式帮孩子掌握基本的生活技能，培养孩子的独立自主能力，而且要学会如何去保护孩子不受侵害，塑造孩子的心理韧性。

首先，塑造孩子的心理韧性，就是要教育孩子要经得起逆境和困难的磨炼。不经历风雨，怎么见彩虹，只有经得起风雨的洗礼，有意识地增强积极的心理态度，才能应对所有的困难和挫折。对于大多数的学生而言，考试的失败无疑是最大的打击。由于成绩的不理想导致自信心下降，自信心下降又导致很难应对所遇到的困难，一个恶性循环可能由此开始。此时此刻，家长要给予及时的疏导和鼓励。家长可以通过自己的经历、故事等，让孩子在轻松的氛围中深刻认识到凡事以积极的心态去对待，一切问题都可以迎刃而解。当孩子的心理韧性提高了，那么他在面对困难、挫折，甚至失败时，其个体适应与发展才会是良好的。

其次，试着教育孩子学会增强自我调适能力。在我们的家庭教育中，家长在夸奖时，应多去夸奖孩子的态度和行为，而不是结果。在做事的过程中，将孩子付出的努力、解决问题的态度，以及得到的成长等作为重点关注和认可的对象，并具体地跟孩子描述出来，如："虽然中间有点辛苦，但是你还是坚持下来了，这点值得我学习""刚才做这个事的时候，你认真的样子真的很帅哦"，用这样的方式去给孩子再次尝试的勇气，效果会更好。如果要摆脱因挫折产生的消极情绪的困扰，减轻心理压力，就必须通过合理的方式去调节自己的心理，提高自我调适能力。因为依靠自我的内驱力战胜挫折才是最有效的，所以在家庭教育中，教会孩子学会积极的自我心理暗示是一种最有效的方法。积极的自我心理暗示能调动一个人的潜能，令人振奋精神，集中注意力，去应付不同的挑战。人的心理十分复杂，经常受到外界情境的影响。尤其是在对抗、竞争这样冲突加剧的条件下,对手的好成绩,会造成你内心的紧张。而内心紧张,即便实力超过对手,也会束缚你潜在能力的发挥。积极地自我暗示能排除杂念、稳定情绪。"百米跨栏飞人"刘翔在发令枪响前会对自己说一些积极的话,从而鼓励自己勇攀高峰;2004 年雅典奥运会上爆出冷门,获得奥运冠军的网球选手李婷、孙甜甜,她们的成功也得益于心理教练对其进行的积极心理暗示。积极的心理暗示主要采用以自己和自己对话的方式来表达出内心的感受,自己激励自己,提醒我们哪些事情不去做,哪些事情要尽力去做好,这样做有益于我们集中精神做好我们期待的事情,达到预定的目标,实现自己的愿望。在遭遇挫折失败时,要努力调整好心态,不要总是给自己贴上失败者的标签,总被负面情绪所困扰,应把每一次失败当作积累经验的契机。在遭遇不顺和失败的时候,试着对自己说:"这已经是最糟糕的时候了,不会再有比这更倒霉的事情发生了""既然最糟糕的事都已经发生了,那么以后就该否极泰来了"等等。以这样的方式给自己信心,增强心中的安全感。

(三)面对挫折不妨教会孩子重新调整自我目标

对于小学生而言,挫折主要来源于学业挫折。而这一方面的挫折很多时候是因为孩子或家长所定的目标过高而导致的。当孩子因为预定的目标没有实现而遭受打击时,家长应当及时鼓励,并从帮助孩子学会接纳自己的不足,从反省自己的目标是否合理,从达到目标的途径是否恰当等方面,加以引导,教会孩子根据自己的实际情况及时调整自己的目标,这样做有利于减轻孩子的心理压力,从而发挥出孩子最大的潜能。

挫折教育不是刻意地给孩子挫折,而是帮助孩子建立乐观、坚韧的品性。乐观可以让孩子学会"在消极情境下作积极解读";坚韧可以让孩子学会"在遇到挫折时自我激励";希望则决定着孩子能否有效地实现人生目标,让孩子学会做事有方向,不虚度光阴。让孩子在遇到挫折和困难时能够勇敢地去面对,并拥有跨越障碍的勇气和积极的态度。家长的正确引导和教育正是这些正能量的来源。

德国儿童教育专家威茨格提醒父母说:"要让孩子的尝试取得成效,必须注重循序渐进的过程,注重孩子不同年龄段的不同特点,注重每个孩子的不同个性,并充分了解和尊重他们各自的兴趣喜好以及心理需求。"在威茨格的这句话中,我们可以知道,一开始让孩子做一些难度较小的尝试,可以让孩子在取得成功后提升自己的自信心,接着再渐渐增大尝试的难度,目的是让孩子在失败和挫折中培养不向困难低头的精神。在这一过程中要注意,孩子的种种尝试必须出于自愿,勉强或强迫只会事与愿违或事倍功半。

真正的挫折教育不是打击,而是正确地鼓励孩子,给他面对挫折和再次拼搏的勇气,让孩子知道自己的不足,引导孩子去接纳那个不完美的自己,鼓励他去尝试。孩子受挫时,可以给他一个拥抱或者是鼓励的眼神。

小学高年级学生青春期家庭教育策略研究

合肥市师范附属小学　张文霞

【摘要】

青春期是青少年身心发展的重要时期,小学高年级学生处在青春期前期,要想更好应对这一成长阶段中可能出现的问题,家长应该开展合理的家庭教育。本文以小学高年级学生常见青春期心理现象为基础,提出了四点青春期家庭教育策略,对小学高年级学生身心健康成长具有重要的意义。

【关键词】

小学高年级;青春期家庭教育;策略

小学的五六年级是小学的高年级阶段,这个阶段的学生年龄在 10 岁至 12 岁,正处在青春期前期。青春期是人生最关键的发育期和成熟期,是身体发育急剧变化的时期,心理也会随着生理变化而发生变化。在青春期阶段,孩子具有一些独特的心理特征,这对他们的身体发育、知识累积、品格发展、性格养成等都产生重要影响。如果父母能够根据这些心理特征的出现和发展调整教育方法,就可以化解亲子之间的冲突,帮助孩子顺利度过青春期。

一、小学高年级学生的心理特征

（一）自我独立意识增强

青春期的孩子常常认为自己就是一个大人,希望能够脱离家长的控制,实现自我独立。基于这样的心理因素,他会把成年人对他的约束和说教,当作自已获得独立的障碍。因此,他们经常不假思索地反抗父母和老师,甚至反抗一些权威人物,争取完全独立。在家庭中,他们往往会通过"蔑视"父母的言行,达到独立的心理需求,也往往会成为别人眼中的"杠精"。

(二)情绪变化剧烈

青春期是孩子情绪发展的关键过渡期,这一时期的孩子正处于情绪从简单到丰富的发展阶段,情绪十分不稳定。他们会出现情绪低落、情绪波动剧烈、喜欢发无名火等典型症状。此外,青春期的孩子还会追求情绪的自主性。在儿童时期,孩子的开心与不开心更多的是依赖父母的控制。而到了青春期,孩子开始有自己的想法,开心或是不开心是因为自己的情绪,不再是因为父母,这时候的情绪表达也会更强烈。

(三)自我评价过高或过低

孩子进入青春期后,随着对外界认识的不断扩展和生活经验的积累,开始关注和评价自己的内心世界和个性品质,并且凭借这些来支配和调节自己的言行,但其实他们的自我意识并不够稳定。在自我评价中,有时会夸大自己的能力,突出自己的优势,导致行为上的自满,听不进别人的意见。由于认知能力的缺乏,孩子看待问题往往是片面的、主观的,加上心理上的脆弱,一旦遇到暂时的挫折和失败,他们常常又会走入另一个极端,怯懦自卑甚至自暴自弃。

(四)同伴交往愈加重要

同伴关系是孩子青春期最重要的关系,同伴关系带来的影响是巨大的。通常,青少年会与同伴分享自己内心的想法,而不是父母。同伴在青少年的生活中扮演着紧要的角色,他们是孩子自我认同的参照或一面镜子。孩子是在与同伴的关系中,认识自己存在的价值,建立起自我认同的。如果一个孩子在青春期无法建立良好的同伴关系的话,将会有很大的负面影响。

在同伴相处中,青春期阶段的孩子往往产生攀比的想法。因为爱攀比,他们也会变得敏感、多疑,而不恰当的一些交友观念也会带来一些问题。例如,青春期的孩子为了融入群体,不得不遵循群体的意志,做一些他们平时不敢做的事情,因为他们害怕遭到排斥和忽视,并希望得到他人的认可。

（五）性别意识觉醒

青春期的孩子性别特征快速发育，性别意识日益增强。此时孩子的性别意识会使他对自己的言行举止、穿衣装扮开始注意，出现较大的性别区分调整。主要有两个表现，一是强化自己本身性别，刻意疏远异性同学，男生只和男生玩，女生只和女生玩。二是希望得到异性的关注，对异性产生好奇。

二、青春期的家庭教育策略

（一）隐退身份做"无为"的家长

孩子到了青春期，如果父母还像小时候那样事无巨细地为孩子安排好每一件事，只会出现两种可能性。一是孩子选择抵抗，因为他觉得如果他不能打败父母，就不会长大。很多孩子厌学不是因为不喜欢学习，而是为了抗拒父母，父母要他努力学习，他就不努力学习。因为他知道只有这样才能挫败父母，让父母无可奈何。父母可以直接帮孩子做决定，却永远无法代替孩子学习。另一种是孩子为了取悦父母而继续扮演孩子的角色，导致心理上出现"退行"的现象，放弃成长的权利，变得幼稚化。这样的孩子学习成绩优异，但是生活能力却比较弱。

所以面对青春期的孩子，父母首先应该放下权威的角色。青春期的孩子经常试图攻击家庭成员，以建立自己的权威和尊严。父母应该明确，既然孩子不想再当孩子了，自己就应该慢慢地从父母的角色上退下来。告诉自己的孩子，既然他已经长大了，有些事情他就需要自己去做。当他需要帮助时，可以告诉父母。如果不需要的话，父母也不会擅自干预，孩子得学会自己对自己负责。在孩子的面前做一名"无为"的家长，但也不要忘记在孩子的背后默默关注，以便在孩子需要的时候及时引导。

（二）不和孩子硬杠，避免情绪交锋

青春期的孩子情绪多变，最大的表现就是莫名其妙地发火，无法控制自己的情绪。假如父母因为孩子的上述行为而得到孩子不尊重自己这种错误的解读的话,那么为了维护作为家长的权威,面对情绪动荡的孩子,父母会更加愤怒,而孩子则会觉得自己不被爱,不被理解,对家长更加排斥,家庭大战一触即发。这种亲子之争的根本原因是父母和孩子认知的错位,两个人关心的根本不是同一维度。

当孩子情绪激烈时,父母要做的就是接纳并理解他的情绪,不要在孩子情绪激动时急于和他沟通。当与孩子发生矛盾冲突的时候,如"孩子不理人、吼家长",这些情形对于大多数家长都是极大的挑战。家长要随时对自己的情绪有所察觉,首先要稳住自己的情绪,可以尝试深呼吸,从1数到10,先稳住自己的情绪才是成功沟通的开始。如果家长自己处于暴怒的状态下,是无法有效与孩子沟通的。其次要倾听孩子的真实想法,不露声色地审视孩子的心理需求。如果是好的想法,家长要及时肯定、鼓励;如果是不够成熟的想法,家长可以循循善诱,引导孩子思考。在引导孩子的沟通中,少说道理,带着不批判的态度去沟通,要表示对于他情绪的接纳,但接纳情绪也不等同于认可他的行为,不与孩子的情绪交锋,孩子在情绪稳定后才更有可能按照父母的期望去校正自己的行为。如果家长提前告知孩子这么做有风险,他还想去尝试,只要后果不是很严重,可以允许孩子犯错。只有他知道自己错了,他才会总结经验。

(三)发挥"朋友圈"的正向影响力

10岁以前的孩子,没有选择司伴的意识,可以和任何人一起玩。随着孩子年龄的增长,到12岁左右,他们就有了选择的意识。他们会选择与自己有相同兴趣和价值观的朋友一起玩,形成固定的"朋友圈"。因此,一方面父母应该在人际交往中引导孩子,密切关注孩子的状况,并提供合理的指导。例如,经常在孩子面前称赞他朋友的优点,不仅引导孩子了解到朋友的优点,还让孩子感觉到自己得到了认可;家长不要轻易去否认孩子认可的朋友,否则你的否认可能会导致孩子不再愿意向你敞开心扉了。如果孩子已经与问题朋友长期相处,则引导孩子发挥自身能量,帮助朋友改正不足,一起进步。家长支持孩子交朋友,为孩子创造更多的交友平台,并对孩子提出具体而明确的底线要求。如不能和让你做坏事的人成为朋友等。另一方面,同伴交往是青少年发展自主性以及获得身份认同的一个过程，父母要给孩子足够的自由度，既掌握分寸又留足空间。

在异性交往方面，家长要知道青春期男女同学之间互相吸引的心理是正常的、健康的，要知道与异性接触和交流，不仅是青春期孩子的愿望，也是他们社会化过程的必修课。通过彼此的交往，他们可以了解异性，学习对方的优点和长处。如果发现自己的孩子与某个异性的接触过于频繁，可以找适当的机会提醒他们不要错过与众多的异性接触的机会，指导孩子学会跟异性相处的原则。

（四）帮助孩子认识青春期

青春期对于每个人来说都是成长过程中的必经之路，让孩子认识到自己正在进入人生中一个飞速成长的阶段。青春期生理与心理发育不同步，心理发育相对滞后及学习压力和不良习惯，有时会引起心理失调现象，如果处理不当会严重影响孩子的身心健康，所以家长也要帮助孩子认识到这一点，让孩子学会一些心理疏导方法。家长要教导孩子正确认识自己和接纳自己，逐步提高抗挫能力，努力调整自己的消极情绪，要积极地扩大人际交往的范围。教给孩子心理解压的方法：转移注意力、换位思考、主动寻求帮助等等。

言而总之，我们的家长都会面对青春期的孩子，每个孩子的情况又因人而异，需要家长不断学习，掌握青春期孩子的年龄特征，对于可能出现心理问题要早注意、早引导，未雨绸缪。每个人都有独特的生长过程，早进入青春期或晚进入青春期不存在对与错、好与坏的区别。在这个充满挑战性的阶段里，家长的理解、尊重、引导将是孩子平稳度过青春期的最好助力。

小学生自我效能感培养的家庭教育策略

合肥市师范附属小学　姚思琪

【摘要】

小学阶段是人形成自我效能感的关键期,但此时家长往往会忽视对孩子自我效能感的培养。本文从各维度对小学生的自我效能感展开分析,并为家长对孩子自我效能感的培养给出有效的、具有实操性的策略。

【关键词】

心理健康教育;自我效能感培养;家庭教育

美国当代心理学家班杜拉在 1982 年提出了"自我效能感"这一概念。班杜拉认为,"自我效能感"是人们对自身能否利用所拥有的技能去完成某项工作行为的自信程度。在当下"重学习,轻心理"的教育现状下,部分家长错误的教育观念和方式,会影响孩子自我效能感的形成,甚至造成了许多负面问题,以至于影响孩子的未来发展。

一、小学生缺乏自我效能感的表现

当今时代,家长对孩子的教育重视程度,随社会的发展而提高。但当教育仅仅与成绩挂钩时,孩子的心理问题便随之产生,其中不可忽视的便是孩子自我效能感的缺失。

(一)消极的自我评价和学习态度

家长、老师的不信任,偶然的失败,周围同学的过于优秀等,都会导致孩子产生消极的自我评价。"我不行""我不能"是他们惯常的心理暗示。自我效能感低的孩子会因为缺失学习方面的信心,从而对学习活动和学习的结果产生不可控制的心理。因此,他们在确立学习目标时,总是会给自己提出非常低的要求。在学习的过程中,一遇到问题和困难,更多的选择是放弃和回避,而不是努力寻找办法解决问题。在晕轮效应下,这种消极的暗示,会让孩子渐渐忽视自己原本的优点,从而更加不自信。

（二）人际交往主动性缺乏及幸福感缺失

忙于工作的父母,会疏于孩子社会性的教育,很少带孩子与同龄人相处。因此,孩子渐渐习惯一个人的状态,不愿也不会主动与他人交际。尤其是天生性格内向的孩子,他们会害怕交际失败,而选择拒绝与别人主动交往。长时间的自我封闭,不仅会让孩子减少自我能力发展的机会,更会降低孩子自我效能感在情绪上的调节水平。这些孩子以负面情绪为主导,当他们遇到交际困难时,可能会倾向于采用否认或压抑等不良情绪调节方式进行调节,因此他们难以体验到良好的主观幸福感。

二、小学生自我效能感低的原因

（一）家长的过度期待

孩子的心理世界本是阳光健康的,他们不自信的心理状态大多源于家长的各种非理智的极端反应:为了提高孩子的成绩,每天逼着孩子学到很晚;孩子考试成绩下滑了,立马对着孩子大声吼叫;把孩子塞进辅导班,试图用"拔苗助长"的方式来取得好成绩……无论孩子付出何种努力,只要结果不尽如人意,便开始贬低孩子,甚至拿孩子和别人进行比较。于是,孩子的自卑心理便开始萌生了。

（二）家庭生活水平的差异

即便处于同一学校甚至同一班级,学生的家庭生活水平状况也是各不相同的。生活水平体现在学生衣食住行等各个方面,学生之间潜在的攀比也会不停地滋生。甚至不起眼的文具,都会让部分孩子的心理产生失落等负面情绪,久而久之,就形成了自卑的心理。这类孩子,他们在遇事时,通常会表现得唯唯诺诺、不自信、不大方。

(三)单一的教育评价

应试教育下的学校在评价学生时,以考分的高低为主要标准,评价主体以教师为主。因此,评价标准及评价主体是存在一定局限性的。这一情况会导致在学习上一般或较差的学生得到的评价总是负面的,从而让他们逐渐失去信心。

三、小学生自我效能感培养的重要性

(一)有利于塑造学生健全的人格

“立德树人”是教育的根本任务,而小学作为义务教务的起始阶段,更是学生人格养成的关键阶段。想要培养出人格健全的社会主义接班人,就必须让孩子有充分的自信。

(二)有利于提高学生抗挫折的能力

没有人的人生是一帆风顺的,当孩子面对挫折时,自信心便是他们战胜挫折的法宝之一。自我效能感高的孩子,他们会给予自己积极的心理暗示,选择较为困难的任务,并且鼓励自己挑战困难。成功的经验,会让他们愈加自信;失败的教训,也会让他们为下一次的挑战汲取经验,从而形成良性循环。

(三)有利于提高学生人际交往的主动性

人是社会性动物,人的自我价值存在于在集体认同下。因此,帮助孩子自主迈出人际交往第一步的,便是源自内心深处的自信。在与他人的交往中,会加深孩子对自我身份的认同感。在一次一年级的语文课堂上,我和孩子们正兴高采烈地做文字游戏,只有一个孩子傻傻地看着别人,并未参与其中。问其缘由,孩子怯怯地说:“我好像不会做游戏。”与其父母沟通后,家长便带着孩子经常性地外出,帮助孩子增强其社会性。很快,融入群体的孩子变得自信了,也更愿意主动与他人相处了。

四、小学生自我效能感培养的家庭教育策略

较高的自我效能感是心理资本之一。因此,培养孩子的自我效能感,是学校的育人任务,更是家长的家庭教育目标之一。而自我效能感的培养,应遵循以下原则:赏识鼓励是前提,活动竞争是手段,体验成功最关键。

(一)赏识鼓励,助孩子自信自尊

孩子自我效能感的培养、阳光型性格的形成,离不开外界的赏识与鼓励。而赏识教育,就是通过赞赏孩子的行为过程和行为结果,来激发孩子的兴趣,促进孩子能力和性格的发展。一般来说,小学生的自我判断水平总体较低,家长、老师、同伴(即外界)的评价或暗示是小学生自我评价的基础。孩子是需要从他人给予的肯定或赞赏中去获得自信的。

著名的美国儿童心理学家德雷克斯说:"孩子需要鼓励,如同植物需要水一般。"当孩子在完成某项任务时,已付出努力或已尽力去做了,却仍然达不到目标时,就需要获得更多勇气从而继续完成任务。这种勇气的来源,就是我们给予他的肯定和鼓励。在语言上可以这么表达,如:"成事贵在坚持,再往前走一步说不定就成功啦!""这段时间你的努力我们都看在眼里,不要放弃,回报会在下一次的考试中出现!""加油呀,你一定能完成! 我们为你骄傲!"……

(二)活动竞争,帮孩子自信自强

在平时生活中,家长可以给孩子设置一些竞争环境。比如,家里有两个孩子的,可以让他们比一比谁做家务活做得快;也可以在周末的时候,爸爸妈妈和孩子来一场竞赛。这些竞争无论是学习、生活、体育等方面,都可以,主要是在活动中挖掘孩子的闪光点,培养孩子的竞争意识。

当然,我们也不能忽视对孩子进行意志品格的教育和训练,要及时帮助孩子树立正确的竞争观,使孩子明白:在成长的过程中,遇到挫折和困难是再正常不过的;在竞争的过程中,失利也是暂时的,更是难免的。我们要让孩子学会用

平和的心态以及相信"我能行"的自信投入竞争中,也要用积极和勇敢去对待竞争中可能面临的失败。

(三)体验成功,让孩子自信自豪

个体行为的结果(成与败)对自我效能感的形成的影响是最大的。成功的经验能够提高个人的自我效能感,反之,多次的失败则会降低个人的自我效能感。因此,培养孩子的自信心,最关键的是让孩子体验成功的快乐。在此基础上,俄国教育家维果斯基提出了"最近发展区"理论,他认为学生的发展有两种水平:一种是学生的现有水平,指独立活动时所能达到的解决问题的水平;另一种是学生可能的发展水平,也就是通过学习所获得的潜力。两者之间的差异就是最近发展区。比如:一个孩子在规定时间内能做对 5 道题中的 3 道,家长加以引导和帮助后,孩子能做对 4 道,而相差的这 1 道题,就是这个孩子的"最近发展区"。

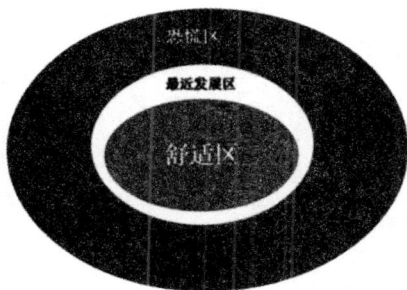

舒适区:你已经非常熟悉的领域,不需要再学习。

恐慌区:对你来说太困难的领域,你学不懂。

最近发展区:比你已经掌握的水平刚好难一点点,最适合你的学习和进步。

因此,目标任务的选择就非常关键了。家长要根据孩子当下的生理特征、现有知识水平等特点,先选择较低的目标,让孩子稍稍努力一下,感受成功的快乐,然后提高目标难度,让孩子逆流而上,最终到达胜利的彼岸。

在活动告一段落之后,家长还应给予适当的评价,比如:"果然,勇于挑战的你真的很酷哦!""不要灰心,努力就是胜利,下次我们再试试!"等等。不要过分在意努力的结果,只要孩子积极参与了活动,接受了挑战,即使目标没有达成,也应进行及时的肯定和鼓励,使其更加阳光自信。

五、结论

　　综上所述,在孩子自我效能感形成的关键期,家长要时刻关注孩子的心理状态。通过对家庭教育策略的实践,找到适合孩子的方法,帮助孩子树立自信心,铸就孩子的健康人格。相信,"自信"会像一盏明灯,照亮孩子一生的道路。

如何缓解小升初阶段学生焦虑心理的家庭教育策略

合肥市师范附属小学　邵青兵

【摘要】

小升初在每位学生的求学生涯中,都是一个重要的转折点。他们的生理和心理都在经历着巨大的变化,他们的人际交往也由注重亲子关系向注重同伴关系过渡。这时的他们显得急躁、冲动,有时又显得迷茫、无助,容易产生焦虑心理,如果得不到及时的帮助,可能会带来严重的影响。本文就小升初阶段学生的焦虑心理进行了简单分析,并就家庭教育的相关策略进行了初步探讨。

【关键词】

六年级学生;焦虑心理;教育策略

小升初在每位学生的求学生涯中,都是一个重要的转折点,也是一个很微妙的时期。在这个时期,学生的精力充沛,求知欲强,对未来充满无限向往。但是这一时期的学生因为进入青春期而出现许多值得探讨的现象。这一时期的学生觉得自己已经是个小大人了,事事追求独立,勇于探索尝试。但是,由于他们的社会实践少,经验不足,且辨别能力不强,看问题易带片面性和表面性,常常导致事实结果与自己的主观意愿不一致。因此很容易出现许多情绪上的问题,其中焦虑心理就是一个尤为值得学校和家庭关注的问题。

一、小升初阶段学生焦虑心理现象及分析

焦虑紧张在小升初阶段学生身上普遍存在,也是小升初阶段学生最容易出

现的一种不良情绪。焦虑是指一个人在面对自己预感无力应付或无法避免的不利局面时所产生的一种紧张、不安、恐惧的体验。

笔者结合自己的工作经验,试着将小升初阶段学生的焦虑心理分为以下几种类型,并对其产生的原因进行初步探讨:

（一）自责倾向型的焦虑心理

自责倾向型的焦虑心理在小升初阶段学生身上表现得尤为明显。例如,在与学生的书面交流中,有学生曾这样陈述:

"每次当我考试考不好时,我都十分后悔,总怀疑自己是不是脑子太笨了,感觉对不起爸爸妈妈。"

"以前,我觉得自己还挺多才多艺的,可现在一到学校联欢、班级联欢时,才发现其他同学比我做得好多了。唉,为什么我做不到呢?"

"当我被老师或家长批评时,我会很恨我自己。同时也恨他们,他们为什么不能理解我呢?"

"我现在很害怕考试,因为一考试,我就紧张,怕自己考不好。"

……

所谓自责就是责备自己。这种心理往往是受悲哀和忧郁情绪支配的。从"自责倾向"的成因来看,大多与学习上的压力、教育者的过分指责、家长的严厉惩罚以及教育者的成人化要求与低龄化管教方式有关。小升初阶段的学生正处于刚刚开始强烈要求确立"自我"的年龄,面对各种压力、指责和惩罚,往往会引起他们的反感和敌意,同时导致他们自我认识上的混乱,而他们也会因不能很好地确立"自我",从而产生悲哀和忧郁的情绪。在失去憎恨目标的情况下,就转而形成"自责倾向",这种倾向走向极端就会过低评价自己,自责、自我鄙视、自我轻蔑。逐渐表现出在学习和人际交往等方面的自卑心理。

（二）冲动倾向型的焦虑心理

冲动倾向型的焦虑心理是小升初阶段学生的又一个显著特征。例如,有的同学在谈到这一点时说:

"我觉得我以前的脾气很好啊,可不知道为什么这一段时间脾气越来越不好了,经常会无缘无故地发脾气,生气,想发泄。"

"每当我很烦时,我就想发脾气。"

"我心情不好时想和同学打架。"

还有些同学表现在开始喜欢说脏话、搞破坏,和同学发生矛盾时,动作具有伤害性,且不顾后果。

冲动倾向型焦虑心理的产生有些是气质因素,先天具有冲动性和情绪易变性,但大部分是由于内部的焦虑倾向所致。小升初阶段的学生活动能力有了很大的提高,认识和评价能力也有了一定的发展。这样,他们会迫切希望有更多自我支配和自主活动的机会,以满足他们体能上的释放和认识上的需求。如果这种愿望不能得到及时的满足,再加上内部的各种焦虑,就必然会产生内心的冲动倾向。这种冲动倾向若不能通过正常的积极的渠道疏导,他们就必然会自觉或不自觉地通过不正常的消极的渠道宣泄。

(三)困惑迷茫型的焦虑心理

困惑迷茫的焦虑心理是小升初阶段学生的另一特征。如:

"班级里的男孩现在都很高,可我是个矮个子的男孩,看上去就像个木炭,我什么时候才能够长高呢?"

"以前我和同学们的关系都很好,可到了六年级,不知道为什么他们不和我玩了,有时我也想和他们说个笑话,可最后都很尴尬。"

"同学们都在讨论上哪所初中,其实我也不知道该上哪所初中,我想和我的好朋友上同一所初中,但我爸妈非要让我上另一所初中,说那所初中好,他们是为了我好,唉!"

"以前,我觉得我们班里有些同学挺讨厌的,但马上就要毕业了,我怎么有点舍不得他们呢?"

有困惑迷茫型焦虑心理的学生大部分都是班级里原来的那些"佛系学生"。他们自我意识不强,在人际交往中一般属于服从型。在小学的前期学习生活中,应试压力很小,他们很适应。但是到了小升初阶段,因为择校考试的临近而要开始面对分数和升学问题,更开始忧心忡忡,紧张害怕,复习功课时不能集中精力,老是担心自己考不好。另一个使小升初阶段学生产生困惑迷茫焦虑的主要原因是,小学生活模式即将结束了,要进入新的生活模式,学生面对新的事物而产生了不可避免的心理问题。小升初阶段的学生对于未来的学习生活其实是充满了好奇,同时也满怀忐忑的心情。他们要离开生活了六年的小学校园,离开熟悉的老师和同学,即将面对一个新的环境,这个环境会怎么样呢?伴随着各种猜测、遐想,担心、焦虑、紧张也同时出现。

二、缓解小升初阶段学生焦虑心理的家庭教育策略

越来越多的案例告诉我们,小升初阶段的学生不管是生理还是心理,都处于动荡期。他们极容易产生焦虑心理,而产生焦虑心理的原因,也因个体的不同而迥异。作为老师和家长,我们要积极关注小升初阶段学生焦虑心理。作为一名小升初阶段学生的家长,我们除了积极关注以外,还可以做些什么呢?笔者认为可以从以下几点做起:

策略一:合理关注孩子的学习

1. 加强正面的教育

小升初是小学阶段最后一个时期,由于学习任务的加重,毕业、择校考试的压力,小升初阶段学生难免会产生焦虑的心理。这时作为家长,我们要经常和孩子谈话聊天。发现孩子有怨言、负面情绪时,要及时进行疏导。要让他们懂得,不努力、不吃苦就不会有收获。最好能和他们一起制定一个小目标,如赶超班级哪位同学,考上哪所初中。同时也要善于发现他们细小的进步和点滴的闪光点,对他们通过努力得到的进步要及时进行表扬、鼓励,使他们有更多的乐趣投入到紧张的学习当中去。

2. 理性看待孩子的成绩

对于孩子在校的情况,家长更多关注的可能是他们的学习成绩。但如何正确地看待孩子的学习成绩呢?笔者认为主要要看孩子有没有尽到最大的努力。学习成绩的好坏,受制于很多方面:有学习方法的不同,有个人的理解能力的差

异,更有原生家庭的差距。所以,我们要正确看待孩子的成绩,告诉孩子主要是自己与自己比,只要尽了最大的努力,定然会有个优秀的成绩。

策略二:懂得关爱孩子

1. 关心孩子的身体

由于临近毕业,学习任务的加重,孩子的消耗比较大。因此,这段时间可以适当给孩子增加营养,以防孩子生病。另外,要保证孩子充足的睡眠时间,到一定的时间要提醒孩子赶紧休息,以保证第二天有更好的精力投入学习。

2. 创设一个良好的家庭氛围

心理学研究表明:良好的家庭氛围对孩子的学习有很大的帮助,而不良的家庭气氛则会降低孩子的学习效果。如家中夫妻关系比较紧张的孩子,心理承受能力较差,容易自暴自弃;而家中夫妻关系和睦的孩子,心理都比较阳光,积极乐观,人际关系很好。所以,做家长的要为孩子创造一个和谐的家庭环境。即使有时碰到不顺心的事,也要努力克制自己,以免影响孩子的情绪。

策略三:善于交流沟通

小学毕业前夕,学生的思想波动较大,这个阶段的家长要多与孩子沟通,多与孩子交流,了解他们的喜怒哀乐,真正从思想上、情感上了解他们、关心他们、帮助他们。每个孩子都需要关爱,作为小升初阶段学生的家长,我们要有这样的意识:这时的孩子,并非只要让他吃得好、穿得好就好了,更多的是要抽空多与他们谈谈心、说说话,了解他们在学校的一些情况,同时也让他们了解自己的辛苦与烦恼,多与孩子沟通、交流,孩子会与你无话不说,渐渐地也会与你建立起深厚的感情,这也能让孩子更健康地成长。

家校共育背景下培养小学生时间管理策略的研究

合肥市师范附属小学　范莹

【摘要】

当今社会对人才的时间管理能力越发看重,家长可以通过"明确任务、估算时间""现在就开始""直面困难""制订时间预算"这四个策略来帮助小学生从小树立时间意识,培养时间管理的能力。

【关键词】

明确任务;估算时间;现在开始;直面困难;制订时间预算。

近些年,随着国家和社会对人才的需求越来越大,高等学校升学压力逐年递增,随着"五项管理"和"双减"政策的出台,小学生除了完成自身的课业之外,还要参加各种艺术体育方面的课程学习,长大之后才能在这个充满竞争的社会中立足。为了经受住这些考验,对小学生时间管理的要求越来越高,我们家长如何帮助小学生从小树立时间意识,培养他们时间管理的能力,这也是家校共育中培养小学生自学能力一直想探讨的重要部分。

一、家校共育背景下小学生时间管理的重要意义

（一）社会发展对时间管理的要求越来越高

当今世界是个开放的、多样的、信息化的多元素时代,每人每天都会接收来自各个方面的大量信息,如何在这些繁杂的信息中快速提取出对自己有用的内容,时间管理就显得尤为重要,如果从小就能培养这种良好的时间管理能力,对

孩子一生都是受益无穷的。

(二)升学、就业压力对时间管理的要求越来越高

近年来,高等学校升学压力逐年递增,新高考政策下,更看重个人对未来职业方向的选择和规划,学生从小就要培养自主学习的好习惯,其中时间管理就显得尤为重要了。

(三)培养小学生时间管理能力时,家庭教育和学校教育要相辅相成

在学校,教师的教育过程中必然会使用各种教学方法来提高学生的学习效率和自主学习的意识,但教师面对的是全体学生,加上小学生年龄小,因此教师在学校无法监督到位、一一指导。这时,家长的思维习惯和生活方式,会影响小学生的时间管理,因此家长更需要有意识地培养孩子在这一方面的能力。

二、家校共育背景下培养小学生时间管理的四个策略

每一位家长都希望自己的孩子能够学会管理时间,殊不知"时间不会服从任何人的管理,它只会自顾自地流逝"。我们无法管理时间,我们真正能够管理的,是我们自己。家长们想要自己的孩子能在有限的时间内完成更多的事,需要做的就是用"正确的方法做正确的事情"。这里有四个策略可以培养小学生时间管理的能力。

(一)明确任务,估算时间

明确任务、估算时间指的是当确定任务后,正确估算完成任务所用的时间。

家长在工作和生活中不可避免地也会遇到这样的问题:一旦开始某项工作,就会发现"突发事情"接踵而至。换位思考一下,我们的孩子在他们这个年龄段还没有形成时间概念的情况下,他们如何能做到合理估算时间呢?

1.先让孩子直观地认识时间,了解时间

家长可以通过手机的计时器,或者买几个造型不同的沙漏,通过平时生活的引导,树立起孩子的时间意识,如刷牙洗脸5分钟就可以完成,吃饭需要20—30分钟,经常带孩子完成1分钟计时的亲子游戏活动,在生活和游戏中孩子渐

渐对时间有了概念。

2. 学习时，家长可以帮助孩子计时

这种计时开始要细，比如孩子完成一项语文抄写生字的作业需要多长时间，根据正常作业量，这个时间不会超过 10 分钟；数学一面练习可能需要 20—30 分钟；每日英语读写可能需要 10 分钟。孩子在第一次做某项作业的时候，家长都需要给他计时，这样不仅可以帮助孩子正确估算完成任务的时间，也能帮助家长了解自己孩子的学习能力。因此这种计时，就是要让孩子知晓，在专注的情况下，在他能力范围内完成熟悉的或者陌生的任务需要的时间。

要想提高估算时间的能力，家长还要帮助孩子从小开始养成习惯：做任何事情之前先确定任务的熟悉程度（或陌生程度），再据此判断估算完成任务所需要的时间。渐渐地，孩子对时间越来越熟悉，越来越了解，也就和时间成了朋友。

（二）"现在就开始"

人一生的两笔财富是你的才华和你的时间。越会合理使用时间，就越能收获无数的才华。对于才华一直没有增长的人来说，多数人都很轻易地相信"真的没时间"，其实问题是我们把大量的时间都浪费在拖延上了。"拖延"一词最早出现在美国人类学家爱德华·霍尔于 1942 年出版的书里，意为"推迟至明天做"。

有很多爱拖延的人，无论是成年人还是儿童，不是他们不愿意做，而是在还没开始做的时候，就觉得自己做不好，有难度，怕犯错。在面对孩子的拖延行为时，家长需要明确而肯定地告诉他——"现在就开始"。从小就要培养他大胆尝试的性格。"现在就开始"讲的是行动力。只有尝试做了，才知道自己真正的实力；只有开始做了，才知道自己的不足；只有坚持做了，才有可能能获得最后的成功。当然，以更快的速度去行动不一定能获得最终的成功，但迟疑不决注定不能将事情做成。对于一名绝不拖延的行动者来说，"现在就开始"是最好的选择。如果孩子开始了却没有做好，父母也不能过分指责孩子，要给予帮助和鼓励：帮助他营造一个可以专注任务的环境（因为专心致志意味着排除情绪干扰),鼓励他积极行动(言语鼓励和物质鼓励)。家长只有这样做了,才能从小培养孩子的行动力。

(三)直面困难

自从开始实行"课后三点半"服务后,大部分孩子每天都能在学校里完成作业,都具有良好的行动力,但是如果有一天语文老师布置了作文这项作业,孩子们的作业完成率就会大大降低,因为这项作业难度大。作文是一项创造性的作业,需要时间去构思。这件事让我们知道,孩子的效率低下并不是他们不努力,而是因为这件事他不会,觉得难。造成效率低下的根本原因是:回避困难。作为家长,在得知孩子一件事没有做好或者遇到困难的情况下,应该怎么做?

1. 不责怪

如果责怪,以后你的孩子在遇到问题的时候不仅不会第一时间找你倾诉,可能还会因为你的情绪变得暴躁而隐瞒事实的真相,甚至会撒谎掩盖。这样问题不仅不能够得到解决,反而会让孩子形成不好的行为习惯。

2. 和孩子一起分析问题的原因,寻找解决问题的办法

就拿写作文这件事来说,在孩子遇到写作困难的时候,作为家长应该先问孩子,老师上课的时候是怎么讲解的(这样可以帮助孩子回忆课堂老师讲授的方法),再问问孩子自己有什么想法(培养孩子独立思考的习惯)。孩子的生活经历有限,家长可以在选材中给出意见,并且在今后的生活中让孩子留心观察,积累写作素材。经过一番谈话,大部分孩子的困难都能得到解决,写起作文来就会一气呵成。其实家长在这一过程中并没有包办代替,只是帮助孩子解决了写作的困难,大部分任务还是孩子自己独立完成的。家长还可以偷偷计时,从谈话开始到写作完成,只花了40分钟,让孩子知道写作文这件看似很困难的事情,实际只需要花费40分钟就能完成,一次两次三次,久而久之这件事做起来就得心应手了。

有困难才有成长。人生路上谁都会遇到困难,关键看他们怎么去应对。总之,面对困难不能退缩,要坚强,要学会寻求帮助,要放松自己,要学会自我激励,要有足够的耐心,一步一步地去解决困难。

（四）制订"时间预算"

小学生从小就需要养成制订"时间预算"的好习惯,也就是制订学习生活的时间计划表。

在制订"时间预算"时可以借用《正面管教》中"建立日常惯例表"的方法:

1. 和孩子一起建立日常惯例表;

2. 积极思考自己某一时间段需要完成的事件的清单;

3. 画出来或者拍成照片,选择孩子喜欢的方式让他直观地感受他的时间都用到哪里去了;

4. 将每天必须做的事件排序;

5. 把制订好的"时间预算"贴在自己喜欢并容易看得到的地方;

6. 试行一周后调整。

罗列这些活动的时候,就会让孩子的大脑自动开始估算完成每项活动需要花费的时间了,因为小学生年龄小,每天所需要做的任务不会很多,但如果在小时候就养成这种好习惯,随着年龄的增长,面对未来不断增多的任务时,就会游刃有余了。

三、四个注意,帮助孩子制订"时间预算"

小学生在制订一份详细的"时间预算"时,家长们还需要注意以下四点:

（一）"我"的时间"我"做主——充分征求孩子意见,提高孩子的积极性

兴趣是撬起地球的支点,孩子是学习任务执行的主体,孩子的兴趣决定了学习任务实施过程中的效率。因为这个学习计划表的主角是孩子,让孩子参与制作他们的学习计划表会提高他们的归属感和成就感。所以家长在给小学生制订计划之前,应该充分征求意见,倾听心声,在沟通中了解他的想法——他想要一个什么样的计划。把孩子的意见全部记录下来,让孩子感觉到自己真的有发言的权利,真的被尊重。之后,我们可以再来看看是否合理,然后进行一下筛选。我们尽量让他自己去想,可以用启发式提问和鼓励这样的方式帮助孩子思

考接下来要做的事情。

(二)属于"我"的私人定制——根据个人目标和能力来制订计划

这份学习计划是独一无二的,是专属孩子的计划。家长要做一个有心人,要了解你的孩子一天当中最佳的学习时间是什么时候,要充分考虑孩子的具体情况。每个孩子的行动力不同,因此家长在制订计划前,可以利用计时器记录孩子做一件事所需要的时间,让孩子明白哪件事情用时较长,哪件事情用时较短,哪些事情结合起来做就大大节省了时间。弄清楚这些事,再制订计划,可以提高效率、事半功倍。同时,还可以根据自己孩子的需要,提出一些小目标,这些小目标可以是改正一些小缺点(比如握笔、拿筷子的姿势不正确,不能坚持早晚刷牙等),可以是保持一些好习惯(比如早睡早起、每天坚持运动、努力提高自己的特长等),还可以是弥补学习上的一些薄弱之处(比如注意力不集中、记忆力弱)等。

(三)"孩子,你慢慢来"——时间安排要有弹性

作家龙应台在《孩子你慢慢来》这本书中向我们展示了一位可敬的母亲用爱用心感受孩子成长的美好等待。虽然现在社会节奏很快,但孩子的成长过程还是不要急于求成。孩子很难坚持下来高强度的学习计划,计划安排上尽量做到张弛有度,每一个学科可以以半小时为单位,学科过渡时要保证适度的休息。小学生学习25分钟,休息5分钟我认为是比较合理的,短暂的休息可以让学习更加专注(这25分钟要全身心投入任务中,力争头不抬,手不停,嘴不动;休息的5分钟用来喝水,上洗手间,看看远处或绿植,和家长聊聊天等)。孩子在规定时间内完成任务应及时奖励,肯定过程中做得好的地方。

(四)"父母是最好的老师"——家长要以身作则

孔子曰:"其身正,不令而行;其身不正,虽令不从。"如果你想让孩子改掉一个坏习惯或者养成一个好习惯,最好的方法就是"交换"。这里的交换不是用奖品来交换,而是让孩子也指出自己的一个缺点,和孩子同时纠正,互相监督。我们的孩子需要被尊重,被公平对待,家长在给孩子制订计划的同时也可以给自己制订一个目标、一个计划,做到以身作则、率先垂范。绝对不能"双标要求",

一边要求孩子按计划执行，另一边自己却玩着游戏、刷着抖音。不要羡慕别人家的孩子，因为别人家的孩子有自律的父母。

四、培养孩子的时间管理就是"用正确的方法去做正确的事情"

李笑来说："不管在哪个领域，孩子的学习也好，我们的工作也罢，长辈们的建议总是'戒骄戒躁'，虽然把'戒骄'放在前面，但'戒骄'其实是有了一定成绩之后的事情，对于大多数人来说，首先要'戒躁'，才有机会'戒骄'。"想让孩子自主学习，不是一个短期可以解决的问题，家长需要让孩子学会"用正确的方法去做正确的事情"，这样才能和时间做朋友。这四个策略可以促进小学生自主学习习惯的培养。如果做到以上四点，孩子们每天的学习时间不需要很多，而可以获得更多的时间去做自己喜欢的并且有意义的事情，学习生活两不误。如果孩子在规定的时间范围内能高质量地完成学习任务，不仅可以巩固知识，甚至可以超前学习。希望这四个策略能给家长在培养孩子时间管理能力上带来一些帮助。

如何帮助学生建立自我效能感

合肥市师范附属小学　邓义景

【摘要】

自我效能感是影响个体成长、发展的重要因素,但在实际调查中显示,儿童的自我效能感与社会要求、父母期待、自我发展不相适应。家长们的高期待、高压力等不当教养方式,儿童自我意识的缺失,导致儿童的自我效能感没有正确发展。自我效能感是人健康成长、努力学习不可或缺的因素,因此家长与儿童要平等协商,共同努力,积极寻找方法,帮助儿童提升自我效能感。

【关键词】

自我效能感;儿童存在问题;儿童提升策略

一、自我效能感的意义

(一)什么是自我效能感

自信、自尊、自我效能是儿童自我认知结构中的重要组成部分。其中自我效能指人们对自己实现特定领域行为目标所需能力的信心或信念,它不只是个体对即将执行的活动的未来状态的一种事先预估,还会影响到个体在执行这一活动中的动力心理过程功能的发挥①。简而言之,自我效能感是指,一个人对自己将要进行的某项活动是否能成力而进行的预测判断。

(二)自我效能感的重要性

一些学者指出,儿童的自我效能感与其学业水平呈显著相关。自我效能感

---

① 班杜拉.自我效能:关于行为变化的综合理论[J].教育评论,1991(6).

的建立,不仅作用于他们近期的学习水平,更影响其长远的学习目标。自我效能感的高低决定着个体的行为倾向,当个体相信自己可以通过努力取得成就时,就会有战胜困难的动力。

儿童的自我效能感渗透在生活的各个方面:儿童能判断出自己能否完成学校老师布置的任务、能否掌握某项技能、能否听懂某个知识点等等。当一个儿童具有高质量、高水平的自信、自尊以及自我效能感时,他就能很好地调控自己的情绪,正确面对并且克服在学习上遇到的压力和挫折。

二、儿童自我效能感缺失的影响

儿童的自我效能由其家庭经历、社会经历、自我认识与评价构成。近年来,儿童的自我效能感越来越受到社会关注。然而根据调查显示,我国青少年儿童普遍存在"自我效能感不足"的问题。

(一)社会问题

儿童作为祖国未来的花朵,肩负着建设中国特色社会主义道路,实现中华民族伟大复兴的历史使命。但一些研究表明,儿童自我效能感的整体水平与时代的要求并不相适应,与他们所要承担的社会使命之间,存在着较大差距。一些儿童现有的自我效能感不足以支持他们在未来有能力推动祖国的发展。

(二)家庭矛盾

在教养子女方面,中国父母似乎是"事倍功半"。据一些家长反映,父母在儿童的成长学习上,投入大量的时间、精力、金钱,但其结果和父母的预期大相径庭。儿童不够自尊,缺乏自信,自我效能水平低下,面对学习提不起精神,学习效率低,没能达到父母的要求。在网络上,我们经常听到父母倾诉、抱怨教育孩子的艰辛。在父母辅导孩子学习的过程中,经常起冲突,甚至爆发家庭战争,导致亲子关系紧张。

(三)儿童成长失衡

幼年时期,儿童对世界上一切事物充满好奇心、求知欲,是名副其实的"十万个为什么"，教育塑造、培养儿童的内在人格。随着年龄的增长，受教育水平的增加，儿童的自我效能感也能日渐增加。然而，曾经充满冒险、探索精神，什么都想尝试、什么都敢尝试的儿童，在接受过义务教育阶段的小学教育后，他们中的一些人的自尊、自信、自我效能感非但没有得到相应的提升，反而降低了。这与他们的自身发展并不相适应。

三、儿童自我效能感缺失的原因

（一）儿童错误的自我认知

一些调查显示，儿童烦恼事件的榜首是"学业水平过低"。尤其值得关注的是，在对自己学习的负面评价中，有不少孩子用"学习太差了"这样的"全称判断"来评价自己的学习状态。在采访儿童，让其对自己评价时，有儿童称："学习的知识越来越难，前一阶段的学习中还欠了旧账，新一阶段的内容也力不从心跟不上。"部分儿童对学习有很大的恐惧感，长久的"学困"让儿童面对学习时会有很深的挫败感和无力感。更有一些孩子称："我很担心自己成绩不够好，一直提不上去，父母老师不喜欢我，我觉得我并不是一个好孩子。"

（二）父母不当的教养方式

家庭教育，是所有教育中最核心、最关键的部分，在人的幼年时期承担着启蒙教育的职责。因此，家庭教育中，父母的情感、温暖、理解，很大程度上影响儿童自信、自尊、自我效能感的建立。当家长采用过分严厉、专制的教育方式，或者溺爱、过分干涉、保护等的教育方式，都将不利于儿童的自我效能感塑造。

在家庭教育中，父母需要注意，如果不能正确看待儿童的行为，以短期目标、当时行为来粗暴地教育儿童，传达负面情绪，会降低儿童的自信、自尊、自我效能水平。孩子在某段时间不认真学习，父母通过单纯的打骂提高了孩子的成绩，短期内教育取得了成功，但是从长期、发展的眼光来看，孩子可能只是因为父母老师的要求才去学习，并非主动自愿地学习，长此以往会产生厌学的心理。简单粗暴的方式让短期目标达成了，却忽略了孩子的人格心理塑造。

（三）外界单一的评价方式

在学龄前，外界评价一个孩子是多方面的，他的运动能力、交往能力，甚至做一个手工、背一首诗、唱一首歌，都会让他获得十分优秀的评价。而步入小学阶段开始，老师、家长、社会在评价儿童时，更倾向于将学业成绩作为最重要的指标，也是同学之间互相比较的最重要标准。只有少数优等生才能达到这一标准，未达到标准的儿童在学习中丧失信心，自我效能感逐渐消退。

正确培养儿童健康的心理素质，帮助孩子正确认识自己，提升自我效能感的重要性不言而喻。

四、提升儿童自我效能感的对策

（一）家校合力教育

从培养儿童的角度来说，学校教育和家庭教育目标是高度一致的，二者如果不能形成合力，儿童会无所适从，在家庭教育的方式和学校教育的要求之间迷茫，难以塑造正确的价值观念，教育的结果反而会出现 1+1<2 的尴尬情况。因此，家庭和学校要形成一股合力，共同承担起促进儿童发展的责任，要帮助儿童同时获得好孩子和好学生的身份。探讨教育共同体的责任边界，既包括家校各司其职确定责任边界，家长也应主动承担起对儿童的责任[①]。

父母教育孩子应配合学校教育，与老师对孩子的目的要求达成一致。父母与老师协商对话，建立互信共生的伙伴关系。孩子在学习上遇到任何问题，父母可以及时和教师联系，了解孩子在校生活、学习情况，向老师请教方法。父母积极地配合老师，采取一致性行动教育儿童，通过理解养育与教育的差异实现优势互补。

（二）建立民主型家庭

长时间的指责讽刺，甚至打骂儿童，会使得儿童一直处于一种紧张焦虑的

---

① 康丽颖. 家校共育：相同的责任与一致的行动家庭教育[J]. 中国教育学刊, 2019(11).

状态之中,丧失自尊、自信,这不利于他们的心理健康发展,也不利于孩子建立良好的自我效能感。

家长需要尊重儿童,在一定程度上与儿童平等对话,营造宽松民主的家庭氛围,建立相互理解并且相互支持的亲子关系。良好和谐的家庭氛围,是孩子能够全身心投入到学习活动中的基础和保障。家长在教育孩子时要树立良好的人格形象,父母必须以身作则,要求孩子能够做到的,自己首先也要做到。父母在对孩子做出要求时,少用命令式的语气,可以询问、征求孩子的意见,和孩子共同制定合理、正确的规则,父母要和孩子共同遵守。

（三）塑造正确教育观

家长们在养育子女之前,应当先明确一个观念:教育是一个专业的事情。对待专业的事情,就要专门投入时间去学习,学习如何教养子女。近年来,家庭教育越来越受到社会的重视,但只有少数家长坚持有意识地去学习家庭教育知识,绝大多数家长还是缺乏从专业角度解决问题的意识。

父母正确地认识、评价孩子,根据自己孩子的不同特点,有针对性地对孩子进行因材施教,让孩子在能力范围内,最大限度地发展自己的智力。父母要从多个方面去评价孩子,而不仅仅是学习成绩的好坏。在衡量学习成绩时,不应该是与别人的孩子比较,而应该和孩子之前的学习情况做比较,孩子学习有没有更加认真,有没有更加努力,在这一段学习期间有没有取得进步。发现孩子身上的闪光点,从而使儿童学习自我效能感得到提高。

（四）制定合理的目标

最近发展区是儿童现有发展水平和潜在发展水平之间的区域,根据孩子个体的现有水平和潜在水平的差异出发,使得最近发展区逐渐转化,巩固形成新的现有发展区。

家长们要客观地认识自己的孩子,知道孩子的最近发展区能达到什么水平,给孩子制定一个合理的、可完成的目标。

尤其是到高年级,学习难度越来越大,不少儿童学习欠账越来越多,急功近利的催促只会适得其反。父母应做的是不给孩子设置过高的期待,帮助孩子一起,设定一个通过努力就能达到的目标,让孩子体验成功的喜悦。小目标的达成,让孩子获得进步、得到肯定,在此过程中,他会摆脱挫折感、自卑感,重拾自尊,建立自信。

（五）客观公正地评价学生

家长们需要转变教育观念,尤其是转变对孩子的评价方式,要采取客观、正向、多元的评价方式。儿童学习是需要鼓励的。一些家长在儿童学习过程中,会陷入只关注儿童学习的结果,不关注儿童学习的过程的错误境地。儿童分数高,家长称赞,或者给予一定的奖励;儿童分数低,家长冷面相对甚至"武力解决",会增强学生学习的功利心,误导孩子的学习目的,也容易挫伤孩子的学习兴趣和积极性。

关心成绩也会导致儿童在学习上尽管需要别人的帮助,但是不会想从根本上去弄明白问题的来龙去脉,只想获得答案,甚至希望由别人代替自己去完成这些任务,解决问题。

随着社会的发展,人们越来越意识到儿童之间存在个体差异,不应该只通过儿童的成绩去评价其优劣。如果经常拿自己孩子的弱项与其他孩子的强项进行比较,那么大多数家长和孩子都不能体验成功的喜悦,这会大大降低儿童的学习积极性和主动性以及儿童的自我效能感。

（六）组织社区学习伙伴

孩子的合作学习不仅限于班内,也可以与社区伙伴合作,家长应帮助孩子开展合作学习的活动。孩子放学后放假后有机会聚在一起,可以组成合作学习小伙伴,有利于孩子之间的相互学习。

儿童学习如果孤立的话,竞争多于合作,并不利于孩子养成合作、交流的学习伙伴意识。伙伴之间学习,既有合作又有竞争,既有个体独立思考,又有团体合作交流,伙伴之间也能相互监督提醒,促进个体成长的自觉和自律。

在学校学习时间结束后每一个儿童都可以在自己的社区内选择一个或多个学习伙伴,充分发挥每个人的学习特长,互相学习、互相督促,每个人都是这个学习团体中的重要成员,这样会不断提升孩子的自我效能感,在分享合作中实现合作共生。

（七）引导儿童自我反思

儿童的自我评价也是促进孩子学习的手段,孔子在论语中就提出"吾日三省吾身",儿童不仅需要父母评价,老师评价,同伴等他人评价,同时也需要自我评价,要用自我意识的觉醒,来提升自己的自我效能感。

单志艳对儿童的自我效能感进行了研究,结果表明儿童自我效能感与自主学习策略相关显著①。自我评价不仅仅是对儿童成绩产生积极的影响,同时也会使儿童意识到在学习过程中要发挥学习的主动性,学会学习,能够正确面对挫折和困难,对自己的学习情况及时调整、监控。

儿童对自我的评价,包括儿童对自我的认识,自我的态度,自我的情绪调控等。当父母老师对孩子做出评价时,孩子可能会认可,也可能并不接受,尤其在对孩子做出不好的评价时,孩子内心可能会排斥并且缺失自我反思的过程。而自我反思的缺失,往往会导致孩子意识不到自己的错误,甚至会厌恶父母老师的指责,不能承担相应责任。

而当孩子自我评价时,他会对自己的学习作出判断,并且会重新回到评价标准的确定,明白自己与标准之间的差距,为自己下一步的学习制定相应的目标标准或进行改进。

（八）营造家庭学习氛围

父母在家里应该多鼓励儿童积极地参加各种学习探究活动,尽量使用自己的方式去引导、调动孩子的积极性和主动性。

父母可以经常和孩子组织一些趣味学习活动,如亲子共读、亲子比赛、成语接龙、数学口算比赛等等,和孩子一起参与学习,进行一些能够提升孩子学习信心的活动,去调动孩子的积极性,使他们不断积累学习的乐趣和成就感,也能促进儿童学习自我效能感的提升。

---

① 　单志艳. 613 名小儿童自我效能感状况及其与自主学习策略的关系研究[J]. 中国特殊教育,2007(7).

五、总结

　　家庭作为孩子接触的第一环境,对儿童的身心发展和成长起着至关重要的作用。家庭因素对儿童的学习有着十分重要的影响,父母的教养方式会直接影响孩子的认知与情感,进而影响孩子对待学习的态度以及对自己学习能力的全面认识和评价。因此,在教育子女时,父母需要能够充分了解、尊重孩子,用正确的、科学的方式,帮助儿童正确地认识、了解自己,全面提升其自我效能感。好的家庭教育理念、教养方式,能够为儿童的身心健康奠定良好的基础。百年大计,教育为本,新时代儿童作为社会主义接班人,他们的思想与认知,直接决定着祖国未来的发展。因此,努力更新家长教育观念,提高家长教育水平,既是在培养每一个儿童的明天,又是在培养祖国的未来。

小学阶段家庭作业好习惯养成策略的研究

合肥市师范附属小学 郑萍

【摘要】

作为中小学生"五项管理"之一的作业管理,对学生的成长影响颇大。作为家长,应该让孩子立好规矩,培养他们写作业的时间观、专注力和自查力;由"扶"到"放",循序渐进;放平心态,对孩子建立合理的期望。如此,家长心中的作业"和谐号列车"不日便能抵达。

【关键词】

立好规矩;由"扶"到"放";循序渐进;合理期待

近年来,教育部提出了办好落实中小学生作业管理的号召,加强家风建设,进一步建立健全学校、家庭、社会三面协同的育人体制,形成教育合力,让每一个孩子都能够拥有阳光心态和强健体魄。

一、小学阶段家庭作业调查近况

笔者经过调查发现,不少小学生在完成家庭作业上存在着一些问题:

(一)小学生对于家庭作业的自我管理能力参差不齐

小学生的自我管理能力正处于形成阶段,合理规划时间的能力决定着孩子的作业质量及学习效率。同样一分作业,有的孩子半个小时便完成,有的孩子却要一两个小时才能完成。笔者有一个学生家长,抱怨说孩子每天无论作业多少,都要磨蹭到很晚才能完成。经了解,该学生的爸爸妈妈是双职工,奶奶负责接送孩子。奶奶觉得孩子上学一天累了,回家后就先吃喝,然后出门玩到六点左右回家。奶奶烧饭,让孩子自己写作业。此时孩子的心思根本不在作业上,又无人监督,边玩边写,还没有写完作业,一家人就要吃饭了。饭后在批评和催促中,一般磨蹭到八九点才全部完成。家长面对这样的孩子手足无措,无可奈何。

（二）小学生的专注力长短不一

专注力直接影响学生的书写速度和效率。培养专注力,可以提高孩子的学习技能,锻炼孩子的毅力,有利于提高孩子的自信心。欠缺专注力的孩子往往对作业中的困惑产生畏惧感,若是遇到更吸引自己的事情,会导致作业的完成速度缓慢。

（三）小学生作业自查能力有待提高

很多孩子写完作业后,大多是本子一收,自己根本不检查,或者让父母检查。如果我们让孩子自己检查,孩子也是应付看一遍。面对这种情况,家长切忌不可代办,否则时间一久,孩子检查作业的依赖性会增加,自查力会降低,变得不爱去独自思考问题了,那么完成家庭作业的效率也随之降低了。

二、影响小学阶段家庭作业良好习惯养成的因素

（一）孩子作业效率的制约

1. 小学阶段的习惯养成是一个缓慢而持之以恒的过程

经常会听到父母之间的这些抱怨："你看某某家的孩子,写作业从来不需要父母看着,每次都能认真自觉地完成作业,再看看我家的……"其实他们忽略了一个真相:任何一个写作业认真、不让家长操心的孩子,都会经历一个由"扶"到"放"的过程。家长着手培养孩子的时间观,这就是在"扶"着孩子走路,"辅导"孩子写作业的过程。好的习惯需要21天才能形成,90天才是一个完整的周期。这个过程需要家长不厌其烦地督促和持之以恒地坚持。

2. 孩子专注力的培养需要一定的方法

笔者曾发现一位学生在课堂上写字词时,写几个字就要找橡皮擦一下。据

了解,家长要求孩子书写必须工整,只要有写得不好看的字,马上就用橡皮擦了再写,写了再擦,哪怕写到很晚。与家长沟通了孩子的心理和生理特性:孩子专注力时长仅在 15 分钟左右,他把这段时间都用来找橡皮擦字了,如何会集中注意力思考问题、完成作业呢? 另外,一旦养成了这种习惯,他在中高段作业增多的情况下,势必会速度跟不上,久而久之,学习中会失去自信。

(二)家庭教育方式的制约

家长对于孩子写作业好习惯的培养要循序渐进。每个孩子都是不同的,有的孩子很听话,家长可能"扶着走"不到一年,他就能自主高效地完成作业了,这时家长就可以放手了。反之,家长应该经常关注孩子的作业完成情况,毕竟这是最能直接反馈孩子上课情况及知识掌握的重要检测方法。

三、小学阶段家庭作业好习惯的养成策略

(一)培养孩子的时间观,按时完成作业

从小培养孩子的时间管理能力,越早训练见效越快,做父母的就越轻松,不用催也不用吼。可以从下述三点着手培养孩子的时间观:

1. 制订计划——持之以恒

对于写作业的时间要求,父母要先了解一下孩子的作业量,根据孩子的具体情况,给孩子规定完成作业的时间与计划。一开始可以给孩子一个稍微宽松的规定时间完成作业,让他够得着,完成得有成就感。这时家长再多鼓励,循序渐进地对孩子的书写速度、书写质量提出高要求。这个计划制订后必须严格落实,始终如一方能见效,不得三天打鱼两天晒网。

2. 奖惩适当——及时有效

当孩子在规定的时间内完成作业后,父母可做适当可行的奖励,比如可以和小伙伴在外面多玩 20 分钟、晚上可以看 15 分钟电视等,这样可以增强他们按时完成作业的成就感,有效地培养孩子的时间观。如果不可以按时按量地完成作业,家长切勿着急上火,可以与孩子提前约好不能按时完成的惩罚,比如多

做一项家务等,不要做机械的罚抄或武力解决,惩罚要有艺术性,适当有效,罚中带学。

3. 设定闹钟——监督提醒

家长们可以买一个小时钟放在写字台上,按照作业计划定几个响铃。闹铃响起,对孩子的书写速度有一个提醒,能有效地促进孩子集中注意力完成作业。

(二)培养孩子的专注力,认真书写作业

1. 家庭营造一个固定、安静、舒适的学习环境

有的家长认为孩子不自觉,必须要在大人眼前写作业,这样会让孩子写作业的专注力受干扰,容易受到外界的影响,比如说话声、开门声、烧水声等,从而影响孩子写作业的效率。

2. 坚持训练孩子做作业的专注力

有的孩子在写作业的过程中,一会要喝水,一会要吃东西,这些行为绝对不能迁就。家长要提前告知孩子,在写作业期间,不能随便进出房间,训练孩子做作业的专注力。

3. 家长切忌一把抓或只抓一处

在培养孩子专心完成一件事情时,务必要循序渐进,切忌一把抓或只抓一处。比如当孩子做作业速度慢时,我们应该以提高孩子的作业速度为主要目的,不要想着作业速度、正确率、书写美观度一起抓,这样急于求成,会导致孩子的专注力无所适从,完成作业的效率随之降低。

(三)培养孩子的自查力,提高正确率

作业是学生对头脑中知识的检测,任何错误都意味着孩子对知识掌握得不牢固。学会自查,通过自己的努力找出错误,不仅能掌握知识不足点,还能提高学习的兴趣。

1. 缩小范围,鼓励自查

初期,家长可以带着孩子一起检查。如果家长发现错误,不要告知孩子具体位置,可以划一个范围,比如数学计算中 8 道题中有 3 道题是错的。如果全部让孩子自查,尤其是一二年级的孩子,他们可能有畏难情绪,积极性也不高。

那么此时可以把错题的范围缩小,如圈出题号,告诉孩子这里有一处不正确,鼓励孩子自主纠错并订正。如果孩子一时间找不到错误所在,家长适时引导,让孩子有个检查方向即可,逐步培养孩子自我检查作业的能力。

2. 养成习惯,慢慢放手

培养孩子的作业自查能力,家长要多鼓励与肯定,让他慢慢地有一定成就感,他就会愿意去自查更多的作业。当孩子持之以恒地去做这件事,不仅能提高学习的主动性,不断地暗示自己"我能行",提高学习的自信心,更能查漏补缺,巩固知识,提高学习成绩。孩子越往高年级,我们就越有体会:学习只能靠孩子自己,家长需要做好"摆渡人"。

(四)家长自我调整情绪,建立合理期待

在孩子写作业磨蹭时,家长们该如何调整情绪呢?

1. 放平心态

孩子写作业出现问题很正常,前面反复说过,作业的目的就是检测孩子知识掌握情况,及时查漏补缺。作为家长,我们不妨放平心态,告诉自己,这是孩子自己的事情,如果写不好作业,去学校老师会批评,让孩子学会承担后果。之后再找个机会和孩子好好探讨认真写作业的重要性,这样做比你咆哮一百遍更有效。

2. 榜样激励

其实父母是孩子最好的老师。当你在批评孩子懒散、磨蹭、写作业不认真时,家长不妨以身作则,坚持认真做一件事情,比如坚持亲子运动、练字等,言传身教,让孩子意识到榜样的力量,这样比说教更管用。我们在对孩子提出要求的同时,也要努力做最好的父母,以身作则,潜移默化,用榜样的力量推动孩子快乐成长。

综上所述,培养孩子写作业的时间观、专注力和自查力;由"扶"到"放",循序渐进;放平心态,对孩子建立合理的期望,如此这般,相信各位家长心中的作业"和谐号列车"不日便会抵达。

拂晓家教　共育新课程

扫码观看线上课堂

科学赏识孩子，做智慧家长

韩璐

【课程目标】

一、通过学习，认识家庭中赏识教育的重要性，学会尊重孩子生命成长的规律；

二、通过具体案例分析，认识家庭中赏识教育可能存在的误区；

三、掌握科学的赏识教育的方法，在家庭教育中灵活运用，激发孩子内在的潜能，助力孩子全面发展。

【课程大纲】

一、家庭中科学实施赏识教育的重要性；

二、家庭中赏识教育可能存在的误区；

三、家庭中科学实施赏识教育的有效策略；

四、家庭中科学实施赏识教育小妙招。

【课程内容】

第一课时

赏识教育是一种尊重生命规律的教育，恰当的赏识教育，可以激发孩子内在的潜能，唤起孩子的自信心。"双减"政策出台之后，孩子告别了繁重的作业负担，告别了过多的校外学科类培训，开始回归家庭。家庭成员共处的时间增多，亲子关系呈现以下变化：第一种是幼稚型，亲子关系感情很亲密，但孩子习惯了对父母的依赖，父母习惯了对孩子的控制。孩子缺乏自主性、能动性。第二种是疏离型,这种情况里,孩子开始反抗父母的控制。孩子关上房门,锁起日记,藏起心事,与父母缺乏交流。第三种是问题型,一方面,孩子由于反抗父母的控制,而把自己封闭起来;另一方面,孩子在生活中仍然处处依赖家长,心里常常充满了对父母的抱怨,冲突不断。第四种是和谐型,在平等的家庭气氛里,孩子愿意和父母分享心事,相信父母会尊重自己,也相信父母会陪伴自己面对一切。和谐的亲子关系离不开和谐的家庭教育,和谐的家庭教育离不开科学的赏识。双减政策,减掉的是过多的学业负担,减不掉家长和学校的责任。因此,我们要科学地赏识孩子,做智慧家长。

一、家庭中科学实施赏识教育的重要性

家庭是社会的基本细胞,是人生的第一所学校。心理学家马斯洛将人的需求从低到高依次分为:生理需求、安全需求、社交需求、尊重需求和自我实现需求。家庭养育孩子,也应该满足孩子这些需求。因此,家庭环境对一个人有塑形作用。对于一个家庭来说,父母是树根,孩子就是花朵。如果花朵出了问题,多半树根也有问题。马斯洛的需要层次理论,从某种意义上也给了父母们一份育儿指南,它能够帮助父母更好地理解孩子成长过程所需要的营养。每一个自信、优秀的孩子,身后必定有一个懂得鼓励孩子努力奋进的父母。不是好孩子需要赏识,而是赏识使他们变得越来越好;不是坏孩子需要抱怨,而是抱怨使他们变得越来越坏。我也听到身边很多家长吐槽:我天天夸孩子,也没见孩子长进啊? 我从来不批评孩子,可是孩子现在还是跟我对着干!"双减"了,天天回到家就彻底躺平,我怎么夸啊! ……为什么有时候"赏识"也不管用了呢?

二、在家庭教育中,家长可能会走进的赏识教育误区

空泛的赏识会助长自负,虚伪的赏识会让孩子失去对你的信任,贬损式的表扬往往会伤其自尊心。

（一）过度赏识

当孩子进步，或者某方面取得成绩，我们偶尔可以毫不吝啬地赞美孩子，例如"宝宝是全宇宙最优秀的！""你就是未来的达·芬奇，绘画天才！"……糖吃太多会腻，还会对身体健康有害。不分年龄、不讲实际、一味夸赞的赏识教育，就像人对糖分的摄取。这种过度的甚至夸大其词的赏识，容易使孩子产生错觉：为了得到赞美而表现出努力，做事看人的眼色，这种表现并非自发的，而是为了让家长满意，具有一定的利他性。

（二）无理由、无原则的赏识

有一次，我去参加朋友的婚宴，对面的夫妇带了一个 8 岁的小男孩，还没开席，这个孩子就把桌上自己喜欢吃的菜扒拉进自己的碗里。孩子奶奶看见了，笑眯眯地说："我家这孙子，从小就喜欢吃肉，吃饭从来不让人操心。"一顿饭的时间，足够让你了解一个孩子，也足够让别人了解一个家庭的教育。孩子有不当行为，家长还在赞美，这是无原则的溺爱，不是正确的赏识。久而久之，孩子就会陷入迷失之中，认为自己就是最好的，长此以往，儿童健康性格的成长必将受到阻碍。赏识教育让儿童学会自尊自信，而长期在无原则、无理由的赏识教育下成长起来的孩子，一旦遇到挫折，有可能会变得非常脆弱或者极端被动，产生逃避心理，容易在遇到挫折的时候，一蹶不振。

（三）赏识教育物质化

有一次，我们去一位同学家里家访，在他的书桌前发现了一份"家务奖励合同"，合同形式正规，内容非常详细，双方都认真签字。合同内容有这样的条款："洗碗:2 元;整理房间:2 元;考 100 分，奖励 100 元……"我们问他："这个合同坚持了多久？"孩子回答："就坚持了两个星期。"我们追问原因，孩子回答："第一周还挺好的，后来我爸爸不按时结账，后来我也不想干活，所以现在合同就失效了！"

这是一个特别的案例，但也代表了一部分家长的误区：他们把赏识教育狭隘地理解为对孩子采取物质奖励。这种方式短期看虽然有一定的效果，但是并不能达到很好的赏识效果。当约定的奖励没有兑现，孩子对父母的信任感就会降低。孩子习惯了获得物质奖励，一旦没有奖励，有可能就不去做对的事。当这个孩子走向群体,他会发现不是做每件事都会获得物质的奖励。他的获得感、自我价值感会降低,进而变得很自卑。或者他只相信有利于自己的评价,屏蔽不愿接收的外界信息,从而在社交上让自己形成孤岛。孩子的自我价值感降低,更谈不上培养孩子成长的内驱力了。

(四)赏识教育功利化

现代家庭中往往都有一个共同的"敌人"——别人家的孩子。家长总用对比的方法来赏识自己的孩子:"你比谁谁谁强多了! 可是你比某某某还差一点!"真正的赏识不是这样赤裸裸地表扬,而是父母和孩子一起脚踏实地,有目标却不攀比地鼓励孩子才能为未来积蓄能量。鼓励和表扬看着相似,但目标完全不同。表扬是为了让孩子的自我感觉良好,鼓励却并不是为了让孩子获得什么,而是我们通过认可孩子真实存在的美好部分,去表达这份欣赏。曾经的世界首富比尔·盖茨,在给母亲的信中写道:"您从来不说我比别的孩子差,您总是在我的行为当中找值得赞许的地方。"他的母亲给予他的正是无条件的信任和鼓励,正是这种不比较、不功利的教育才成就了比尔·盖茨。家庭中,赏之有度,赏之有法,才能做智慧家长。

本节课跟大家分享了家庭中赏识教育容易走进的误区,下一课,我们将为您的家庭教育支招。

第二课时

在上一课中跟大家分享了家庭中赏识教育的误区,本节课我们将为您支招,分享家庭中科学赏识孩子的有效策略。

一、家庭教育中科学赏识孩子的有效策略

策略一:坦诚相待——父母的赏识需发自内心,与孩子共情

对于一个不断成长的孩子,我们最好的礼物,是多给他们一些欣赏和期待,

多给他们一些赏识和鼓励。但是,不是每一种赏识都是孩子需要的,也不是每一种夸赞都是有效的。当孩子听到无数遍"你真棒!""你真厉害!""你好聪明!",那么孩子的反应会是怎样的呢? 会厌烦吗? 会麻木吗? 苏联教育家苏霍姆林斯基曾经说:"永远不要忘记自己也曾经个孩子。"用同理心养育,才能真正"看见"孩子,尊重他的内心,安抚他的情绪,构建孩子坚实的内心世界。当孩子充分信任自己,信任父母和世界时,亲子关系才能有效沟通与合作,孩子才能积极勇敢地去探索世界,激发他们天性中的自信与独立。当一个人被认可、被信任、被尊重时,他的爱心、善心就会不断被强化,他的自尊、自信也就会逐渐提升。当一个人具备这些积极因素的时候,就会逐渐迈向真、善、美的境界。因此,赏识一定要发自内心。一旦决定表达赞美,一定要是心里油然而生的强烈的真挚话语。

策略二:关注细节——多关注细节和具体的事,宽泛的表扬不如恰如其分的鼓励

父母在欣赏孩子时,过程和细节说得越详细,角度越具有指向性,孩子就越明白哪些行为是好行为。"你真棒!""你真厉害!"这种空泛的夸奖随处可见,随口就来,对孩子却不一定能起到激励效果。其实,"你写字时的坐姿比以前标准了"这句话远比"你真棒!"有效,更能让孩子明白自己做对了什么。在收到这样的赏识的话语之后,除了增强自身的自信之外,孩子也会因此知道父母希望他能做到什么。在欣赏孩子的时候,宽泛的表扬不如恰如其分的鼓励。我们一定要注意鼓励孩子努力的过程,而不是一味地强调结果。当孩子自己收拾了玩具,您可以对孩子说:"宝宝,你今天把你的书桌整理得很整齐,比上一次好多了!"当孩子主动和小伙伴分享图书时,您可以说:"孩子,你主动和小伙伴们分享图书,我觉得你真的很受欢迎,你一定有很多好朋友吧!"当孩子花了很长时间写完一道数学题,你可以这样说:"孩子,这道题有点难,你研究了很久终于解出来了,我就佩服你这种不怕困难、刻苦钻研的认真劲儿!"……从细节出发才能直击孩子的心灵,给孩子带来成长的养分。赏识的内容越细致,孩子的感觉会越真实,赏识教育的效果会越好。

策略三：培养孩子的成长型思维——夸孩子努力远比夸聪明、漂亮有效

卡罗尔·德韦克从事儿童心理学的实验和研究，她建议父母在日常生活中，要注意培养孩子的成长型思维方式。其中尤其要赞美孩子的努力、策略和选择而非天赋。在关于小学生的研究中，孩子被夸奖聪明的时候，实际上是鼓励孩子以一种固定心态看待自己。这个世界上聪明的孩子很多，若是家长总是称赞孩子聪明，那孩子可能觉得自己太聪明，根本不需要努力，未来也会极其害怕挫折，很难成功。长期下去，孩子会担心别人看到自己的不聪明，天分不足，做事情就会避重就轻，遇到困难的事情喜欢逃避！而运用成长型思维去教育孩子，告诉孩子可以通过努力来不断培育和完善自己，当夸奖孩子很努力的时候，他们不会有压力，反而会想变得更好。所以赏识孩子后天的勤奋和努力远比夸聪明、漂亮更有效。

策略四：把握时机——关注孩子的特点，恰当把握赏识的教育时机

当一个人做一件有意义的事时，开头的表扬能激励他下决心做出成绩，中间的表扬有益于他再接再厉，结尾的表扬则可以肯定成绩，指出进一步努力的方向。所以，当孩子有进步的苗头时，家长要及时表扬，让其坚定信心。当孩子取得初步成绩时，家长要及时表扬，让他继续努力争取更大的进步。当孩子取得明显成绩时，家长要及时表扬，鼓励他寻求新的进步。特别是要在学生取得成绩后的兴奋期内及时给予赞美和表扬，切忌在孩子已经淡化了对事件的印象后，再去进行追认式的表扬。赏识的时机很重要，不同年龄的孩子期望的方式也不同，我们应当关注孩子特点，当孩子需要正向的情感刺激时，适时的鼓励可以起到激励的作用。

策略五：巧用非语言信号，语言不是唯一的赏识的途径，我们可以通过非语言信号赏识

曾经看过一个短片：一位少年考试失利，遭到同学的嘲笑，孩子压制住了怒火，没有和别人产生冲突，但是内心非常委屈。放学后很晚都不愿意回家，父亲得知情况，四处寻找。父亲找到他的时候，他正躺在公园的草坪上，此时，正下着小雨，少年呆呆地看着天空，任凭雨水打在脸上身上。父亲一句话也没有说，

也没有打扰他,而是走到孩子身边,默默躺在他身边,轻轻拉住儿子的手,两人一言不发,一起看天、淋雨。过了许久,少年转过头,笑着说:"爸爸,我们回家吧。"一场风波就此平息。是的,赏识,有时候不需要过多的语言,孩子就能感受到你的内心,能够感知到来自父母的理解、支持和欣赏。很多孩子,特别是青春期的孩子,更喜欢这种"不说出来"的赏识方式。一个眼神、一个动作、一个拥抱、一场亲子活动……都可以成为走进孩子心灵的途径。生活的多样性,赋予了赏识的多样性,身为父母,我们需要一直去探索。

二、家庭中赏识教育的妙招推荐:先"识"后"赏"——亲子大富翁游戏

家庭中的赏识教育,是学校教育的积极补充。家庭对孩子取得未来成就的可能性,通过赏识来实现,也是一种暗含期待的深沉的情感体验。在这种情感体验中,包含着热爱、信赖、沟通、鼓励、理智、期望等复杂的情感。然而,为人父母,学会科学的赏识并不容易。它不但要求我们的心灵里充满爱,还要求我们具备足够的智慧,才能科学实施和贯彻赏识教育。讲座的最后,我们给大家推荐一个亲子小游戏,帮助您了解孩子,更加科学地赏识您的孩子。

孩子给父母发放闯关卡,爸爸妈妈作为参赛选手,孩子充当裁判。爸爸妈妈轮流回答孩子提出的问题,例如"我现在的烦恼是什么?""我最喜欢什么歌曲?""请说出我的好朋友的姓名?""请说出我最害怕的事情。"回答正确积一分,回答错误不积分。家庭成员角色可以互换。小游戏,大智慧,父母先"识"后"赏",孩子天天向上。家长朋友们,赶快行动起来,一起做智慧家长!

(教师介绍:韩璐,合肥师范附小教师,安徽省家庭教育指导师。)

父母不缺位，祖辈不越位

——父辈和祖辈如何形成教育合力

黄倩

【课程目标】

帮助家长了解祖辈教育的优缺点，以及如何和祖辈形成教育合力。

【课程大纲】

一、祖辈教育的优点；

二、祖辈教育的缺点；

三、父辈和祖辈如何形成教育合力。

【课程内容】

如今，随着生活节奏的加快，很多年轻人的压力逐渐变大，一些上班族早出晚归，无暇顾及孩子，只能将孩子送到父母身边，或者让老人到身边帮忙带孩子。老人则出于为子女分忧解难的想法，主动或被动地承担起隔代教育的重任。由于年龄的差距和教育观念的差异，关于孩子教育的种种分歧也随之而来。孩子的健康成长，离不开父母的教育和祖辈的配合与帮助，但必须在共同教育观念前提下，才能真正形成教育合力。

一、祖辈教育的优点

不少祖辈有充裕的时间和精力，而且愿意花时间照顾和陪伴孙辈。他们不仅照顾孙辈的生活，给孙辈提供学习的条件，对孙辈进行适当的指导，而且能够耐心地倾听孙辈的倾诉。一般说，祖辈与孙辈之间容易建立融洽、和谐的关系。祖辈具有抚养和教育孩子的实践经验，对孩子在不同的年龄容易出现什么问题、应该怎样处理,他们知道的要比孩子的父母多得多。

　　祖辈在长期的社会实践中积累了丰富的社会阅历和人生感悟,是促进儿童发展和有效处理孩子教育问题的有利条件。祖辈自身有一种童心,极易与孙子孙女建立融洽的感情,为教育孩子创造了良好的感情基础,有利于祖孙两辈身心健康。孩子由祖辈教养,年轻父母得以解决后顾之忧,专心致力于事业。

二、祖辈教育的缺点

　　(一)容易形成溺爱

　　多数祖辈常有一种因自己年轻时生活和工作条件所限没有给予子女很好的照顾,而把更多的爱补偿到孙辈身上的想法。这种想法往往导致产生"祖辈惯"的现象。祖辈家长对孙辈疼爱过度,处处迁就孩子,容易造成孩子任性、依赖性强和生活自理能力低下。还有一些祖辈因过度疼爱孩子而护短,致使孩子的问题长期得不到纠正。

　　(二)思想观念陈旧

　　许多祖辈家长不顾时代已发生了很大的变化,仍用老观点要求孩子,教给孩子过多的老经验,缺乏开创性精神和发散性思维的培养。还有一些祖辈家长因文化低、思想旧,无意识地给孩子传授不少封建迷信的东西,无形中增加了孩子接受新思想、新知识的难度。

　　(三)造成孩子与其父母的感情隔阂

　　祖辈家长对孙辈的溺爱和护短,造成孩子很难接受其父母的严格要求和批评,还容易形成感情隔阂和情绪对立,使正常和必要的教育难以进行。

　　(四)父母爱的缺失

　　仅凭祖辈的爱,满足不了孩子的情感需要。从孩子的心理发展过程来看,儿童时期最需要的是父母的亲情关怀,满足他们对父母正常的情感依恋,这对今后的心理健康发展起着极其重要的作用,这种情感的需要是祖辈不能满足的。

三、父辈和祖辈如何形成教育合力

（一）树立现代的家庭观

当今家庭教育的新模式：父母教育为主，祖辈养育为辅。祖辈养育是一种补充，而不是取代，两者要形成合力。家庭教育应积极帮助老人完成从传统老人向现代老人的跨越，让他们在家庭中做好配角。如何当好配角？一般来说，都会经历三个阶段：

第一阶段：帮手

在孙辈的婴儿期或幼儿期，祖辈对孩子给予全方位照顾，当好儿女的帮手。

第二阶段：松手

当孩子背上书包走进小学，祖辈应该给自己划定必要的界线，有所管，必有所不管，该放手的要放手，该松手的要松手，该让孩子父母承担的教育责任，祖辈不要去插手。

第三阶段：放手

当孩子小学毕业，走进中学，祖辈正是得体地退出的最佳时机，放手是为了让孩子更快地走向独立，放手是为了让孩子父母更好地进入家长的角色，放手也是为了找回自己应有的独立自由的生活空间，让自己的晚年生活更加精彩。

（二）做好孩子教育的主角

年轻父母应多找时间与孩子相处，不要因为忙碌就忽视做父母的责任，应该多抽时间与孩子培养感情，对他们进行教育。生活方面，爷爷奶奶可以多做一些，但在学习方面，父母应该做得多一些，最好有分工，达成共识。只有自己不缺席孩子的成长，才能不遗憾孩子的未来。给孩子一个和谐、温暖的成长环境，更有利于孩子成长为优秀的人才。

父母一定不能当甩手掌柜。作为家长，与孩子朝夕相伴的时光很短，在不经意间孩子就长大了。大家可以试着放下手机，陪孩子做会儿游戏；减少不必要的社交，多陪孩子吃几顿饭；多和孩子聊聊天，听一些他成长的趣事。不缺席孩子的成长,多陪伴和沟通,才是培养优秀孩子的不二法门。

《中华人民共和国家庭教育促进法》明确规定:"亲自养育,加强亲子陪伴;共同参与,发挥父母双方的作用。"父母养育的重要性已被上升到法律层面了。

(三)学习正确的育儿观

两代人间应该加强沟通交流,共同营造一个民主和谐的家庭环境。通过两代人共同努力,在教育孩子的观念上达成一致,共同制定出科学合理的教育方案,创造健康、轻松的家庭环境,为孩子创造一个健康的成长环境,为培养孩子良好的个性打下基础。

孩子父母应经常和老人聊天,讲讲科学养育的新经验,让老人了解孩子成长的路径和不同阶段养育的重心。0—3 岁,是建立情感依恋的关键期;3—6 岁,是建立行为模式的关键期;6—12 岁,是养成良好的学习习惯的关键期。学龄前重教养,儿童期重管教,少年期管教与沟通并重。

(四)建立和谐的家庭关系

在三代同堂的家庭中,成人的言传和身教同样重要,全家人良好的生活习惯,长幼有序的家庭氛围,爱学习,不懒惰,待人接物礼貌热情,宽厚大方等种种好的品质,孩子看在眼里,记在心上。因此,家里成年人做得好,子女定会健康地成长。

日常生活中,我们应理解老人对享受天伦之乐的精神需求。儿孙绕膝,可以排解老人的寂寞和孤独,在精神上获得极大宽慰;可以唤起老人尚未泯灭的童心,让老人的晚年充满生气和活力。老人需要尊重,尊重他们的劳动,尊重他们在家庭中的地位和权益。在第三代面前,更要维护祖辈的威信。

其实,尊老爱幼、家庭人际关系和睦本身就是最好的家庭教育,家庭教育其本质就是家庭人际关系学。儿子和媳妇、女儿和女婿的恩爱是家庭和睦的基石,是最好的家庭教育。老人不要在背后说儿媳妇或女婿的坏话,不要去抢夺孩子的母爱和父爱,要维护孩子父母在孩子面前的尊严和权威,支持儿女对孙辈必要的管教。

（五）积极学习他人成功的隔代教育经验

身边或者新闻中，总会提到成功的隔代教育案例，我们可以多向其学习。尤其是遇到那些与我们家庭模式或经历相类似的家庭，我们更要格外注意，可以记录下他人好的教育方法，再根据孩子的实际特点，来酌情选择或实施。而且，不仅父母要学，也要督促祖辈来学，只有共同努力，才能将孩子真正教育好。

家庭中，祖辈协助父辈对孩子进行教育，真正做到老人们能享受天伦之乐，年轻一代尊老爱幼，孩子们健康成长，感受到家庭生活的幸福和美满。

（教师介绍：黄倩，小学语文教师，国家三级心理咨询师，高级家庭教育指导师。）

陪伴少，但陪伴好

刘晓燕

【课程目标】

帮助家长意识到有效陪伴的重要性，懂得如何有效陪伴孩子。

【课程大纲】

一、陪伴少的现状；

二、陪伴少的影响；

三、解决陪伴少的策略。

【课程内容】

第一课时

老话常说，可怜天下父母心，望子成龙，盼女成凤。爸爸妈妈在经济方面可以不计成本地投到孩子身上，以期孩子能有一个光明的未来。不过万丈高楼平地起，仰仗的还是最开始动土时打下的那深深的地基。而优秀的人，不仅仅是学习成绩上表现得好，在世界观、人生观、价值观等品性方面的表现，同样重要。品学兼优才是对国家、对社会有用的人才。培养品学兼优的孩子依赖的不仅仅是学校，还有爸爸妈妈。爸爸妈妈是孩子的第一任老师，也是孩子一生的老师。从孩子第一天来到这个世界上，爸爸妈妈对孩子的教育与陪伴就正式开始了。

在当下的生活中，可能是工作性质的原因，也可能是个人发展的缘由，有的父母双方或者一方不得不与自己的孩子分隔两地，有的生活在同一个城市却也不能天天见面,有的生活在同一个屋檐下,却也因早出晚归而少有与孩子一起玩耍的时光。然而,陪伴的缺失,不仅仅出现在父母与孩子在空间上分开的家庭里,一些能与孩子朝夕相处的爸爸妈妈也在重复着低质量的陪伴。

陪伴,意思是随同做伴,不光是随同孩子一起,还要做孩子的伙伴、玩伴。可是目前大部分家庭陪伴孩子的现状是怎样的呢?

第一种:太过敷衍,没有解决问题。

陪伴,不只是陪着这么简单。如果家长一边陪孩子,一边做自己的事情,就等于没有陪伴。一位职场妈妈下班后为了尽量赶回家,把做不完的工作都带回家里做,而孩子的爸爸每天回来很晚,就陪孩子玩一会儿,孩子却比较亲他,为什么呢? 因为这位妈妈是一边工作一边陪孩子,而孩子他爸则是回家后休息 10 分钟,调整好状态,关上手机去陪孩子玩,虽然时间不长,但全情投入。所以孩子对爸爸的亲近要多于妈妈。孩子需要的是"被看到",而不是"被陪着"。

第二种:耐心太差,没有控制好情绪。

有些父母恨铁不成钢,动不动就发脾气,对孩子又打又骂,只看到孩子的差,看不到孩子的好。《好妈妈胜过好老师》一书中尹建莉老师表达了这样的观点:打骂孩子可能会解决眼前的一个小问题,却给孩子的成长留下大的隐患,创痕会伴随孩子一生。暴力教育能让孩子变得顺从,不能让孩子变得聪明懂事;能让他们变得听话,不能让他们变得自觉和上进。一个用武力征服儿童的成人,无论财富多么丰厚,地位多么显赫,学问多么高深,打人的理由多么充足,都是智慧不足的表现。这一瞬间,你以为自己强大而正义,其实是缺失理智,恃强凌弱。

第三种:回应太少,和孩子距离很远。

有些父母很敷衍,不管孩子做什么,一句"好的""知道了"就应付过去了。对于 3—12 岁的孩子,父母参与度过低的陪伴,不利于孩子的成长。好多父母是花了时间陪孩子,但是他们只是在形式上陪着,比如,带孩子到游乐场玩,他们坐在那里专心玩手机,孩子自己在里面玩。有时候孩子看到一个好玩的想让妈妈看看,妈妈头也不抬地说,你自己玩。看也不看孩子到底想让她看什么,或是想告诉她什么,从不参与到孩子的玩乐当中。即使一整天都陪着,也没有多少效果,孩子还是孤单的,感受不到你的爱,也会缺乏安全感。

第四种:说教太多,会使孩子产生厌恶情绪。

我们都知道,溺爱并不是爱,它是一种包办,是披着爱的外衣的"过度管制"。说教也并非教育,只是一种发泄,一种不负责任的指责。爸爸妈妈总是说教,就是站在了孩子的对立面。孩子更多的精力用来和爸爸妈妈抗衡,用来思考如何躲避爸爸妈妈的说教,哪还有精力投入学习与人际交往中?当父母用权威武装自己的时候,孩子就会用情绪保护自己。

第五种:期望太高,给孩子施加压力。

卢勤老师曾说过:"过高的期望,会带来孩子的无望。"古往今来,做父母的都希望自己的孩子能够成为最耀眼的那颗星。"望子成龙,盼女成凤"几乎是每个家长的心愿。父母对孩子有一定的期望是人之常情,合理的、适合孩子实际的期望,可以强化孩子的学习动机,激励孩子通过努力获得成功。但超出孩子实际学习能力和心理承受能力的超高期望,则会给孩子造成巨大的心理压力,影响孩子身心健康发展,甚至导致孩子出现心理问题。教育孩子,不应该抱有太强的功利心。陪伴孩子,也不是只为了让他考出好成绩。

长期处于这种缺少陪伴或低效率陪伴的状态,对孩子身心方面还有什么影响呢?

第一,会导致孩子自我封闭,性格孤僻。孩子在年幼时便与父母长期分开,家庭环境的不稳定使孩子缺乏安全感和归属感,从而产生较强的孤独感。他们由于缺乏感情依靠,性格内向,遇到一些麻烦时会显得柔弱无助,久而久之变得不愿与人交流,长期的寡言、沉默、焦虑和紧张致使孩子形成孤僻、自卑、封闭的心理,孩子在人际沟通和自信心方面就会比其他的孩子要欠缺一些。

第二,导致孩子情绪失控,容易冲动。孩子正处于身心发育时期,情绪欠稳定,再加上意志薄弱,容易造成情绪失控和冲动。他们还容易对周围人产生戒备和敌对心理,这种敌对心理的一个重要表现就是攻击行为,可能他们只是想用这种幼稚的行为来获取父母的关注,却毁了自己的人生。

第三,导致孩子认知偏差,内心迷茫。有的父母回家后疏远孩子,导致情感隔膜,孩子难以树立正确的世界观、人生观、价值观,对未来感到迷茫,甚至等到孩子自己为人父母后,他们也会这样对待他们的孩子。

所以我们要给孩子们提供高质量的陪伴。

心灵的陪伴促进心理的成长,互动的陪伴促进父母的成长,积极的陪伴促进家庭的成长,高效的陪伴会成为一种成长的力量。

第二课时

上节课我们已对父母陪伴少的现状和影响有所了解,那作为家长该怎样高效地陪伴呢?

优秀孩子都是"陪"出来的,真正优质的陪伴,不在于时间的长短,而在于陪伴的质量。

(一)用心陪伴

陪伴孩子要"用心",而不是"用力"。用心关注,用心倾听,用心帮助,父母只有用心了,才能帮助孩子发现问题、解决问题。总之,在陪伴孩子的时候,请不要拿手机,也不要想别的事情,全心全意地投入孩子的世界,这才是真正意义上的陪伴,这样的陪伴即使时间短,对孩子也是很有益的。

(二)尊重的陪伴

不要打击孩子,不要一味指责,不能高高在上,哪怕是自己的孩子,也要给予应有的尊重与信任。真正的陪伴,是和孩子做朋友,我们都要放低姿态,互相尊重,彼此包容,不做穿西装的野人。

(三)耐心的陪伴

和孩子沟通时,一定要注意措辞和态度,讲明道理,切忌冲孩子发火,不要给孩子贴负面的标签,造成消极的心理暗示。有些道理我们都懂,但孩子未必懂,所以请用更多的耐心来教育孩子。

（四）平常心的陪伴

不是所有孩子都能考 100 分，成绩并不意味着一切，孩子还有很多可能性。孩子之间是有个体差异的，有智力、天赋、能力等差异，不然也不会有孔子的因材施教。家长对孩子的期望应该建立在"材"这个基础上，不可随意拔高，使孩子心生无望。要学会接受孩子的平凡，客观、理性地评价孩子，提出切合孩子实际的合理要求。有句话叫"天生我材必有用"，每个人都有自己的用武之地，父母要做的就是帮助孩子发现他的用武之地，让孩子活成最适合他的样子。

（五）共同成长的陪伴

你想要孩子成为什么样的人，首先你就要成为什么样的人。父母陪伴孩子的过程，就是给孩子做榜样的过程。以身作则，言传身教，垂范是家长能给孩子的最好的教育。优秀的父母，在陪伴孩子学习的过程中也在不断进步，做好孩子的引路人。

陪伴的方式有很多，忙碌并不能成为父母缺席的理由。记得一位作家说过："父母"这个角色是有有效期的，父母可以陪伴孩子的时间并不多，除去睡觉，孩子上幼儿园、和别的小朋友玩，以及孩子自己一个人玩的时间，我们与孩子真正待在一起的时间大约是 940 周。时间真的不多，你想想现在孩子几岁了，我们有限的陪伴时间已经过去多少周了？孩子越小陪伴的时间越多，随着孩子长大，他们的学业占据越来越多的时间，他们也越来越不需要你的陪伴，你们一天能真正待在一起的时间更少了。所以，要珍惜你们在一起的时间。孩子的成长只有一次，教育无法重来，每位父母在教育孩子的事情上都必须亲力亲为。陪伴并不需要大把的时间，哪怕每天只有 10 分钟，只要父母做到全心全意，让孩子感受到爱与关注，就是成功的陪伴。

我们也可以换一个陪伴的指标，不用时间来衡量，而是用快乐。哪些方式可以带给孩子真真正正的快乐呢？

1. 和孩子一起玩游戏

在日常生活中，与孩子们玩游戏是增进亲子关系的好方法。玩游戏时，孩子自然是快乐的，就会愿意与你亲近。父母可以选择有趣的智力游戏，例如捉迷藏、下跳棋等。在游戏中不断提高难度,还可以发展孩子解决问题的能力。

2. 带孩子一起运动

在父母和孩子相处的过程中,可以尝试进行一些需要团队合作的运动,例如足球、篮球等球类运动。这些运动不仅可以锻炼孩子的身体,而且可以培养孩子的团队合作意识,还满足了孩子爱玩的天性,愉悦中自然会收获更多的亲昵。

3. 带孩子出去远足

在周末,爸爸妈妈可以带孩子出去与大自然接触,教孩子认识新的动植物,观察不同颜色与形状的花朵、不同模样的昆虫等等,这可以拓宽孩子的知识面并激发他们的好奇心。探索的精神在他们的一生中都是不可或缺的。

4. 坚持和孩子一起做亲子阅读

朗读是一种很好的表达方式,有助于提高儿童的语言表达和理解能力。而亲子阅读能增进亲子之间的沟通,加强亲子间的交流,促进亲子感情。同时,通过大量的阅读,孩子对这个世界的认知一定会给你带来巨大的惊喜。

5. 给孩子仪式感

仪式感对于孩子很重要,它不仅能带给孩子更多美好而深刻的记忆,还能让孩子有满满的自信心和认同感。不管多忙,在特殊节日,父母都要抽出时间陪孩子,给孩子仪式感。比如,在孩子的生日,或六一儿童节,请抽出时间陪孩子做他们最喜欢的事情,让孩子感受到爸爸妈妈的关爱。

6. 重视孩子学校的活动

比如孩子在学校的演出,同时各方面条件允许的话,请一定抽时间去观看。很多家长认为自己工作很忙,没有必要因为孩子这样一个小小的演出而专门请假,其实这是很错误的想法。对你来说,那是一次小小的表演,对孩子来说,那是一件大事儿,他需要你的认可,请务必认真对待。

父母是孩子的全世界,单纯的孩子想要的东西其实并不多。

我们可以和孩子一起做的事情数不胜数:

可以和孩子一起学一种乐器;

可以和孩子分享今天有趣的事情；

可以和孩子一起攻克作业中的难题；

可以和孩子一起玩他喜欢的玩具；

可以和孩子一起烹饪一份早餐；

……

另外，留守儿童的父母可以采用以下方法：

1. 多和长辈沟通，让他们疼爱但不溺爱。既然把孩子交给他们，就要让他们懂一点教育的方法与理念，溺爱对孩子没有任何好处。如果父母身在外地，孩子在祖辈身边，父母给孩子买课外书、文具、玩具、乐器等孩子喜欢的东西寄回去会更好，比如每周固定快递一本课外书给孩子，让长辈告诉孩子这是爸爸妈妈送给孩子的，让出门在外的爸爸妈妈能够通过这个小小的快递参与到孩子的生活中来。

2. 多和班主任老师联系。爸爸妈妈可以利用接孩子的时间与老师做短暂的口头交流沟通，留守儿童父母如果每星期或者每个月有固定回来的时间，可以提前和班主任约好。如果平时接送孩子还是家里的老人们居多，也可以让老人适时地向孩子的班主任了解孩子当天的情况，并及时告知爸爸妈妈。

3. 可以电话或微信交流。这是现在最为常用的沟通方式了。这种方式可以就某一天孩子的情况进行沟通，也适合针对孩子一段时间的情况进行沟通。如果采用这种方式，家长请注意避开老师忙碌的时间段。

4. 也可以约定时间当面交流。这种方式一般情况下用在孩子长期出现某些较大问题，或者对老师的某种教育教学方式有建议，而感到不得不与老师沟通的时候。

尤为重要的是，在与老师沟通的时候，沟通交流的内容越具体越明确越好，这样也有利于家长获得有效信息。比如：孩子上课表现如何、听课情况怎么样、在校和同学的关系怎么样、综合能力是否均衡发展、心理发展是否健康、近期的情绪、完成作业的情况、学习的积极性、存在的问题等。至于有关教师的教育理念及本学期的学习任务、培养目标等内容，可以利用家长会或者孩子的作业本，与老师及时沟通,或者找个合适的时间,就具体问题单独与老师沟通。

五、了解学校开展的一些活动,明确学校的教育要求。学校每学期有一次家长会,春季学期有春季研学活动、心理拓展活动、体育周活动、学雷锋活动等,秋季学期有运动会、元旦活动等,活动开展时,爸爸妈妈请尽量全程参与进来,给孩子们加油打气。

在此,希望在外地工作的爸爸妈妈们能够尽可能地创造条件与孩子们团聚。爸爸妈妈们可以利用春节、国庆等假期与孩子团聚。孩子放暑假或者寒假,条件许可的话,把孩子带到自己身边,让孩子了解一下爸爸妈妈的工作,顺便让孩子看看外面的风景。

陪伴是世间最好的爱,可抵挡时间所有的坚硬,温暖生命中所有的岁月。不管离孩子有多远,有心陪伴就好。陪伴少不怕,我们可以陪伴好。

（教师介绍：刘晓燕,一名普通班主任,合肥市师范附属小学四年级一部组长,数学教师。）

如何做好单亲家庭的家庭教育

邵骋晨

【课程目标】

帮助家长了解单亲家庭教养中孩子的心理发展与家长的早期干预。

【课程大纲】

一、离异家庭儿童的心理发展；

二、对可能出现的心理问题进行早期干预；

三、关于离婚，家长该怎样降低对孩子的负面影响；

四、单亲家庭的建立。

【课程内容】

课程导入

抚养孩子是一个艰难的工作，对于单亲家长来说，这项工作更是难上加难。单亲家庭的孩子在成长过程中会受到不利的影响，但是我们通过努力可以减少负面影响。

研究表明，在不同类型的单亲家庭中，因离异产生的单亲对孩子造成的影响最大。因此夫妻如何在离婚的状态下跟孩子保持良好的亲子关系，以减少夫妻感情变故和离婚给孩子带来的不利影响至关重要。

第一课时

我们来一起关注离异家庭儿童的心理发展。

随着婚姻观念的变化、离婚率的升高,离异家庭儿童的数量也不断增加。民政部发布的数据显示,2020 年全年离婚登记是 373.3 万对,其中 67% 的离异家庭会涉及孩子问题。在离婚问题日益凸显的同时,离异家庭儿童的心理发展问题也不断涌现。

许多家长会感觉到孩子出现作业潦草、偷工减料、延迟拖沓等现象。从父母离异时矛盾的不同程度来看,离异时父母的矛盾越激烈,其子女的学习态度越消极;从父母离异后彼此的关系来看,父母离异后相处越平和,交往越密切,其子女的学习态度越积极。

也有研究表明,离异家庭儿童的认知发展水平落后于完整家庭儿童的认知发展水平,而且年级越低,父母离异给儿童认知发展所造成的危害就越大。

在人际交往方面,同伴关系在儿童的社会认知、情感、能力等社会性发展和人格的健康发展中起着重要作用。在日常教学中,教师会发现离异家庭儿童的同伴关系水平,如结伴的难易、与好友的关系质量等会低于完整家庭儿童的同伴关系水平。

结合离异家庭儿童的心理发展,我们可以对其可能出现的心理问题进行早期干预,将负面影响降到最低。

首先,我们可以帮助孩子做好心理调适。将离婚的事情告诉孩子要有方法。我们应该抱着坦诚、平和的态度交流,重要的不是说什么,而是用什么情绪说。与此同时,父母彼此不抱怨,要让孩子感觉离婚后的父母更开心、更幸福,自己也更受关爱。最后,一定要让孩子知道父母离婚不是他的错。

接着,我们要营造良好的家庭氛围。离异对孩子有着重大影响,在家庭生活中,孩子对家庭、父母有着紧密联系与依赖,父母离异将会危及这些联系。家庭变故将会导致悲伤与危险,其中孩子最恐惧的是被遗弃。

最后,创造条件,让孩子能够在父母婚姻关系结束后充分感受到父母的爱。离婚只是爸爸妈妈分开,但并不影响父母对孩子的爱。要培养儿童的兴趣爱好,使其尽快从父母离异的阴影中走出来。鼓励孩子多参加集体活动,学会与人相处,增强人际交往技能;父母要给自己设置合理的期望,不让孩子心理负担过重。避免对儿童溺爱和放纵,尽量做到对儿童的教养方式不发生太大变化,保持家庭教育的前后一致性,避免孩子无所适从。

孩子的成长最重要的不是家庭成员多少的问题,而是家长教养孩子的质量的问题。单亲家长可以充分发挥单亲的优势,与孩子共同成长。

通常来说,单亲家长都具备高度的责任感,他们会以非常认真的态度对待家庭。在独自抚养孩子阶段,他们会用行动更多地照顾自己的孩子,努力让孩子过得更加幸福。

单亲家长在交流上简单明了,是坚定的决策者、很好的组织者。因为有太多的事情要做,而且只有一位家长来做,因此单亲家长会创建高效率的系统来承担这些责任。

单亲家长可以处理不同的家庭事务,也更重视家庭价值。因为家里没有婚姻伴侣,所以单亲家长把注意力都放在孩子的身上,放在亲子关系的质量上。

单亲家长在经济上善于量入为出。大多数单亲家长知道如何把钱花在刀刃上,孩子学会这一本领后会对他们日后的生活有帮助。

单亲家长需要对孩子有明确的期盼。为了他们之间相互信赖,单亲家长创立了家庭体系,在这个体系中孩子明白家长对自己的期待,以及他们对家长的期待。

最后,单亲家长会让孩子承担家庭的责任。

单身,是一种选择。让我们放下担心,笑对生活,把不幸和挫败看作是生活的一部分,与孩子一同成长!

第二课时

从准备离婚到离婚过程以及离婚后的单亲抚养阶段,单亲家庭孩子的教育可能面临如下挑战:

第一,人为绝缘。抚养孩子一方在任何时候都不提起另一方,就好像对方从来不存在一样,这是一种回避的心态,是试图让孩子永远不要提起、想起对方。这样采取人为的绝缘是不明智的。

第二,丧失信心。父母一方,特别是准备抚养孩子的一方对将来的生活,尤其是对抚养孩子没有信心,因而限制孩子和另一方接触和交流,担心孩子和另一方见面后会更喜欢对方而对自己冷淡。

第三,物质满足。父母中的一方采取不正当的手段笼络孩子的心,如用礼物和金钱等方式来挽回孩子对自己的依恋,形成父母竞争孩子的局面。

第四,交往减少。孩子因为父母的离异将和离开家庭的一方及其亲戚朋友丧失联系,这使孩子不仅丧失了父母中的一方,更为重要的是丧失了完整家庭关系中的一极,造成了孩子人际关系中的缺失。

第五,缺失指导。对单身家长来说,一个潜在的危险就是不愿意严格地管束孩子。许多单身家长都会感到内疚,结果很可能是放纵孩子,屈从于孩子的每一个怪念头。

关于离婚,大人该怎样帮助小孩呢?

首先,父母应该做的是顺利地、独立地从离婚情绪里恢复;其次,离异夫妻应该友好地化解分歧,双方都能主动留在孩子的生活里;最后,帮助孩子平稳过渡到"两个家庭"的生活。

夫妻关系紧张以及不和谐而造成的离婚,经常是因为我们不能够积极地与对方沟通,造成相互责备和隐瞒。我们创建了一套家庭体系,在这套体系里父母和孩子的沟通并不是很好。在婚姻不和谐期间,父母也许不会告诉孩子他们需要知道的,也不会注意孩子的想法。而孩子由于并不知道父母之间发生的事情,所以感觉他们之间不太对劲,并对所发生的事情感到吃惊。

如何对孩子说离婚呢?一般情况下,如果父母双方都同意离婚,即使一方比另一方更想离婚,也最好是父母一起告诉孩子这个消息。这种一致性表明即使父母婚姻的关系将要结束,但是父母的身份是不会变的,对孩子仍然有共同的责任,将继续一起守护孩子成长。

一般来说,告知孩子离婚这个消息要尽可能简单和具体。宣布离婚这个消息不是最终的通知,而是准备好开始解释这件事,这种开诚布公的行为将定义离婚事实的含义。我们所说的话应该帮助孩子理解我们所做的决定,并正确预测将来发生的事情。我们宣布的这个决定将给接下来的沟通定一个框架和基调。谈话前好好考虑一下,我们想要孩子明白大人所做决定的本质是什么,我们想要他们知道将要发生的事情的具体内容是什么,给予孩子一定的基本保障。

例如关于责任分配,我们可以这样回答:"离婚都是我们的错,因为这是我们的决定。这不是你造成的,你也不能改变这件事。"

如果孩子因敏感而受伤,请对他说:"我们知道离婚伤害了你,无论你什么时候情绪不好,我们都愿意倾听。"

承诺照顾孩子:"我将像以前一样照顾你。"

对孩子提出的问题坦率回答:"任何时候你想知道发生的事情或者将要发生的事情,请提出来,我们会尽力回答好这些问题。"

给予孩子沟通自由:"任何时候,你想和我们其中一个在一起,或者你想和我们交谈,都可以。"

大多数孩子在听到这个消息后,不能完全面对这件事,也不知道说什么。几天后他们会做出反应,并提出问题。这个时候我们就可以进行双向沟通。

当孩子问为什么会离婚时,父母可以这样回答:"我们决定离婚,是因为我们在一起并不幸福,我们相信如果我们分开会更幸福。"

离婚是怎么样的呢?"我们将分开住,你将轮流和我们住在一起。"

孩子会疑惑谁将对他负责。"如果学校里面有什么事情发生,他们需要联系一位家长,他们会首先联系我。"

哪边将会是主要的居住地?"你的玩具和大部分东西将放在我这里。"

有什么事情会改变?"因为我有了新的工作,放学后你将会待在学校作业托管班。"

离婚过程中良好的沟通可以打开孩子的心结,帮助孩子健康成长。

离婚的过程也是单亲家庭建立的过程。首先,要建立规则。单亲家长的首要责任是果断地建立新的家庭规则和价值准则,让孩子可以尽快开始适应。在制定规则时我们可以参考有效规则的"四原则":

原则一:比例均衡,保持规则有百分之九十的指导,和不超过百分之十的惩罚;

原则二:不要只是惩罚孩子,却不指导孩子的行为;

原则三:修正做法以减少事情的负面影响,与其挑错和抱怨,不如让孩子自己认识到这件事的后果并自我修正;

原则四:保持遵守规则的积极性,减少消极性,充分利用奖励机制。

称职的单亲家长不会沉默。要不断对孩子的行为进行反馈,并不断对孩子的决定进行评估,告知孩子他们所做决定的对错和原因。称职的单亲家长不会失职。因为监管既是一种追查的力量,又是一种催促的提醒。称职的单亲家长不会退让。当一些主要的规则被破坏后,家长要实施惩罚。称职的单亲家长不会给孩子不必要的礼物。在一个健康的家庭关系中,孩子要想得到,必须自己先付出。

经历过以上种种,相信很多单亲家长都会感受到压力。面对压力,我们有必要寻求支持。单亲家长的首要任务是争取充分的社会支持。除此之外,我们也需要自我尊重。

离婚后,大多数单身家长会选择再次约会,大多数也会再次结婚。当单亲家长开始约会时,一定要和孩子讨论这种改变,在处理孩子和这段关系时要谨慎,因为孩子也许会把这段关系当真。当孩子开始喜欢以及依赖家长的新伴侣,而这时如果这段关系破裂,那会让孩子失望,也会再次让孩子受到伤害。

许多童话故事都把继母或继父描述成邪恶的坏人,但是现实生活中重组家庭也有着积极影响。继父或继母第一步要做的就是提前与配偶取得一致意见,商量好对待孩子的态度和方式等问题,还要对新家庭有切合实际的期望。我们一定要理解孩子,因为孩子需要很长时间来适应新的环境。

为人父母,只有我们自己活出幸福的状态,才能够让孩子对未来充满向往,才能让他们有信心去追求美好的未来。让我们积极面对,积极选择,改变能改变的,接受不能改变的。祝愿每一位单身家长都能在家庭教育中享受快乐,体悟成功。

（教师介绍:邵骋晨,合肥市师范附属小学语文教师。）

扫码观看线上课堂

学做智慧父母　共育幸福儿童

许艳

【课程目标】

分析孩子童年成长环境对其健康成长的重要性,引导多孩家庭的家长避开家庭教育误区,形成有效合力,共同教育好孩子。

【课程大纲】

一、父母合作共育的重要性;

二、如何合作共育;

三、二孩家庭教育常见的几大误区;

四、父母共育的几点策略。

【课程内容】

第一课时

一、父母合作共育的重要性

家庭教育的主力军是父母,父母是孩子的第一任启蒙老师,父母的家庭教育是孩子最重要的教育来源,它贯穿了孩子前期的成长过程,家长言传身教所体现的教育理念和教育水平,会潜移默化地塑造孩子的个性和三观。特别是小学阶段,6 至 12 岁是孩子性格教育的黄金年龄,更是值得一生回忆的童年时光。

阿德勒曾说,幸运的人一生都在被童年治愈,不幸的人一生都在治愈童年。父母如果能学习更多的儿童心理学知识,以科学的教育理念为支撑,给予孩子均衡的关注与爱,相信他们会更全面、更健康、更和谐地成长。在这样的家庭长大的孩子,内心一定是健康的、丰盈的、幸福的。

二、父母如何合作共育

大多数父母可能都经历过这种情况:有时你认为应该以某种方式管教孩子,而你的伴侣却想以不同的方式来处理,你们互不认可,各执己见,彼此指责,进而争吵,一时间家里硝烟弥漫。家庭教育的主力军是父母,那父母如何实现合作共育呢?

(一)夫妻关系和谐

家庭关系的核心是夫妻关系,夫妻关系是家庭稳定、幸福的基石。夫妻和睦恩爱,家庭气氛温馨,才能给予孩子安全感、自信心,会让孩子变得活泼开朗、积极乐观,对孩子的教育有很大的益处。

如果父母经常争吵、互相指责,家庭气氛紧张,就会破坏孩子对家庭关系的亲密度,使孩子感到恐惧与烦恼,这样不利于孩子智力和情感的发展。所以要想教育好孩子,父母先要经营好夫妻关系,避免争吵,特别是不要当着孩子的面争吵。

(二)教养观点一致

在许多家庭中,由于夫妻双方的经历、价值观、认知水平、工作环境不同,对孩子成长规律的理解也各不相同,因而会在教育孩子的问题上产生分歧。父母一个特别严厉,一个习惯性放养,往往是家庭教育失败的重要原因。过于严厉或溺爱本身都是错误的,如果父母中的一方总是打骂,另一方经常袒护,长此以往,不但会直接影响孩子与父母的感情,产生亲疏之别,也会使孩子无所适从,不知道该听谁的,不能达到预期的教育效果,严重的话,孩子还可能成为人格失调的"双面人"。

俗话说,心往一处想,劲往一处使。在孩子的教育上,父母要统一战线,做一对会"演戏"的父母,一个唱红脸,一个唱白脸,互相补台,孩子才能从父母身上得到温暖和教益。这样,父母在孩子面前才是完整的,才能树立真正的威信,教育才能发挥最大的功效。

(三)好好沟通,学会倾听

很多家庭在教育上出了问题,很大原因是夫妻间不能好好说话,一张嘴就开启互撑模式,火药味十足。夫妻在教育孩子的问题上要心平气和多沟通,制定出赏罚分明的、适合自己孩子的教育策略。对于有争议的问题,夫妻双方可以各自说出自己的意见,无法认可对方的行为时,要商讨出双方可以共同接受的科学的教育方式,只有父母相互配合,才能把孩子教育好。

除了心平气和地沟通,还要学会当一个合格的听众。平静地聆听对方的观点而不找碴,不仅是对伴侣的尊重,也是自己有修养的表现,还能更快地找到共同点,顺利解决问题。

教育孩子是夫妻双方共同的责任和义务。父母中任何一方一手包办都不合适,只有夫妻双方经常沟通,协商一致,学会聆听,才能防止教育出现偏差,达到最佳效果。

(四)主动学习,共同成长

孩子的教育不是一成不变的,会因年龄、性格、性别、成长特点等差异而不同,孩子每个阶段的教育方法也不同。要想教育好孩子,就需要家长也不断成长进步,学习是必不可少的。父母需要掌握一定的心理学和教育学方面的知识,可以阅读家庭教育类的文章,也可以参加相关的讲座培训,还可以咨询教育类专业人士。总之,教育孩子既是一门科学,也是一门艺术,需要我们不断地学习和探索。

今天我们探讨了父母合作共育的重要性以及如何合作共育,下节课我们将探讨二孩家庭教育中常见的几大误区和父母共育的几点策略。

第二课时

在上一课中我跟大家分享了父母合作共育的重要性以及如何合作共育,今天我们将一起聊聊二孩家庭教育中常见的几大误区和父母合作共育的几点策略。

一、二孩家庭教育的几大误区

在二孩家庭的平常生活中,大宝和二宝会在很多方面产生矛盾,如果此时父母不能及时、平等、正确地教育两个孩子,长此以往,容易导致其中一个孩子出现人格缺陷,造成教育的偏失,轻则影响孩子之间的感情,重则让孩子一辈子都深陷原生家庭带来的伤害中无法自拔。二孩家庭中有着以下几个常见误区:

(一)偏心

我们经常会听到二孩家庭的父母对大宝说:"二宝还小,不懂事,你是哥哥(姐姐),你要让他(她)。"

不管两个孩子哪个更招人喜欢,父母一定要一碗水端平。请一定要将爱平等分给孩子:买东西的时候,一定要买两份;对待孩子,要用一样的态度。总之,要让两个孩子感觉到平等。如果父母偏心的话,两个孩子之间就很容易产生争执和矛盾,得到父母更多爱的那个孩子会变得十分骄纵,而缺乏爱的那个,性格就会越来越孤僻,这都不利于孩子的成长。

父母不偏向小宝,给予大宝平等的爱,会让大宝产生一种内心的平衡感,在形成这种平衡感之后,才有可能培养起其对于弟弟妹妹的责任心。今后两个孩子的相处问题将会得到更好的解决。

(二)总拿两个孩子做比较

"你看弟弟嘴巴多甜,反应多快。"

"还是妹妹更乖巧可爱哦。"

"你们两个,谁比较乖爸妈就爱谁。"

……

这个世界上没有哪两个孩子的长相、性格是一模一样的,即使是双胞胎。一只手的手指头伸出来也有长短,父母不必总是拿两个孩子进行比较。父母的本意是希望通过比较来激励孩子上进,或者希望两个孩子互相作为榜样共同进步,但是这样的做法往往只会起到相反的作用,会伤害两个孩子的感情。父母总让两个孩子站在对立面,就会让他们之间产生竞争,造成隔阂。为了争个高低胜负,获得父母更多的爱,孩子之间往往就会产生恶性竞争。

所以二孩家庭中,父母要想让两个孩子友好相处的话,千万不要拿孩子来做比较,要包容并接纳孩子的不同性格。

(三)当面训斥孩子

"你看,都这么大了,吃饭还是撒一桌子。"

"都上学了,怎么还尿湿裤子? 真不让人省心。"

……

大人们总想着对两个孩子的教育如果可以同步进行该有多好,为了省事,就会采取杀鸡儆猴、敲山震虎的方法。孩子再小,也是有自尊心的,当着另一个孩子的面批评犯错的孩子,会伤害到孩子的自尊心。要是孩子做错了一件事,被另一个孩子知道后,当成笑柄,一直嘲笑他的话,同样会伤害孩子的自尊心。所以父母要懂得保护孩子,尽量做到犯错单独批评。当孩子做错事的时候,千万不要当着另一个孩子的面批评教育,要学会单独批评。

(四)榜样绑架

"你是哥哥,你要争气,给妹妹做个榜样。"

"你是姐姐,要好好表现,给弟弟带个好头。"

二胎家庭中,父母总是会给大宝很大的压力,总是会认为大宝就必须是弟弟妹妹的好榜样,所以平时总是高标准要求大宝,不允许大宝犯错,一旦犯错会加重惩罚。其实父母要知道,大宝也是孩子,也会有犯错的时候。父母不要对大宝进行榜样绑架,那会让孩子长期精神紧绷,无法喘息,影响孩子身心健康。父母要平等期待,不给大宝加无形的砝码。只有在和谐、宽松的环境下,孩子才能更健康地成长。

能成为兄弟姐妹是一件有缘的事情,父母可千万不要用错误的教育方式,导致他们彼此嫉妒、怨恨,成为最熟悉的陌生人。

二、父母合作共育的几点策略

(一)关注孩子的心理

1. 耐心倾听,与孩子平等沟通

近些年,关于孩子身心健康的负面新闻越来越多,每每让人心惊胆战。也经常有家长私下和我抱怨,说孩子有心事都不愿和自己沟通了。

父母是孩子最亲近的人,为什么孩子不愿意和父母沟通呢?父母常常忙着工作、忙着做家务、忙着刷手机,在孩子兴致勃勃地想跟他们分享学校的事情、同学之间的趣事时,他们总是很不耐烦地敷衍,"嗯,好"地随便应付。孩子是很敏感的,碰了几次壁,就再也不愿意说了。

有的父母喜欢揣着家长权威,高高在上,用不屑、指责的姿态,来看待孩子的问题。当拒绝孩子的要求时,他们不能从孩子的角度考虑问题,也很少解释为什么不行,直接地拒绝孩子,这样暴力沟通的家长,让孩子害怕、讨厌,孩子避之唯恐不及,哪还愿意和你沟通、分享呢?

良好的沟通是亲子关系的桥梁,最长情的爱是耐心倾听。如果你也想做个智慧父母,想走进孩子的内心,就要学会蹲下身子,耐心倾听,积极互动。

2. 关注孩子的心理需求

没有哪一个孩子不希望得到父母的关爱。现在养育孩子,不是给孩子好的物质生活就可以了,而是要关注孩子的心理需求,看到孩子行为背后的原因,及时帮助孩子解开心结,这样孩子才能健康地成长,这样的父母才是孩子钦佩的偶像。

特别是家里有了二宝后，父母的时间、精力有一大半要用来照顾二宝，不可能把全部关注放在大宝身上。此时，父母就更要关注大宝的心理，多与孩子交流，及时梳理心中的问题，培养孩子乐观开朗、乐于沟通分享的性格。

（二）关注孩子学业

有了二宝以后，父母很难像以前一样，把全部精力都放在大宝身上。特别是到了小学阶段，更是不能忽略孩子的学习。父母每天工作之余，一定要去孩子的书房坐坐，翻翻孩子的课本、作业，与孩子聊聊学习上的收获、课堂中的趣事、作业中的亮点、考试中的失误，发现了孩子的进步，一定不要吝啬你的表扬。晚饭后，还可以陪孩子看看刚买的书，聊聊书中的人物故事，听听孩子的观点，让大宝从心里感受到父母的关爱，知道父母对自己的关爱不会因为有了二宝而减少。

此外，还要经常与老师沟通，了解大宝在学校的表现，在课堂上的听课状态，课下与同学相处的情况。父母还要积极参加学校组织的家长会及其他的活动，让大宝感受到父母一如既往的关注，从心理上规避因二宝的到来，大宝的失落、嫉妒。

（三）关心孩子体质

有了二宝后，父母会更忙碌，常会觉得时间不够用。被家务、被琐事缠身，经常会把大宝晾在书房，或是给他买很多玩具，让他在房间自娱自乐。孩子的天性就是玩，要去大自然中，要和小伙伴一起玩耍，否则多没意思、多孤独呀。

有了二宝后，父母不能总是冷落了大宝，忽略了大宝的户外运动。父母要克服困难，偶尔在周末或节假日，抽空带大宝，再约上小伙伴一起去公园、游乐场转转，放放风筝，划划船，或是在草地上疯跑，孩子们也会高兴到尖叫。

如果时间不允许，晚饭后陪孩子去小区的健身区域锻炼身体，也是不错的主意。下楼扔垃圾的间隙，也可以陪孩子拍几下球，或者一起跳绳，还可以来场亲子跑步比赛。如果精力跟不上，那么与孩子手牵手，一起在小区散散步，也会让大宝欣喜不已。

家是孩子的第一所学校，也是永远的学校。父母是孩子的第一任老师，也是永远的老师。让我们放下焦虑,打破常规,调整心态,不断学习,时常反思,学做智慧型父母,共育幸福儿童。

（教师介绍:许艳,家庭教育指导师,曾获包河区课堂教学评比一等奖,所带班级多次获"包河区优秀班集体"称号。）

扫码观看线上课堂

家庭和谐共生　孩子阳光成长

郑兆甫

【课程目标】

帮助家长了解家庭教育不和谐的影响及成因,认识和谐的家庭教育的重要性,懂得构建和谐家庭育人环境的策略。

【课程大纲】

【课程设计】

通过案例,介绍家庭和谐育人环境的重要性及构建家庭和谐育人环境的一些小策略,分享一些成功家教的经验和家教箴言。

【课程内容】

第一课时

常言道,家和万事兴,国泰千家欢。孩子在家庭中成长,会真实反映出家庭的情况。孩子的成败,往往都能从家庭中找到原因。

苏联教育家苏霍姆林斯基认为:如果没有整个社会首先是家庭的高度教育

素养,那么不管老师付出多大的努力,都收不到完美的效果,学校里的一切问题都会在家庭里折射出来,而学校复杂的教育过程产生困难的根源也都可以追溯到家庭。

由此,家庭育人环境对孩子的影响是最深远的。那么,有家长可能会问:"是不是家长文化水平越高,家庭教育越好呢?"

其实,我们从身边、从媒体报道上不难发现,优秀的孩子、成功的人士跟家长的文化水平没有多少关系。家庭教育的成功,关键在于家长有正确的育儿方法,家庭有和谐的育人环境。

今天,我们将从思想上,去认识家庭教育不和谐的影响及家庭教育不和谐的成因。

一、家庭教育不和谐的影响

家庭不和谐,是导致家庭教育失败的根源,这对孩子的健康成长极为不利。主要表现在以下几个方面:

(一)认知能力混乱

父母在生活的各个方面不和谐,尤其是教育孩子的态度和方式不一致,有时甚至相互对立,使孩子不知所措,无所适从。认识不和谐,孩子就会形成许多错误的观念,在错误的观念的指导下行为必然偏离正常。进一步还会导致情绪混乱,给孩子的心理健康发展带来不利影响。

(二)情绪、情感烦恼与恐惧

如果父母经常争吵、指责,就会破坏孩子对父母的真诚情感的体验,产生强烈的内在冲突,使他们总是感到不安与烦恼,有时孩子的正当要求得不到满足,可能由情绪不稳定而发展到仇恨父母。

(三)行为习惯懒散,不自律

在不和谐环境中成长的孩子,由于他们的认知不和谐,没有建立高尚的动机,也没有积极向上的进取精神,面对困难就会退缩,面对挫折不知所措。他们无法做到自律,行为往往表现得十分懒散,生活也没有规律。

(四)性格自卑、任性、不合群

12 岁之前,是孩子个性品质形成的最佳时期,如果在不和谐的家庭教育环境中长大,缺少父爱、母爱的情感体验,一般情况下,就会出现自卑、任性、不合群等不良的性格特点。

罗素在《婚姻革命》中说:"如果想让孩子长成一个快乐、大度、无畏的人,那这个孩子就需要从周围的环境中得到温暖,而这种温暖只能来自父母的爱情。"夫妻恩爱,子女就会生活在温馨的家庭氛围中,得到关心和爱护,获得爱和尊重的体验,从而心情愉快,身心皆健;反之则影响子女的发展,甚至会毁掉子女一生的幸福。

常言道,三岁看大,七岁看老。小学阶段,是孩子个性品质和好习惯形成的最佳时期,如果在不和谐的家庭环境中长大,缺少父爱、母爱的情感体验,一般情况下,都会出现自卑、懒散、任性、不合群等不良的性格特点。

因此,营造家庭和谐的育人环境对孩子的健康成长至关重要。那么,导致家庭教育不和谐的因素有哪些呢?

二、家庭教育不和谐的成因

俄国作家列夫·托尔斯泰曾说:"幸福的家庭总是相似的,而不幸的家庭则各有各的不幸。"进入新时代,人民的生活水平极大地提高,家长十分重视孩子的教育投入。当下,为推进素质教育,学生的学科门类不断增多,加之众多的考级和竞赛,家长有些抓狂,对孩子由"望子成龙""盼女成凤"逐渐演变为"逼子成龙""逼女成凤"。其结果就是抹杀了孩子的独立人格和主动精神,使孩子成为家长的"附庸"。

(一)家长教育观念和方法错误

一些父母由于育人观念陈旧,将注意力放在知识传授上,始终把考试与升学作为教育的出发点和归宿,忽视了对子女兴趣、理想、性格等非智力因素的培养。家长的教育观念决定着家庭教育的具体内容和方法,因而不正确的教育观念必然导致教育内容的片面、教育方法的失误。而家庭教育方法的不当,常会给孩子精神上和肉体上造成巨大伤害,从而影响到孩子的身心健康,进而不利于孩子的阳光成长。

(二)家长期望值过高,而身心素质偏低

俗话说:"言传身教,身教重于言教。"父母的行为举止无时无刻不在影响着孩子。十年树木,百年树人。家庭教育也是一个循序渐进的过程,而现在一些家长心理素质偏低,自我控制能力较差,总拿别人家的孩子说事,对自己孩子缺乏耐心,看见孩子做错事,不是耐心地讲道理,而是大发脾气,一味地打压孩子。这种错误的教育方法严重影响了家庭教育的实际效果。

(三)家庭关系的不和谐

家庭关系不和谐带来的紧张压抑气氛,极易引起孩子情绪不稳定、心灵失衡。父母之间的争吵会让孩子产生恐慌的心理,也会影响父母在孩子心目中的形象,从而失去了孩子对父母的尊重和信任。在这样的环境中成长的孩子容易形成自卑、封闭、厌倦家庭和仇视社会的畸形性格,进而形成反社会的扭曲心理,严重的还将走上违法犯罪的不归之路。

我们把童年定义为无忧无虑,其实不然,在童年生活中,孩子也时常会遇到种种挫折,只是很多孩子没有表达出来,有的孩子表达出来了,父母却认为小孩子哪有这么成熟,最后不了了之。如果家长要求苛刻,孩子遇到错误就会受到惩罚,就会导致孩子犯错时不敢说出来。

孩子的心理健康,永远比少犯错,高分数更重要。所以我们要告诉孩子:你是我的孩子,我爱你,无论遇到什么困难,我都会帮你解决;无论你未来怎么样,我都会无条件地爱你。

歌德曾说:"无论是国王还是农夫,只要家庭和睦,他便是最幸福的人。"孩子是家庭的一面镜子,孩子出现的问题,往往能从家庭中找到原因。

第二课时

　　心理学家形象地把家庭形容为——"爸爸是树干，妈妈是绿叶，孩子是花朵，而家庭是土壤，温馨和睦是阳光雨露，共同滋养树干和绿叶开出灿烂的花朵。"这节课，我们主要从以下三个方面进行交流：构建和谐的家庭育人环境；成功家教的启示；箴言分享。

一、构建和谐的家庭育人环境

　　众所周知，父母是孩子的第一任老师，家庭是孩子成长的第一所学校，孩子的阳光成长家庭起到决定性作用。因此，解决孩子的教育问题，重点应放在家长的肩上。营造和谐的家庭育儿环境，主要可以从以下三个方面改进应对策略：自身修养、教育观念、家校关系。

　　（一）提高自身修养，努力创造和谐的家庭环境

　　家长要不断学习，丰富自己，提高自身的文化素质和心理素质。尤其是在信息高度发达的今天，家长更应该不断更新自己的知识结构，使之能满足孩子的求知欲，胜任对孩子的教育指导工作。除此之外，家长还应该创造良好的家庭教育环境，使家庭充满温馨，让孩子能感受到父母对他们的爱和期待，从而激发他们推动自己不断进取。建立恰当的父母角色，言传身教，当好孩子的榜样。自觉遵守社会公德，讲文明，守法纪，讲道德，教育孩子要从自身做起，要求孩子做的事，自己首先要做到，起表率作用，诸如：孝敬父母、热爱家庭、讲文明、讲卫生、家庭成员之间要互相关心，营造平等温馨的家庭气氛，养成良好的生活习惯。

　　古人云，近朱者赤，近墨者黑。环境对于每个人的发展有着至关重要的影响，一个良好的社会环境造就了人们安定舒适的生活，一个良好的家庭环境为

孩子身心健康的发展奠定了坚实的基础。同样,孩子的学习也需要一个良好的环境做保障,显然家庭环境对孩子的成才有着深远的作用。

比如说孩子在家学习,这个时候家长应该做到不看电视、不高声谈话,不玩手机,这样才不会分散孩子的注意力,提高孩子的学习质量和学习效果。甚至家长也应该养成在家里经常读书看报的习惯,从而影响、熏陶孩子也养成爱读书、爱学习的习惯。这对孩子来说,更能建立家长的威信。

(二)家长要与时俱进,更新教育观念和教育方式

社会在飞快发展,技术不断创新,国家对于人才的要求也在变化,我们必须随着时代对家庭教育提出的新要求进行相应的变革。这种变革首先应该是观念上的变革,因为观念是行为的先导,有什么样的教育观念就会有什么样的教育方式。所以,家长要更新教育观念和教育方式,在实施家庭教育的过程中,始终要全面施教、以身作则、爱严结合、要求一致。我们应该是这样的家长:

家长是良师——人生规划,目标指引,答疑解惑等;

家长是益友——学会倾听和表达,创造和谐的人际关系;

家长要善于表扬——始终能发现孩子闪光点;

家长要立规矩,讲原则——自律,重在坚持、执行;

家长要爱学习——营造和谐的书香育人环境。

(三)家长要配合学校教育,形成教育合力

在人的一生中,家庭教育和学校教育对其成长、成才的影响是最深刻、最长久的。尤其在青少年时期,这个时期是青少年世界观、人生观、价值观形成的关键时期,家庭和学校几乎构成了青少年全部的生活空间,如果家庭教育和学校教育不和谐,甚至相互冲突,不仅会影响青少年身心健康发展,严重的甚至会导致心理疾病的发生,而且还会严重影响学校教育教学的质量。因此,家长必须和学校保持一致,将家庭教育和学校教育互相融合,确保家庭教育和学校教育的方向一致,优势互补。家长应该学会借助学校丰富的教育知识和资源、丰富的教育观念,积极配合学校教育,改进家庭教育方式,促进青少年的身心健康成长。因此,我们要做到:

尊师——亲其师，信其道；

爱校——今日能以母校为荣，明日母校将以你为荣；

保持——保持家庭教育与学校教育一致；

尊重——尊重信任孩子，促进孩子主动发展；

借鉴——借鉴学校丰富的教育资源，为我所用。

研究表明，问题学生不仅仅是学习问题，他的个性品质也存在问题。我们常挂在口头的"状元""学霸"，经调查，他们不仅学习好，综合素质也高。这些孩子的成长，都能从家庭中找到原因，而且是积极良好的影响因素。

二、成功家教的启示

美国哈佛大学著名的心理学家戴维斯教授曾对近千名成功人士和失败者进行跟踪研究，他的调查和研究表明：人生成功与失败都直接与家庭教育相关。

诺贝尔文学奖获得者、中国著名作家莫言曾说："孩子的优秀，浸透着父母的汗水。"优秀的父母在家庭教育上大都做得很好，他们良好的沟通来源于自觉地遵循了以下这三条原则：

第一个是倾听，就是让孩子把话说出来，并且听懂孩子话里的真实意思；

第二个是理解，就是站在孩子的角度想想是不是有道理；

第三个是建议，就是父母说得有道理但孩子并不一定就能采取正确的行动，因此父母应该给予建议。

在这三条原则中，倾听是父母做得最差的。每一个孩子都是伴随着问题成长的，不碰到问题的孩子是找不到的，不碰到问题的父母也是找不到的，关键是要像那些优秀的父母那样能够静下心来找到解决问题的办法。

智力不是最重要的，比智力重要的是意志，比意志重要的是胸怀，比胸怀重要的是一个人的品德。成功家庭教育给予我们的启示是——家庭教育的"四个第一"：建设好家庭才能成就"第一所学校"；自我发展才能成就"第一任老师"；以德为先才能讲好"第一堂课"；养成习惯才能扣好"第一粒扣子"。

三、箴言分享

关于营造和谐的家庭育人环境,人们总结出一些箴言,与大家分享!

【好父母都是学出来的】

没有天生的成功父母,也没有不需要学习的父母,每一个人在做父母时都要学习相关的知识,关于怎样做父母的意识和知识准备得越早越好,越充分越好。

【好孩子都是教出来的】

优秀父母,他们的一个共同点,就是在教育孩子上费尽心思。

【好习惯都是养出来的】

很多父母将孩子的不好习惯怪罪到学校身上,怪罪到老师身上,怪罪到孩子身上,唯独没有怪罪到自己身上。其实孩子身上的多数习惯——无论是好习惯还是坏习惯——都是我们做父母的有意无意培养出来的。

【好成绩都是帮出来的】

帮助孩子适应应试教育成了我们父母的一份应尽的义务,而帮助孩子减负的最好办法是我们父母增负,就是我们父母能够成为孩子学习上的导师。

【好成就都是内化出来的】

意志、品德、胸襟等这些最重要的品行不是通过父母的说教等"显教育"就能形成的,而是通过父母的行为即"潜教育"内化进孩子的血肉里的。让孩子养成大襟怀的最好方式除了父母做好表率外,就是让孩子多读名著,多读伟人的传记,让孩子从小学会用伟人的眼光来看待社会和自己。

"成功的人生总是相似的,而失败的人生则各有各的原因。"进入新时代,社会巨大变革给家庭教育又提出了许多新课题、增添了许多新内容,我们光靠老经验难以胜任对子女的教育,要学点育儿方面的知识,要努力提高自身的修养,共同营造和谐共生的家庭氛围和家校合作关系。只要我们家长有责任心、爱学习、勤思考,就能找到科学的教子之方,就能培养出新时代全面发展的阳光少年。祝大家家庭和美、家教成功!

（教师介绍:郑兆甫,包河区骨干教师、家庭教育指导师、全国少年儿童"双有"主题教育活动先进个人。）

扫码观看线上课堂

男孩女孩长大了

——与青春同行

刘燕

【课程目标】

一、正确认识青春期异性交往的必要性；

二、学会以恰当的方式引导异性交往。

【课程大纲】

一、青春期孩子的身心特点；

二、与异性交往的好处；

三、与异性交往的原则；

四、家长如何对待青春期男女生的交往。

【课程内容】

围绕青春期异性交往和大家交流四个小话题，第一个是青春期孩子的身心特点；第二个是与异性交往的好处；第三个是与异性交往的原则；第四个是家长如何对待青春期男女生的交往。

话题一：青春期孩子的身心特点

小学阶段是孩子们学会人际交往、适应学习生活、融入集体生活的基础阶段，《中小学心理健康指导纲要 2012 年修订版》提出小学高年级阶段要"开展初步的青春期教育，引导学生进行恰当的异性交往，建立和维持良好的异性同伴关系，扩大人际交往的范围"的目标。

在前青春期，儿童之间的友谊具有相当明显的性别倾向性，大家会看到男孩和男孩在一起玩,女孩和女孩在一起玩,性别是对朋友关系起到决定作用的单一因素。

青春期是童年走向成年的过渡,主要标志是性发育和性成熟,其间孩子们要经历身体和心理上的急剧变化,是青少年社会化的重要时期。青春期起始于10到12岁,正好是小学五六年级,处于这一阶段的学生随着身体的发育,发现了彼此间性别的差异,人际交往方式上也从同性间的人际关系,过渡到异性间的人际关系,这一过程,多多少少会给他们带来一些难题。在此过渡过程中,不少孩子表示在处理异性人际关系的时候会感到焦虑和紧张。

不少小学高年级学生表示,在与异性交往时有紧张、不自在的感觉,在青春期教育中最想了解的知识是异性交往。学生在青春期异性交往过程中产生的摩擦比较多,例如:他们与异性间稍微亲密了那么一点点,就可能被认为在恋爱或者被起哄。所以这时的孩子们有时会用和周围的异性同龄伙伴开玩笑的方式,或者是取笑周围的异性同龄伙伴的方式,来掩饰他们对此的焦虑。

话题二:异性交往的好处

人有三情,分别是亲情、友情、爱情。三情具备,才能充分满足一个人生理和心理的需要。异性交往是人所经历的重要人生经验,渴望得到异性友情是人生必经的心理过程。异性交往有哪些好处呢?不知道大家平时有没有考虑,和大家分享以下三点。

(一)青春期异性交往是人成长的一个必然过程,是人生理和心理发展的必然要求

进入青春期的青少年,生理上的急剧变化引起了心理上的一系列微妙而复杂的反应。男女同学便产生了一种彼此接近的需要,产生了相互吸引的心理,爱在异性面前表现自己,渴望得到异性的友谊。异性间的相互交往以及由相互吸引而产生的愉悦的情绪体验,是一种良好的积极的情绪体验,它不仅对心理健康有很大的影响,而且会引起生理效应,可激发人的潜能,使人敏捷活泼而奋

发向上。坦诚、正常的异性交往对于青少年的身心健康及学习、生活都有着良好的促进和影响。如果各位家长把男女学生的交往看作青春期的正常反应，理解为学生的长大、成熟，有意识地增加他们之间正常的交往的机会，对他们多点宽容，多一些正面的理解，保护他们之间的友情，这种友情便会朝着健康的方向发展，就能让他们把握好自己的情感，这对他们的一生都将产生深远的影响。

（二）青春期异性交往是人类社会交往的基础

人际交往中的很大一部分便是异性交往。在学生时代就要学会不仅能和同性相处，而且会与异性相处。在与异性的交往中可以学会如何去尊重别人，促进彼此言行的文明、健康，可以培养男孩的绅士风度，培养女孩的淑女品行，让学生在广交朋友的过程中互相取长补短，学会与不同性格的人打交道，为他们将来的社会交往活动打下良好的基础。学生时代是最活跃、最热情奔放、最无顾忌的，如果从学生时期男女之间就"闭关自守""老死不相往来"，这只能造成心灵的扭曲和心理的畸形，会使人际关系冷漠和疏远。

（三）青春期异性交往可以提高学习效率

心理学家发现，大多数人都在心理上存在"异性效应"，青少年尤甚。这种"异性效应"的表现是，有异性参加的活动参加者一般会感到更愉快，干得也更起劲、更出色。这是因为，当有异性参加活动时，异性间心理接近的需要得到了满足，这会使人获得程度不同的愉悦感，从而激发起内在的积极性和创造性。因而青春期正常的异性交往可以提高学习效率。

话题三：异性交往的原则

任何事物都存在矛盾对立的两个方面，理所当然地，异性交往也存在一些负面影响。其中最主要的是，如果男女生掌握不好异性交往的度，便会陷入"恋情"而不能自拔。男女生青春期异性交往要注意以下两个原则，避免陷入早恋的误区。

（一）自然大方，合作互助

男女生既不能故意压抑和异性交往的需求，也不能交往过密、举止亲昵，应自然、落落大方地进行交往，建立纯洁的友情。男女同学之间的友谊不宜只在个别人之间建立，而应该在集体活动中发展，应尽量扩大交往的范围，这样才会有更多机会了解各种禀赋、气质的异性同学，也可避免他人误会。同时男女生本身并无性别优劣，在生理结构、性格发展和思维方式上各有所长，要做到取长补短，学会互助合作，才有利于相互促进，共同进步。

（二）相互尊重，文明用语

交往时男女同学都要学会尊重对方，包括尊重对方的人格，尊重对方的意愿。每个人都很爱护自己的尊严和名誉，珍惜自己的人品和人格。交往过程中一定要注意语言艺术，一句话能把人逗乐了，也同样能把人惹恼了，在男女生交往中特别要注意这个问题，把握好尺度。男生自尊心强，女生不要出言不逊，伤害男生；男生也不要大大咧咧，不小心得罪了敏感的女生。

话题四：家长如何面对青春期孩子的异性交往？

（一）作为家长，要理性地对待孩子的异性交往

每一个家长，都是从青春期过来的，对这个时期都有着多多少少的感受，都能对这个问题说上几句。但大部分家长都会对孩子的异性交往谈虎色变，甚至是横加指责，导致家长与孩子关系不和谐，引发家庭矛盾。所以，作为家长，要以平和的心态来对待这个问题，平静地看待孩子间的异性交往。现在的孩子大都是独生子女，没有兄弟姐妹，因此他们对异性的好奇心比家长们小时候强烈得多。再加上社会的发展，他们的思想观念会更进步、更丰富，所以家长不要认为自己是过来人，就轻易地去干涉，去指责，急于下结论，而是要静下心来，理性对待孩子异性交往的行为。其实孩子的异性交往行为往往都逃不过家长敏锐的眼睛，如何处理这些行为是家长教育孩子的关键。比如看到孩子把异性朋友带到家里来，家长怎么办？有的家长会不冷静地当面对孩子进行盘问，使孩子

很尴尬,引起双方的不愉快,甚至争吵;有的家长会冷目相对,不理不睬,表面装作毫不关心的样子,实际上却躲在一旁偷偷查看,暗中查访;有的家长会热情相待,落落大方,给孩子以自由的空间。其实,作为家长,恰好可以利用这样的机会来观察了解孩子交往的朋友都是什么样的人,可以从朋友身上看出孩子的优点与不足,以便于家长及时并妥善解决孩子身上存在的问题。支持孩子与异性朋友正常交往,不仅会帮助孩子学会和各种性格的朋友相处,还能培养孩子的团队与合作精神,帮助孩子培养健全的人格。

(二)作为家长,要会甄别孩子间的异性交往

作为青春期孩子的家长,要密切注意观察孩子的异性交往,对于不愿和异性交往的孩子,要引导他们学会和异性交往的方法,帮助孩子克服因腼腆、自闭、自卑等心理因素而产生的交往障碍;对于和某一固定异性交往较多的孩子,要积极从不同侧面去发现孩子交往的真实目的,及时解决孩子对对方产生的感情上的依恋,引导他们树立正确的交友观。

(三)作为家长,要保证有与孩子有效沟通的渠道

如果孩子与朋友的交往,特别是与异性朋友的交往是隐蔽的,不愿让家长看到,或者有些事他们宁可写到日记上,或对朋友说也不告诉家长,诸如此类情况,就说明家长与孩子的沟通出现了问题,作为家长怎么办呢? 我认为一是家长在平时与孩子的接触中应保持对孩子尊重、理解的态度,建立彼此间良好的沟通氛围和相互信任;二是家长要创造与孩子沟通的渠道,家长可以在吃饭的时候、散步的间歇引导孩子谈论一些他们愿意谈的话题,然后再延伸到他们的学习生活的话题中,倾听他们对同学和他人的看法,听他们说说发生在身边的事情,在自然的交流中表达自己的思想与观念。有些家长还会通过传递纸条、相互写信、互发信息、网上留言等方式来加强与孩子的沟通,这些都是很好的办法。

(四)作为家长,要经常与老师进行沟通

经常与老师进行沟通,及时了解孩子在校的表现,互通信息,尤其是家长感觉到孩子会有问题时,这种沟通就显得十分必要了。现在有很多家长因工作

忙,事情多,不善于、不主动与学校沟通,等真的有问题时,就真的很难进行处理了。

（五）正确引导解决孩子的早恋问题

当孩子出现家长所担心的早恋问题时,切忌采取简单粗暴的办法训斥孩子。家长的态度可能会使孩子与家长离得更远,当他感觉不到家庭的温暖时,他就会到另一个地方去寻求得到。所以在这个问题上,宜疏不宜堵,要引导孩子正确处理这种问题,通过周围的人与事,说明早恋的危害,让孩子做一个目光远大、志趣高雅的人。

总之,为了孩子的健康成长,作为家长要以平常心来看待他的异性交往,只要我们的心更细一些,工作做得更多一些,对他们多加正确的引导与教育,相信孩子的异性交往就会更健康,就会发挥异性交往的有利优势,健康成长。

（教师介绍:刘燕,心理健康教育教师。）

扫码观看线上课堂

建立合理的教育期待，助力孩子的成长

汤静雅

【课程目标】

知识与能力

一、知道教育期待的概念，了解合理的教育期待范畴；

二、引导家长懂得建立合理的教育期待的重要性，避免教育期待的不合理；

三、掌握建立合理的教育期待的策略，助力更好地教育子女。

过程与方法

通过观察了解、目标定位、掌握与实际相联系的事例，引导家长建立合理的教育期待。

情感态度价值观

让家长明白过高期待和片面期待不利于孩子的身心健康，建立合理的教育期待方可助力孩子成长。

【课程大纲】

一、了解自己的孩子；

二、目标的力量；

三、将好的期待与实际能力挂钩。

【课程内容】

第一课时

一个学期即将结束时，是不是有很多家长对孩子的教育产生了各种各样的疑问？

有爸爸妈妈说："这学期，隔壁家小王同学拿回来好多奖状！咱家小丽怎么办？最多几张表扬信。"

"我平时非常关注孩子，鼓励孩子，在教育上紧跟老师的步伐，可孩子为什么总是表现平平，无法超越自己呢？"

"'双减'政策出台后，作业负担、校外培训负担减下来了，那成绩会不会'水落船低'，孩子学得怎么样？"

其实，家长们之所以会产生这么多的问题，往往还是因为他们对于孩子的期待不够合理。

可怜天下父母心，现在几乎所有的父母对孩子都寄予了不同程度的期待，而正是这种教育期待直接影响着家长对子女的教育行为和培养方向，但并不是有期待就会有收获。如果父母对自己对孩子的期待用错了方向，那么就会出现我们刚刚提到的问题，让自己焦虑，孩子也痛苦。

我们一起来看一看，这些不合理的期待有没有发生在自己的身上。

期待一：用成年人的标准来要求孩子

孩子能不能安安静静地一直坐着，好好听课？可不可以不丢三落四？可不可以计算永远全对不出错？那我要问：父母有没有算错的时候，看错题的时候？有没有自己的车钥匙找不到的时候，或者出门忘记带身份证的时候呢？

我们都希望孩子自律、自觉、主动去完成各种学习任务。但，孩子毕竟是孩子，有孩子的年龄特点以及成长中的局限。如果孩子总是达不到你的预期，那就是你的期望值或者要求对孩子来说不太现实。用超出孩子年龄的行为标准来要求孩子，得到的只会是不断的失望。

期待二：以偏概全

如果孩子一直很优秀，偶然的一次失误被家长反复唠叨，贴上标签，那么本来一个小的问题，最终会演变成一个严重的大问题。

孩子也很委屈，本来已经很难受了，父母的唠叨反而降低了孩子内心的愧疚感，以后对于错误反而更心安理得了。

期待三：用爱的名义来欺压孩子

考试结束，如果没考好，家长就很崩溃，觉得接受不了，但是，家长想一想，自己难受是不是因为觉得自己付出那么多，孩子怎么还考成这样？如果是，那么，其实我们不是爱孩子，而是爱自己。我们更舍不得的，是自己的付出。

期待四：不允许孩子犯错

责备孩子犯的错，让孩子一个人承担错误的后果，甚至，我们还在旁边推孩子一把，落井下石，踩上一脚。谁都不想犯错，犯了错，孩子已经挺难受的了，这样做，孩子只会觉得孤立无援。

期待五：看不到孩子身上的优点

有一次，我问一些家长："你觉得你的孩子有哪些优点？"意外的是，不止一个家长对我说："我家孩子身上没有优点。"听完这些，是不是莫名地难受？这几个孩子学习已经很优秀了，遗憾的是，家长看不到孩子身上的优点。

很明显，是家长对孩子的期待过高。父母的期待过高，是不是好事呢？我曾经让班级孩子做过一项作业，就是给爸爸妈妈写一封信。其中有孩子就这样写道："爸爸妈妈，我已经非常努力了，一下课我不是在看书就是在写作业，每次练习我都能认真完成，正确率也很高，老师也经常表扬我。可是我就是没有达到你们的要求，我多么渴望听到来自爸爸妈妈的一句肯定，或者是一句鼓励的话语，哪怕一个眼神！"这里看得出，这个孩子有多失望，他看不到来自父母的赞赏。还有孩子这样写道："多么希望家长也能够像某某的爸爸，给自己报名喜欢的兴趣班。"这位家长心中应该为孩子设定了培养目标，但完全没有考虑到孩子的感受。

每一位父母对孩子都有着自己的期待，如果是合理的期待，将会有利于孩子的身心发展，但期待并不是越高越好，也不是越强烈越好。这些期待到了孩子的身上，可以是动力，也可以是压力。动力能激发孩子的创造力，帮助孩子更好地达到自己的目标，而压力只会给孩子带来成长中的负面效应。家长的过高期待，其实也是一种无形的冷暴力，很容易让孩子对自己的能力、父母的爱产生怀疑，从而丧失内部动力。

期待,本是一件美好的事情,它包含期望和等待。教育的本身就是一个实现期待的过程。我们在教育孩子的过程中,建立合理的期待,才能更好地助力孩子的成长。

如何建立合理的教育期待,助力孩子的成长? 我们不妨试一试下面三个锦囊妙计,建立合理的教育期待。

锦囊一:了解自己的孩子

你了解自己的孩子吗? 你知道孩子最喜欢吃的是什么,最喜欢的科目是什么,最喜欢的偶像是谁,最喜欢读哪类书?

我们要建立合理的教育期待首先必须要了解自己的孩子,了解他的生活世界,这种了解不是站在孩子生活的边沿对他指手画脚,而是要真正参与、融入孩子的生活之中,与孩子一起成长,这才是真正的了解。

首先,对孩子的了解是建立在现实生活的基础上的。怎么做? 我们可以经常观察孩子,倾听他们的心声,观察他们需要什么、喜欢什么、讨厌什么,倾听他们的见解、想法与感受,以更好地理解他们如何建立自己的社会关系,如何看待这个世界,以及这一切是如何反映出来的,把握住教育期待建立的基点。父母要避免把自己的想法、意愿和选择强加给孩子,而是能够因势利导,挖掘孩子的兴趣点,来顺势培养。常言道,认真是拼不过迷恋的。做一件事成功与否,喜欢和热情远比认真、努力更重要。

其次,正确看待孩子存在的发展差异性。一棵树没有两片完全相同的叶子,那么人更是如此。我们孩子的差异性有很多种,有认知风格的差异,有智力差异,也有性格与气质差异。

如果是认知风格的差异,家长可以针对孩子的短处,采取弥补措施,通过教育和环境的影响使孩子改造自身缺点,适应不同的学习任务和学习情景。家长也可以帮助孩子制定具体的学习目标,对孩子点滴的进步给予及时的鼓励,激发孩子的学习动机。家长也可以安排孩子多参加一些课外活动,还有家长身体力行的示范对孩子也有着潜移默化的影响。

　　如果是智力差异，家长要针对孩子不同的智力发展特点，尊重与之匹配的发展规律，为孩子营造适应自己智力发展特点的环境和条件。而不是一味地强求，或者冷言冷语，"同样的老师同样的班级，别人都会，你怎么就不会"。相反，家长需要保持耐心去观察和关注，去发现孩子独特的智力表现方式，发现孩子某一方面的潜能。小学阶段孩子的生理和心理都很不成熟，特别是中低学段的孩子。

　　每一个孩子都是一粒种子，只是每个人花期不同，有的花，一开始就绚丽绽放；而有的花，却需要漫长的等待。

　　今天，大家不妨试着去用心倾听自己孩子的内心世界，了解自己的孩子，调整自己对孩子的教育期待，也许你们会有不一样的收获。

第二课时

　　上节课我们说到，建立合理的教育期待从了解自己的孩子开始。不知大家有没有重新认识自己的孩子呢？这节课，我们来谈一谈建立合理的教育期待另外两个锦囊妙计。

锦囊二：目标的力量

　　心理学家曾经做过这样的实验：组织三组人，让他们分别向着 10 公里以外的三个村子出发，第一组人既不知道村庄的名字，又不知道路程有多远，只告诉他们跟着向导走就行了。刚走出两三公里，就开始有人叫苦；走到一半的时候，有人几乎愤怒了，他们抱怨为什么要走这么远，何时才能走到头；越往后走，他们的情绪也就越低落。第二组人知道村庄的名字和路程有多远，但路边没有里程标志，只能凭经验来估计行程的时间和距离。走到一半的时候，大多数人想知道已经走了多远,比较有经验的人说:"大概走了一半的路程。"于是,大家又继续向前走。当走到全程的四分之三的时候,大家情绪开始低落,觉得疲惫不堪,而路程似乎还有很长。当有人说"快到了! 快到了!",大家又振作起来,加快了行进的步伐。第三组人不仅知道村子的名字、路程,而且公路旁每一公里就有一块里程标志。人们边走边看里程标志,每缩短一公里大家便有一小阵的快乐,行进中他们用歌声和笑声来消除疲劳,情绪一直都很高涨,很快就到达了目的地。

其实,学习与行路相似,在努力的过程中,里程标志对自己会是很大的鼓励。我们知道,自信是增加学习兴趣的前提。孩子在学习过程中自信心丧失,将导致求知欲的减退。而如果孩子在学习的过程中,能够不断地看到自己的努力变成了看得见的实际成果,那么他们就会产生成就感和自信心,激励着自己去挑战下一个目标。

但我们在制定目标的时候,要注意目标的合理性和可达成性(避免天花板效应和地下室效应)以及目标的细分。

目标的区间定位

要点:可达性、可操作性、激励性。

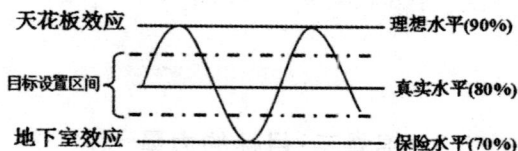

```
天花板效应  ─────────────  理想水平(90%)

目标设置区间 {   ～～～～～    真实水平(80%)

地下室效应  ─────────────  保险水平(70%)
```

当目标太高、太难实现时,孩子就容易失去进取心,他们就很难取得进步。孩子学习成绩好,不但要有一个学习计划,给他们制定一个合适的学习目标也是非常必要的。就像登山一样,如果一下子让你登上珠穆朗玛峰,那显然是不可能的,如果把一座高山分为多个小目标,一个接一个地去实现,那么是不是就容易攀登到最高峰?

所以,我们可以给孩子设置具体的目标,让孩子稍加努力就可以实现,这样孩子就能够在不断实现目标的过程中慢慢进步,自信心也就容易增长起来。

家长在帮助孩子制定目标时还应该注意两个方面:

第一个方面,目标合理、清晰。目标不能太高也不能过低。如果目标定得太高,孩子会对目标有畏惧感,会因害怕达不到目标而变得不自信。如果目标太容易达到,就没有挑战性,孩子达到了目标也很难获得成就感,不足以激发学习积极性。所以,家长可以先给孩子设置比较容易达到的目标,然后慢慢提高。

有位家长要求自己的孩子两个星期阅读一本课外读物,每两天写两百字左右的日记。过一段时间之后,孩子适应了这个目标,她再适当地增加孩子的学习量,酌情提高难度,让孩子在逐步实现目标的过程中提高了学习的积极性。

值得注意的是:家长不要拿自己的孩子和别的孩子做不好的比较,而是让孩子和自己比,拿孩子自己的现状和过去比较,让孩子知道他每天都处于进步中。千万不要把目标定得太高,孩子达不到,以免时间长了孩子产生沮丧的情绪,产生自卑。同时目标也不能过低,轻易完成目标也会让孩子失去足够的前进动力。把握住度很重要。

第二个方面,呈于纸上、视觉提醒。家长给孩子制定目标后,要求孩子把目标写在本子上,每天翻开看看,提醒自己。实践证明,喜欢把目标写下来的人比那些只在口头上承诺一个目标的人更容易取得成功。家长可以帮助孩子把目标写出来,比如目标是每天坚持阅读半小时,贴在孩子的床头、墙壁上、桌子上,让孩子时时看,天天看。

总而言之,每当孩子实现了一个目标,就是向前迈了一步,这样一来,孩子就比原来的自己强了一点点。如果孩子能坚持这样进步下去,每天进步一点点,最终他就会战胜自己,成为一个成功的人。正如人们常说的那样:"人最大的对手是自己,战胜了自己,就意味着战胜了整个世界。"当然,目标制定后还要注意根据情况及时地做出适当的调整。

锦囊三:将好的期待与实际能力挂钩

现在产生心理问题的孩子越来越多,尤其到了高年级,很多心理问题产生的原因是被自己父母的期待压得喘不过气,从而被否定,这其实就是美好期待与实际能力无法挂钩,也就是脱节。

为什么会产生这样的脱节?可能父母期待孩子的动机出现了误区:

父母把自己没有完成的梦想强加给我们的孩子,让孩子成为父母遗憾的弥补者,让孩子成为我们的"圆梦人"。仔细想想这是不公平的,有的父母觉得孩子应该努力,应该拼尽全力地读书,是因为家长想圆了自己儿时的梦。

还有就是孩子的成绩成为家长攀比的工具。这类家长最喜欢做的事情就是比较,"你看看人家!""你怎么就是不如别的同学",这是孩子最怕听到的,这让我们的孩子觉得很反感,也很累。

最后,我想说,教育孩子,方法很多,但是要用适合孩子的方式,帮助孩子更好地成长,长成自己的模样,这才是最好的期待。

(教师介绍:汤静雅,包河区优秀教师、骨干教师、名优班主任、优秀中队辅导员,多篇论文在省市区获奖,所带班级多次荣获"包河区优秀班集体"称号,2021年荣获"合肥市优秀班集体"称号。)

如何引导孩子合理使用手机

吴晓敏

【课程目标】

知识与能力

一、知道手机给我们带来方便的同时也带来了很多危害；

二、引导孩子使用有益的网络资源，学会控制孩子玩手机的时间；

三、家长怎样做好榜样，帮助孩子合理地制订假期计划；

四、家长了解一些假期手机管理小妙招。

过程与方法

通过教育、引导、监督、做好榜样，以及和学校老师及时沟通帮助孩子合理使用手机。

情感态度价值观

让孩子知道过度使用手机的危害，家校共育，帮助孩子正确使用手机，真正成为手机的主人。

【课程大纲】

一、多教育　知危害；

二、善引导　重监督；

三、重表率　立榜样；

四、多配合　常沟通。

第一课时

随着时代的发展,智能手机在一个家庭中除了未成年人几乎人手一部,有的甚至一人多机,再加上之前淘汰的旧手机,可以说家里随处可见手机。俗话说"一机在手,天下我有",交通出行、转账收款、沟通交流、刷短视频、看影视剧、打游戏等功能一应俱全。但是手机给人们带来快捷和方便的同时,也带来了很多困扰。现实生活中,越来越多的孩子沉迷于手机的世界不能自拔,有的家长为此焦虑不安、苦不堪言! 手机已经成为制约孩子学习成长的拦路虎和影响身心健康的绊脚石。

其实,面对手机家长不用如临大敌,要加强对孩子使用手机的督促管理,引导孩子科学、理性地对待并合理地使用手机。如何引导孩子合理使用手机呢?我将从以下四个方面和大家一起交流。

一、多教育　知危害

(一)手机严重影响成未成年人身体健康

近年来小学高年级的近视率达 60% 左右,原因之一就是过度使用手机等电子产品,如果长时间用一个姿势使用手机还会伤害孩子的颈椎,使孩子的颈椎变形。还有的孩子为了防止父母发现其玩手机,晚上就假装睡觉,半夜偷偷起来在被窝里玩。手机画面过于明亮不仅伤害孩子的眼睛,还会影响人体褪黑素的分泌,造成睡眠障碍。因为睡眠得不到保障,许多孩子上课时精神萎靡不振,注意力不集中,学习效率低下。

(二)手机严重影响未成年人的心理健康

有专家表示,特别沉迷手机的孩子会一直沉浸在网络的世界里,不愿与别人过多接触与沟通,因而患上抑郁症的概率就更大。此外,网络上很多不正确的价值观、人生观对于涉世未深的未成年人也有极大的负面影响。

（三）手机还严重影响未成年人的学习成绩

未成年人喜欢玩手机，而且有一定的依赖性，即使自控能力很强的好学生也经不住手机的诱惑，他们习惯了手机带来的快感：游戏通关后的各种金币奖励让人兴奋；社交软件的消息让人感觉被需要；娱乐视频则带来一波又一波的情绪高潮……玩手机的时候大脑时刻分泌多巴胺，当孩子找到这种更加持续、更加令他兴奋的刺激时，他自然对于学习没有兴趣，感觉很无聊。一旦因为手机成瘾成绩下滑遭到家人的指责，孩子就一蹶不振，在虚拟的网络世界找认可。如手机签到活动可以让人每天获得勋章一类的奖励，游戏中的每一步操作都能让孩子立即获取精准的"回应"，电脑程序时刻在向孩子反馈"你太棒了！""继续加油！"，这种陪伴与鼓励和家长的批评指责形成了鲜明的对比。这样就容易造成亲子关系紧张，孩子甚至会厌学，不愿上学。此外，手机上还有很多的搜题软件，遇到难题孩子就不想深入思考，回家后就拿出手机搜索答案，既耽误时间又养成了惰性。长此以往，如果手机不在身边，不能及时搜题，他甚至一点都不思考就把题空在那里，第二天到学校抄别人的作业。

二、善引导　重监督

6—12岁的孩子尚处于他律阶段，很多习惯的培养、规则意识的建立，都需要父母帮助孩子去完成，在合理使用手机方面，家长需要尽到引导监督职责。

（一）要引导孩子使用有益的网络资源

孩子在使用手机的过程中，经常会出现查找无门、胡乱摸索的情况，如果直接推荐给孩子一些有益的APP、网站，这将会缩短孩子摸索的时间。比如针对视听学习、了解国家实事，推荐使用"学习强国APP"，权威正向，没有广告视频推送，不会分散孩子的注意力，还有大量的免费学习资源。

平时还可以指导孩子下载一些与生活实际相联系的应用软件，例如手机的地图功能。有一次晚高峰时间，一位家长要带孩子赶着去较远的地方听演奏会，于是这位家长就告诉孩子用百度地图查询出行方式。家长和孩子是搭地铁出行的,在路上,每到一站,家长都给孩子看一下地图上的实时位置,出了地铁再跟着导航往前走,这样一下子就让孩子把电子产品里的信息和现实生活联系起来了。这样孩子就意识到手机原来和生活紧密相连,就会不断解锁手机中更有意义的实际功能。

(二)要控制孩子玩手机的时间,约法三章

家长在允许孩子玩手机的同时,应有所限制,帮助孩子学会自我管理。父母可以和孩子约定玩手机的时间、频率,比如:一天玩手机不能超过一个小时,每次玩手机不能超过 20 分钟,玩手机必须是在完成作业以后,等等。这个约定可以邀请孩子一起参与制定,这样他们会更乐意去遵守。分享我身边的一个案例:一位家长在他们家设置了电子设备存放区,所有人一进门先把手机、平板等电子产品放在这个地方。所有人包括孩子把自己需要使用电子设备的情况和使用时间都列出来,大家形成共识并贴在墙上。符合规则的时候可以去存放区使用,其他情况则不允许,或者需要申请。所以在大多数的时间里,这个家庭是无电子设备的环境,大家有更多的时间交流和阅读,孩子从小就培养了合理使用手机的习惯。希望这个案例对大家有所启发。和孩子达成手机使用约定后,就要把约定书面化并张贴在家里的显眼处。当孩子完成了约定,哪怕是阶段性的约定时,父母要及时给予鼓励。当孩子没有完成约定,需要承担的违约责任也绝对要承担。如果不追究违约责任,约定就没有丝毫约束力了。

由于孩子的自控能力较弱,孩子在手机上学习和查阅资料的时候家长还可以利用监督软件来督促,这些软件能查看孩子上网的时间和痕迹,家里的无线路由器也可以在手机上设置禁止联网时间段,没有了网络,手机的吸引力就小了很多。

如此,当孩子知道手机中的哪些软件对他有用,加之时间上的约定与限制,他们会意识到,手机不再是玩具,而是拥有强大功能的工具。孩子将慢慢地形成良好的使用手机的习惯。

我们知道手机的危害后,除了引导孩子使用有益的网络资源,控制孩子玩手机的时间外,家长还应该做些什么呢? 咱们下节课接着聊。

第二课时

上节课我们提到了要给孩子筛选有益的网络资源,要控制孩子玩手机的时间,其实,引导孩子合理使用手机,身教这件事最重要。

一、重表率　立榜样

(一)家长做好自我管理

很多家长不让孩子玩手机,但自己却不能以身作则。家长们先来测测你的"手机依赖症"到几级了吧——

轻微依赖(1—3级)

除了打电话发短信,基本不看手机;

有事从不发微信聊QQ,直接打电话,说完就挂绝不废话;

平均每天玩手机累计时间不超过3小时,偶尔用手机拍照、看看新闻;

和朋友聚会聊天时,尽量不玩手机,没有吃饭之前要先自拍和拍食物的爱好;

除非一个人独处无聊时才会选择玩手机,很长时间不看手机也不会感到焦虑。

中度依赖(4—6级)

手机主要用于日常联络和工作,使用频率最高的手机软件是微信、QQ和邮箱,80%的内容是沟通工作;

白天使用手机时间较多,晚上基本不看手机,每天只在固定时间浏览朋友圈消息、阅读新闻;

在时间管理上比较自律,不会浪费太多时间玩手机、看视频,不会频繁更新朋友圈,也不会在微信群里刷屏;

仅把手机作为必要的通信工具，没有了手机会感觉到不便，但也可以忍受。

重度依赖（7—8级）

每天起床和睡前都必须看手机，每半个小时就忍不住去看一看手机有没有新消息；

手机电量低于30%就会惊慌失措，出门必带的三样东西是手机、耳机和移动电源；

每天使用手机累计超过8小时；

几乎大部分社交、学习和工作，都依赖手机；

习惯使用各种APP软件来简化生活模式，饿了用手机叫外卖，累了用手机听音乐；

在手机上看书、看视频，用手机发邮件、聊工作，24小时不关机。

"手机癌"晚期（9—10级）

随时随地都要带着手机在身边，否则就会浑身不自在；

走路、吃饭、坐车都要玩手机，曾经因低头玩手机撞到过前面的路人或是路边的柱子；

没有Wi-Fi就会烦躁不安、怒不可遏，手机没电了简直就像是世界末日；

每隔5分钟就要刷一遍QQ、微信、朋友圈、微博，从不错过每一条群消息和朋友圈；

和身边的人交流越来越少，在一个房间里也要用微信发消息；

独处时，是一个人玩手机；和朋友聚会时，是一群人一起玩手机。

如果您自己都是手机依赖症患者，又何谈控制孩子玩手机呢？其实，很多孩子的上瘾行为都受家长影响，家长在家拿手机玩游戏看视频，孩子自然会去模仿，家长不在的时候，他们就偷着玩。再者，孩子玩游戏或刷短视频，大部分是用大人的账号，如果从一开始就和孩子约定并保管好自己的账号，就不会发展到一发不可收拾的地步。

育儿先育己，父母的一举一动都是孩子模仿的对象。孩子的问题，我们总能从他的家庭中找到一定的原因,家长们要严于律己,严格控制自己玩手机的时间,尤其是在和孩子相处的时候,要尽量减少电子产品的使用,做到专心陪伴。

(二)规律作息时间

家长要引导孩子规律作息,按时起居,有序生活。特别是节假日,要合理制订每天的作息计划,如果不能把计划细化到一天的每一个时间段,起码要对一天中的相关任务做好统筹,合理安排学习、玩耍、运动的时间,把握进度。假期计划可以从以下几个方面制订:1. 认真完成作业,养成良好习惯。2. 加强体育锻炼,拥有健康体魄。3. 坚持每日阅读,积累点滴进步。4. 积极参与劳动,学习生活本领。家长应和孩子一起根据自身的情况制订最合适的作息时间表。如此一来,孩子会更容易接受,家长也方便管理,同时培养了孩子的自主意识和计划能力。

(三)培养兴趣爱好

很多孩子迷恋上手机,是因为生活太单调,没有兴趣爱好。再加上假期父母上班,孩子缺少陪伴。这时父母要注重培养孩子的兴趣,让孩子知道除了那一方小小的屏幕,还有更多的快乐值得他们去发掘。当孩子在真实世界里得到了快乐,哪里还会沉迷电子产品呢?喜欢运动的孩子,可以学一项运动技能,如打篮球、游泳等;喜欢音乐的孩子,可以学一项乐器,如琵琶、葫芦丝等,陶冶孩子的情操。家长还可以培养亲子共同的兴趣爱好,有的家长就坚持和孩子一起学书法、学钢琴等,这样既融洽了亲子关系,也做了孩子的榜样,家长用实际行动告诉孩子做事要坚持。这一起学习、共同进步的亲子关系比电子产品更有吸引力!

(四)参加集体活动

节假日家长要鼓励孩子走出家门,多参加社会实践活动。可以做一名小小的志愿者,参加社会公益活动。孩子们还可以参加研学活动,增长见识,结交更多的朋友。这样孩子的生活就不会单调,当孩子的生活非常充实时他就不会依赖手机这个"电子朋友"了。

二、多配合　常沟通

对于使用手机已经成瘾的孩子,家长已经很难掌控。现实中也有孩子如果被家长没收了手机、切断了网络,会在家里大发雷霆,甚至以离家出走和结束生命来威胁家长,有的家长不忍心又担心,于是听之任之,被孩子拿捏住。这样的家长不在少数,这时就需要老师介入进行干预。家长要经常和老师沟通,对于学校提出的要求要坚决贯彻落实,对于孩子使用手机的状况,家长更要主动和老师联系,尽量得到老师的支持和帮助,共同引导孩子、监督孩子。尤其有的孩子打着老师的旗号明目张胆地玩手机,还理直气壮地说是老师布置的任务,这时更需要家长跟老师沟通确认,只有加强沟通才能让孩子在家正确地使用手机,让手机真正为学习服务。

最后,再为家长提供几个有效的假期手机管理小诀窍。

1.限制孩子对电子产品的接触,但不要完全禁止。在孩子学习和活动时,将电子产品放置在看不到的地方,在一定程度上能够帮助孩子减少干扰。但限制接触不能过于严格甚至没收手机,否则容易引起矛盾,不利于问题解决,家长可以和孩子商量好时间。

2.如果孩子有自己的电子设备,可以通过"屏幕使用时间"、时间锁等软件自带功能,帮助孩子统计屏幕使用时长,设定对不同网站和平台的使用时长,到时间后屏幕关闭,孩子就要去做其他事情。

3.父母通过引导,帮助其认识自身需求。如果是年龄较小的孩子,家长需要给他们提供更丰富的假期生活选项,理顺孩子的情绪;如果是大一点的孩子,可以和他一起对不同的手机使用目标进行分类,帮助其认识自身需求,寻找替代选项。比如娱乐需求,可以通过其他户外活动代替,比如社交需求,可以鼓励孩子与朋友增加线下接触,拓展友谊。

4.多关注孩子的内心。如果平时和孩子接触不多,假期才发现其对电子产品有严重的依赖,家长也不要惊慌,尤其不能粗暴干预,可以趁假期选择一个好时机与孩子聊一聊。很多时候，手机问题只是表象，其实质往往指向孩子内心的缺失——有时是因为缺少家人陪伴，有时是因为缺乏学习动力，有时只是觉得生活无聊，缺乏兴趣，或者干脆是不想写作业，缺乏开始的勇气……只有帮助孩子解开这些心结，手机问题才能逐步得到解决。

　　总之，无论使用以上哪种策略，作为家长，我们一定要选择相信孩子，相信他们有向上的意愿和能力！孩子是学校和家庭最爱的人，我们一定都不愿看到手机毁了孩子的梦想和健康。希望家长和学校一起携手，为孩子的健康成长筑起坚固防线！

　　（教师介绍：吴晓敏，市级骨干教师、市级教坛新星，所带班级多次荣获"包河区优秀班集体"称号，多篇论文在省市区获奖并发表。）

扫码观看线上课堂

管理情绪的策略

李莉

【课程目标】

帮助家长正确认识情绪，了解不良情绪带给生活以及孩子的影响，掌握情绪管理的基本策略，培养性格健全的孩子。

【课程大纲】

一、情绪的内涵，正确认识不良情绪；

二、不良情绪给生活以及孩子带来的影响；

三、情绪管理的策略。

【课程内容】

第一课时

拿破仑曾说："能够轻而易举控制自己情绪的人，比攻下一座城池更伟大。"可见情绪对人有着多么重要的影响。如何管理自己的情绪，坏情绪会给我们带来哪些危害，今天我们就来说一说。

父母既是孩子的老师、孩子的朋友，又是孩子的引路人，父母的教育影响孩子一生，同样，父母的情绪也会影响孩子一生。我们先来说一说什么是情绪。我国现代心理学家林传鼎对《说文解字》中描述情绪的词语做过分析，结果表明，安静、喜悦、悲痛、烦闷、忧愁、恐惧、嫉妒等都属于人类的情绪。

一个人的成功是由多种因素促成的，在这多种因素中，没有任何因素比情绪管理更重要。仅仅这一个因素就足以给人的一生带来很大不同。通过控制情绪，你可以更好地掌握命运。如果能很好地管理情绪，就能管理好生活的各个方面。

当一个人情绪不好的时候，他就会发脾气，而坏脾气会影响你的工作，会影响你交朋友、影响你的家庭，甚至影响你的健康。如果在工作中遇到一些让自己看不顺眼的事情就不顾场合地发泄自己的郁闷情绪，会让同事莫名其妙，领导也不看好你，那么之前所有的努力也就白费了。人人都不会喜欢坏脾气的朋友，哪怕你有再多优点。坏脾气不仅伤害别人，对我们自己的身体影响也很大。长期暴躁易怒的话，对我们的血压、心脏都会有影响。而且坏脾气也会让你与好运擦肩而过。相信这些简单的道理大家都知道。

孩子在学校里有丰富多彩的课间生活，和小伙伴一起跳绳，一起嬉戏，冬天一起在雪地里玩耍，一起在阳光下游戏，其乐无穷。由于父母的焦虑，回到家里他们面对的则是各种课程和作业，线下的，线上的，父母准备的各种习题……偶尔一天不上课，也多是和父母一起待在家里刷刷手机，这使他们变得孤独寂寞。渐渐地，孩子回到家就不愿意和父母沟通了。

那么这样的教育，这样的坏情绪又会给孩子带来什么样的影响呢？

（一）让孩子失去安全感

安全感是人们的一种心理需求。对孩子来说，来自家庭的安全感可以带给孩子勇气，增强孩子的自信心，而家庭的安全感则主要来自家长对孩子爱的满足。情绪稳定的家长更擅长营造轻松平和的家庭氛围，帮助孩子放松情绪，构建安全感；情绪不稳定的家长则会给家庭氛围以负面影响，造成恶性情绪的转移，给孩子精神压力。

（二）坏情绪导致无效教育

我曾经在网上看到有人做过这样一个小调查：在人群中随机寻找十组家庭，并现场问孩子："爸爸妈妈是否对你发过脾气？"几乎每个孩子都会回答"是"。接着调查员再问孩子："爸爸妈妈怎样对你发脾气？"孩子们的回答千奇百怪，有孩子说"爸爸吼我做作业""说我笨"，也有孩子说"妈妈骂我不好好吃饭",等等。然而,许多家长却并不认同孩子们的"控诉",甚至觉得有些委屈。在家长眼里,管教孩子好好写作业、好好吃饭是为孩子好,但在孩子的眼里,爸爸妈妈不经意的吼骂都是发脾气的表现。家长教育水平的高低并不在于教育力度的强弱,而在于教育方法是否得当,并是否取得最好的效果。正如许多时候,我们对孩子猛烈的斥责比不上温和的教诲;一顿打骂也不如和风细雨的劝导来得有效。当家长面对孩子的教育问题时,情绪稳定的父母大多会采取理性、温和的方式教育孩子;难以控制情绪的家长往往会对孩子采取简单粗暴的教育方式,而这种教育方法实际上不能起到良好的教育效果,甚至还会让孩子产生叛逆心理,向更偏激、更孤僻的方向发展。由此可见,吼叫并不是好的教育方式,也解决不了任何问题,反而会对孩子心理造成一定的伤害。但许多家长出于"爱之深、责之切"的心理,时常控制不了自己的情绪,向孩子发火以后又感到十分懊悔。有的家长会经常跟老师反馈孩子不听话。说这些的时候请家长试想一下,你在跟孩子说话的过程中有没有吼叫呢?有没有发脾气呢?如果有,那么你说得越多,孩子越是不愿意跟你沟通,你的教育也就难以达到最初的目的。

(三)造成孩子情绪失控

家庭教育可谓孩子最重要的教育环节,而家长正是孩子的启蒙教师。家长的所作所为,在日常生活中都会给孩子以潜移默化的影响,尤其对于成长期的孩子而言,他们正处于模仿性很强的阶段,如果父母轻易情绪失控,经常产生恶劣行为,如冷暴力、摔打东西、口出恶言等,孩子们都会有样学样,也会失去控制情绪的能力。有数据表明,大多数成年以后性格暴躁敏感的人,在童年时期都有同样暴躁的父母。我们常说孩子是父母的镜子,如果父母不能较好地控制自己的情绪,孩子很大程度上未来会有相似的脾性。

说了这么多,家长朋友一定会想,难道我们作为父母就不能有自己的情绪了吗?不是的。那家长有了情绪怎么办?

第二课时

上节课我们聊了情绪失控带给我们的危害,那么每个人都会有情绪,有了情绪怎么办呢? 这节课我们就来聊一聊家长如何管理自己的情绪。正如塞穆尔所言:"生活犹如一面镜子,笑着看它,它便笑着看我;哭着看它,它也哭着看我。"只要人活着,就会生活在情绪的世界里,会被各种各样的情绪所影响。调控情绪的重点不在于如何发泄情绪,而在于从内心保持乐观与旷达。那么,家长想稳定地管理情绪,应该怎么做? 我们就从重视亲子沟通,做一个觉察型的家长,合理宣泄、放空心情三个方面来说一说。

(一)重视亲子沟通

作为家长,沟通是我们与孩子表达感情、传达意见的重要途径。有效的沟通一是要诉说,二是要倾听。我们不仅需要向孩子耐心地表达意见,还要认真倾听孩子的想法,这样才能达成有效的双向互动。当你苦口婆心劝说孩子不要玩游戏,结果孩子故意和你对着干;当你想和孩子聊聊学习,他总是避重就轻,心不在焉,那就要思考了:孩子不听话、叛逆是因为什么? 你好好地和他沟通了吗? 在他诉说需求时你认真倾听了吗?

我的班级曾经有这么一个孩子,之前一直都是很优秀的,也是小伙伴心中学习的榜样。但是有一段时间在班级却没有伙伴。经过在同学之间询问得知,原来是因为他在跟小伙伴相处的时候不会倾听别人的意见,并且总是打断别人的讲话。看着孩子越来越孤僻,每天在学校都是一个人躲在角落里,我和孩子进行了一次深入的交流。通过交谈得知当他取得成绩开心地和妈妈分享时,妈妈却总是问,还有分数比你高的吧;当他遇到困难想要寻求爸爸帮助的时候,爸爸却说,这么简单都不会,上课又没听吧。久而久之,孩子不愿意再去和父母分享自己成长的喜怒哀乐,而且变得越来越不自信。后来,我约了孩子的父母到学校,把孩子的情况以及孩子给我反馈的内心想法一一告诉了家长。这个时候,他们才意识到问题的严重性,说近期由于工作岗位的调整,自己需要适应,所以工作比平时繁忙一些,对孩子的关心确实少了,对孩子的鼓励也少了,孩子近段时间在家确实不怎么爱讲话了。回去以后,家长尽快调整了自己的情绪,不管工作再繁忙,每天都会抽出 20 分钟的时间和孩子聊聊今天发生的事情,不管是好的,还是坏的,家长都会耐心地听孩子诉说完才发表自己的看法。渐渐地,孩子脸上的笑容回来了,孩子又变得阳光起来。

（二）做一个觉察型的家长

古人云"吾日三省吾身",每天都要反省自身,多做自我批评,完善自我。古人尚有这样的觉悟,那我们作为新时代的智慧型家长,难道不应该也如此吗?每天抽出一点时间来思考一下:今天我发脾气了吗? 我有没有把工作中的情绪带到家庭呢? 今天我跟孩子沟通了吗? 沟通的时候我有没有站在孩子的立场去思考呢? 如果你能做到每日一思,每日一问,相信你的孩子未来也会和你一样优秀,他一定能成为一个人格健全的人。

（三）合理宣泄,舒缓心情

我在一本书上看过这么一个小故事:A 因为违章停车被交警逮了个正着,心里很不爽。到了单位以后把 B 叫过来训斥了一顿,B 心里也很郁闷,回到家把自己的妻子训了一通。妻子莫名其妙被训,一肚子怨气,正好这时候孩子回来,她就劈头盖脸把孩子说了一通。孩子无缘无故被说就把气发到了旁边的小猫身上,小猫被踢一脚,吓得从窗户跳出去,正好落在了 A 的新车上。这就是心理学中常说的"踢猫效应"。说的是人有了负面情绪往往会选择比自己弱小的对象进行发泄,从而形成负面情绪的连锁反应。只要人活着,他就会生活在情绪的世界里,会被各种各样的情绪所影响。那么有了情绪我们该如何宣泄呢?

1.首先要明白宣泄不等于发泄,两者有本质的区别。在我们有了情绪后,可以找一个合适的对象进行倾诉,这个对象可以是专业的心理咨询师,也可以是最关心你的朋友,甚至可以是一种动物、植物。把自己内心的负面情绪倾诉出来,这就是一种情感宣泄。

2. 我们还可以选择表达性写作,就是把我们内心所有的情绪和思想通过写作的方式写出来,使我们的情绪得以释放。

3. 我们还可以通过合理运动进行宣泄。运动可以使我们体内产生一种多肽物质,这种多肽物质可以降低疼痛的感觉,使人产生持续的快感,使人感到心情愉悦。但要注意的是我们不能为了排遣不良情绪而临时抱佛脚去运动,而是要让运动成为我们的一种习惯。

各位家长,俗话说"星星之火,可以燎原",父母的好情绪,何尝不是孩子心中的星星之火呢? 父母的情绪管理能力有多好,孩子就能飞多高,我相信,每一位父母都不希望孩子成为自己坏情绪的牺牲品。我们做好情绪的管理,有利于自身的成长,也利于帮助孩子成长。让我们一起努力吧!

(教师介绍:李莉,合肥市师范附属小学语文教师兼班主任,包河区优秀班主任。)

教你做一个"慧"爱孩子的家长

沈慧

【课程目标】

知识与能力

帮助当下家长看清因自己的溺爱和教育焦虑带来的"既害了孩子,又苦了自己"的现状,告诉家长不"慧"爱孩子,会严重制约他们的发展。

过程与方法

我将从"6个重要因素早知道"和"提高认识,自我修炼"两大方面具体阐述做一个"慧"爱孩子父母的策略。

情感态度价值观

做一个智慧带娃的家长,在孩子遇到"成长的烦恼"时,就能轻松陪伴其成长。成长中的孩子,会用自己的一次次华丽转身回报父母的"慧"爱。

【课程大纲】

一、设计思路

针对当下的小学生家长因不"慧"爱,既害了孩子,又苦了自己的现状,提出"教你做一个'慧'爱孩子的家长"这个话题。用具体的案例和理论来阐述如何做智慧带娃的家长,在孩子遇到"成长的烦恼"时,就能轻松陪伴其成长。

二、整体框架

主要从以下三个方面来阐述:

(一)父母溺爱孩子的现状;

(二)提出话题:教你做一个"慧"爱孩子的家长;

(三)做"慧"爱孩子的家长的策略。

三、总结

【课程内容】

一、现状分析

作为家长,为生活不辞劳苦,为孩子心甘情愿。这其中的感受只有家长自己知道,真实地体验着那份"痛并快乐着"的感受。这"痛"的背后是家长不"慧"爱孩子造成的,比如如下案例:

【案例一:陪写作业】

五年级张同学每天作业要写到 10 点多,甚至更晚。听,楼上的"河东狮吼"又传来了。课堂的作业,为什么又带回来了? 这一点作业,写到现在,不想上学了吗? 那就不上了! 我上班不累吗,还让我陪你写到什么候? 紧接着传来一阵扔东西的声音和张小山的哭声。

【案例二:送作业本】

我下课回到办公室,看见手机上有一位家长打来的好几个未接电话。凭班主任的直觉:家长肯定有急事。回拨过去,原来他发现儿子王同学的作业本没有带。

昨晚这位家长加班到很晚回家,由于太累,没有进孩子的房间,早上是妈妈送孩子上学的。放心不下的他果然在孩子的书桌下面发现了语文写字本又落在家里了……

【案例三:报辅导班】

我班小杨同学目前是个全面发展的孩子。他妈妈为了他的学习而租房子陪伴他。街舞、吉他、英语、编程课外班,还有语、数、外三科的学习辅导,等等,学习要求从不放松。现在小杨同学的表现的确是"别人家的孩子",可我总是担心孩子和他母亲。这个孩子不能承受半点委屈和小小的失败,因为他非常脆弱;妈妈呢,孩子的学习表现大于一切。她还有一个要不得的心理:一听到别人家的孩子强,就不假思索地要求自己的孩子去努力做到。

仔细分析以上案例,我们惊奇地发现本该孩子自己做的事,家长却成了事情的主角。经验表明,父母过多参与孩子的学习生活,会降低孩子的独立性,限制孩子的发展。"当局者迷",家长还会因此产生各种焦虑,溺爱和焦虑既害了孩子,又苦了自己。

二、提出话题

教你做一个"慧"爱孩子的家长。

三、做"慧"爱孩子的家长的策略

家长若能站在父辈的角度看,早早地知道影响孩子未来发展的 6 个重要因素是什么,那么就"慧"爱孩子了。

(一)6 个重要因素早知道

1. 健康的身体。无论社会如何发展,身体都是革命的本钱。让孩子有一个健康的体魄去迎接未来,这是家长带给孩子最好的礼物。

2. 良好的交往能力。在活动中孩子有良好的交往能力会为自己的将来发展加分。家长要引导孩子参加各种有益于身心的集体活动。家长不用参与,只需默默守望。

3. 开阔的视野。让孩子爱上阅读,是非常重要的开阔视野的方法。而且,这种方法也正好顺应了我们教育所需,通过阅读提升理解能力、表达能力等。

读万卷书,更要行万里路。让孩子跟着书本去旅行,是非常奇妙的经历。未来已来,善用网络来开阔孩子的眼界,已成了大众公认的方便快捷的方式了。一句话,我们只要有心,处处都能开阔孩子的视野,处处都能增长他们的见识。

4. 终身受益的方法与能力。孩子成长过程中,知识是学不完的,若他们能早点掌握学习新知识的方法,就能触类旁通、举一反三了。比如一篇新课文学习方法有三步:课前预习、课中学习、课后复习。课前读一读、写一写、想一想、做一做;课中带着疑问去听讲,不懂就问,不懂再问;课后复习:根据自己学习中的难点,利用改错本,运用"及时+经常"的方法去巩固。

孩子们掌握了规律,学习了方法,在生活上学以致用,形成能力,就能为自己的成长助力。

5. 合理的计划。"凡事预则立,不预则废"。制订合理的计划能够监督孩子薄弱的环节不遗漏,帮助他们有条理、有质量地学习和生活。家长要放手让孩子自己制订一份适合他的计划,家长想提出一些建议,也要依据孩子意愿和他的个体情况,不能好高骛远,不切合实际。

有了计划表,如何监督执行是要动脑筋的。谁监督,怎么监督? 奖惩措施是什么? 这要本着家长和孩子双方协商的原则。一个完整的计划一旦定下来,实施过程中就不能轻易终止,否则就是半途而废了,这可是孩子成长路上的拦路虎。所以监督执行说起来容易,做起来难,是一件讲究方式方法的工作。家长要根据实际情况严慈并济,给孩子平淡的生活制造小惊喜。这些小惊喜,往往会让孩子更自觉地履行自己的计划,这也正是我们家长希望的,他的好习惯养成指日可待。

6. 良好的习惯。事实告诉我们,没有一个孩子不想成为好孩子。所谓好孩子一定是有好习惯的孩子。

一个习惯初步养成需要 21 天,而稳定一个好习惯需要 90 天。这中间的坚持考验着家长和孩子的毅力。当然良好的行为习惯一旦养成了,孩子就能自我要求、自我监督执行。他就是那"身体健康,精神饱满,品德高洁,科学与人文素养良好的明理少年"!

影响孩子将来发展的重要因素我们已了解,那家长方面需要做怎样的提升呢?

（二）提高认识，自我修炼

1. 以身作则。父母是孩子的第一任老师，想让孩子成为什么样的人，家长应该先成为那样的人。以身作则，给孩子榜样的力量。

2. 不唠叨。孩子最怕的是爸妈无休止的唠叨，他们会以"选择性失聪"来保护自己，表现出来就是不听家长的话。

3. 会聆听。教育始于聆听。父母良好的日常生活状态和家庭氛围，能起到一个良好的陪伴和榜样作用，这会深刻影响孩子的健康成长。"孟母三迁"这个家庭教育典范故事，不正说明了环境对孩子成长的重要影响吗？

4. 敢于放手。孩子大了，家长要根据他的心理所需，敢于放手。这如何做？首先，严格执行学校规章制度，和学校同频共振，因为我们是同盟军，同一战壕的战友。其次，生活中尽量让孩子"自己的事自己做"，这样孩子就能真正成为生活、学习、时间的小主人。最后，假期里，积极创造条件让孩子参加各种有意义的实践活动。这也满足了青春期孩子感觉自己长大的心理。

5. 并肩战斗。孩子的成长中遇到挫折在所难免，比如考试失利、在活动中被同学误会……这都会让他们失望、痛苦、沮丧或不安。家长要敏锐捕捉孩子的情绪变化，当发现孩子不能解决当前的困惑的时候，第一时间和孩子并肩作战，接纳他的不良情绪，还要留足时间让孩子自己慢慢梳理，发现问题所在。

正如《感恩挫折》上说的，挫折，是懦夫的拦路石，又是勇士的健身器。只要能坚强面对，它便是成长的一笔财富。对挫折报以微笑，坚强的心总能生出无穷的力量。

6. 积极充电。书籍是我们的无声老师，家长除了要翻阅家庭教育的专业书，还可以结合孩子的兴趣爱好，订阅一些报刊，如《中国少年报》等，和孩子一起阅读、一起探讨。面对解决不了的问题，带着孩子逛书店、图书馆，那里特有的书香可以浸润孩子幼小的心灵。

四、总结感悟

做一位智慧家长，在孩子遇到"成长的烦恼"时，该出手时就出手，该放手时就放手,各方面能力都具备的孩子定会华丽转身,回报父母的爱。到那时,整个世界都是他们的了!

做一个"慧"爱孩子的家长吧!

（教师介绍:沈慧,市级骨干老师。）

扫码观看线上课堂

适当放手，培养孩子解决冲突的能力

李曼

【课程目标】

知识与能力

帮助家长明白处理儿童冲突的目的不仅仅是阻止伤害行为的发生,而是教会儿童解决同伴冲突的方法,从小培养儿童人际交往能力,为形成健全人格奠定基础。

过程与方法

一、家长要了解冲突的原因,给予孩子安慰,正确引导,鼓励孩子大胆表达自己的想法和情绪;

二、家长要学会倾听孩子的申辩,要接纳孩子,帮助孩子分析对错,教给孩子一些解决冲突的方法。

情感态度价值观

家庭环境、父母的教养方式会影响同伴冲突行为的解决方式。民主型的父母对孩子同伴冲突行为的解决方式有积极的影响,有利于孩子有效地化解冲突,与同伴更好地相处。

【课程大纲】

一、设计思路

通过分析中高年级学生的阶段特征,以及家庭教育现状,提出"家长该如何做呢?"这一问题,用生动具体的案例从两个方面提出解决措施,以培养儿童解决冲突和人际交往的能力,为形成健全人格奠定基础。

二、整体框架

主要从以下四个方面来阐述：

(一)阶段特点；

(二)提出问题；

(三)现状分析；

(四)解决措施。

【课程内容】

一、阶段特点

小学中高年级，是孩子进入青春期之前的一个重要时期，是身体、行为、情感和社会能力发展的一个重要分水岭，也是由亲子关系为主向同伴关系转变的重要阶段。研究表明，步入小学中高年级的孩子，在行为和情感方面的问题开始急剧增多。孩子对待冲突的态度，以及采取什么样的策略来解决冲突，会在不同程度上折射出家庭对学生的影响。

二、提出问题

面对冲突，家长该如何做呢？

三、现状分析

当孩子遇到矛盾冲突时，攻击型的父母会表现出脾气暴躁，说出"走走走，我带你去找他，为什么招惹你！"这类话，退缩型的父母往往会说出"算了吧，下次就不跟他玩了"。积极型的父母会引导孩子思考，想办法去解决问题，从而培养孩子解决冲突的能力。攻击型和退缩型的父母，没有帮助孩子真正地解决问题，反而会让孩子通过暴力或者选择退缩、不自信的方式来面对矛盾冲突。

四、解决措施

（一）营造民主的家庭氛围

从小生活在民主的家庭环境中的孩子，在解决冲突时，往往会采用合作、商量等积极的方式。如何营造民主的家庭氛围呢？

1. 家庭成员之间要和睦相处，特别是夫妻间的互敬互爱、互谅互让至关重要

父母的一言一行对孩子有着潜移默化的影响，即使父母之间发生矛盾，双方也要心平气和地讲道理，妥善处理，而不能当着孩子的面大吵大闹，拳脚相加，用粗暴的方式解决问题。

2. 建立良好的亲子关系

父母想走进孩子的内心世界，要善于站在孩子的位置上去体察孩子的需要，要有一颗童心去进行亲子间的交往。父母既是孩子的教养者，又是孩子的朋友。与孩子能做到情感上交融，使孩子乐于亲近，让孩子感受到自己是家庭中一名成员，受到家人的爱和重视。这种宽松、和睦的家庭环境能使孩子乐观活泼，主动地得到发展。

3. 发挥家长的榜样作用

孩子有很强的模仿力，要想孩子讲文明有礼貌，家长就不能口出污言秽语，举止粗俗野蛮。家长要从自身做起，为孩子树立一个好榜样。

（二）培养孩子自行解决冲突的能力

1. 引导孩子如何思考，而不是思考什么

当你的孩子抱怨、强求的时候，你会怎么办？当你的孩子打了其他孩子时，你会如何反应？当你的孩子不听话或者不按照你的要求去做时，你会怎么说？父母可能会以各种方式对这些行为做出反应。比如，会给孩子示范或者教给孩子更容易让人接受的行为。从长远来看，大多数时候这些方法不太管用。其原因是：父母在替孩子思考。"我能解决问题"的重点不是要立刻"正确"地解决

问题,而是如何帮助孩子独立思考和解决问题的能力,这样孩子就能处理以后遇到的新问题。因为如果你不断告诉孩子做什么,他们就没有机会自己思考,探究其他选择了。

【案例1:"倒水事件"】

妈妈:"刚才有阿姨说你从三楼往楼下倒水,倒在了一位小朋友的身上。发生了什么事?你为什么要倒水呢?"

(妈妈想知道孩子对问题的看法)

孩子:"不知道,我就是倒了!"

妈妈:"可能有很多原因,如果你好好想想,我知道你肯定是有原因的,妈妈相信你。"

(妈妈鼓励孩子思考事情的起因)

孩子:"有一位小朋友的东西不小心掉在了地下,我在楼上喊半天没人注意到我,于是我想通过倒水滴在其他小朋友的身上引起注意,这样他们就会帮忙捡东西了。"

妈妈:"如果你这样做,可能会发生什么?"

(引导孩子思考行为的后果)

孩子:"水倒在其他小朋友身上,身上会湿,可能会感冒。"

妈妈:"那位被倒水的小朋友会有什么样的感受?"

孩子:"会很生气,在小区里不跟我玩。"

妈妈:"你能想个不同的做法,让东西能顺利捡起来吗?"

(鼓励孩子进一步思考解决问题的方法)

孩子:"我可以自己跑下楼去捡或者让我身边的小朋友帮忙去捡。"

妈妈:"这是个不同的想法,你真棒。"

当妈妈发现自己的孩子往楼下倒水时,她没有提建议或者从倒水的正反两方面来对孩子进行说教,而是帮助孩子思考了他人的感受、行为的后果以及其他的做法。这位妈妈是在教孩子如何思考,而不是思考什么。她在用解决问题的方式与孩子对话,从而培养孩子解决冲突的能力。

2. 培养孩子换位思考的能力

换位思考就是站在别人的立场考虑问题的能力。它可以帮助孩子理解别人,从而孩子会有理解别人的举动,进而得到别人的认可,拥有良好的人际关系。可以采取以下措施,培养孩子换位思考的能力。

(1)给孩子更多的空间,让孩子有更多的朋友。没有人际交往的训练,就不会获得人际交往的经验和教训,孩子多一个朋友,就会多一些人际交往的时间和空间。但是往往有经验还是不够的,小孩子的总结能力不强,所以要帮孩子总结反思,可以使用一些启发式的问题去问自己的孩子。

(2)父母是最好的老师。父母双方遇事能够换位思考,体谅对方,对孩子的影响是很大的,所以,父母双方应多多换位思考,相互体谅。并且孩子在不理解父母中的一方的时候,另一方应该帮助解释说明。父母是孩子最好的老师,能够帮助孩子培养良好的人际关系。

上文提到的案例"倒水事件",母亲没有空洞的说教,或是批评指责孩子,而是引导孩子学会考虑"那位被倒水的小朋友会有什么样的感受?",要懂得换位思考去解决问题。

3. 寻找多种解决办法

父母和老师要多鼓励孩子提出更多解决问题的办法。上文中提到的案例"倒水事件"中,在妈妈的鼓励下,孩子想到了第二种捡东西的方法——不需要往楼下倒水引起注意,而是让自己或身边的小朋友去捡东西。但是考虑一个主意是好还是坏时,要让孩子自己思考,对某个具体的解决办法做出回应会限制孩子的这种自由。当孩子自己思考日常冲突的解决办法时,他们会开始感到自己的力量,而不是感到被压制。

出现冲突是正常的。通过解决冲突,孩子们学会了在人际交往中与人协商,要把冲突看作是一次学习的机会,而不是应该迅速处理并忘却的烦恼。在你的孩子提出第一个解决办法之后,不论是什么办法,你都要认可。重要的是,要保持孩子思考的连贯性,使其想出不止一个办法的过程不受阻碍,才有助于解决问题。此时,思考本身比孩子想到了什么更重要。

4.考虑后果

学会考虑后果,这样你的孩子就能学会评价他们的方法对自己及他人的影响。对于孩子来说,同时思考能做什么以及如果那么做可能会发生什么是有困难的。但是,只要父母不断地引导,孩子一定会做得相当出色。

父母可以像鼓励提出更多解决办法那样,鼓励孩子说出后果——不要暗示孩子的第一个回答是"错误的"——要让孩子知道,考虑更多后果,是为了锻炼孩子预制事情发展的能力,而不是父母不喜欢孩子的第一个回答。如果你的孩子对"接下来可能会发生什么"的问题已经想不出回答了,你就问他们:"＿＿＿＿＿＿可能会说什么?"或者问:"＿＿＿＿＿＿可能会做些什么?"平时的引导训练,会帮助孩子明白,不同的解决办法会有不同的后果。

【案例2】

爸爸:"你的老师说你又欺负同学,而且扰乱课堂了。如果再这样下去,你会学不到任何东西,交不到任何朋友!"

小张:"我不在乎!"

爸爸:"你都这么大了,应该懂事了。如果你再欺负同学,上课不好好听课,我就不让你去学校了,直到你在乎为止。"

后来,当老师和小张的爸爸说起这件事时,让他不要绝望,只是需要再多一点耐心,不论是对他自己还是对他的儿子都是如此。在老师跟他说过如何适当放手,培养孩子解决冲突的方法之后,小张的爸爸又试了一次:

爸爸(没有用威胁的语调):"你为什么要欺负其他孩子呢?"

小张:"爸爸,没有人喜欢我。"

爸爸:"欺负别的孩子会让他们喜欢你吗?"

小张:"我想不会。"

爸爸:"当你欺负他们的时候,会发生什么事情?"

小张："他们会告诉老师,我会遇到麻烦。"

爸爸："还有呢?"

小张："他们都不理我了。"

爸爸："你对此有什么感受?"

小张："伤心。"

爸爸："那么,当你欺负他们的时候,你认为他们会有什么感受?"

小张："害怕,或许感觉受到了伤害。"

爸爸："当他们感到害怕、感觉受到了伤害时,你有什么感受?"

小张："伤心。"

爸爸："你怎么做才能让他们不感到害怕或受到伤害,而且你也不感到伤心呢?"

小张："不欺负他们,跟他们做朋友。"

当让小张考虑欺负同学的后果时,他首先想到的是自己会遇到麻烦——这是外在后果。在父亲的引导下,小张开始明白,行为也会带来内在后果,这反映的是,如果他伤害了别人,自己可能会有的感受。一个因为不想伤害别人而不再打人的孩子,与一个经历了过后即忘式惩罚的孩子相比,再打人的可能性就比较小。

要帮助孩子考虑自己和别人的感受,还要考虑自己言行可能造成的后果,既包括积极的后果,也包括消极的后果。让孩子自己根据可能的后果,来判断他的主意是好还是不好。如果他的主意不好,就让他想出不同的办法。当你通过把陈述句变为问句的方式,让孩子解决他自己的问题时,父母就是在向孩子传递一个重要的信息:我相信你会做出好的决定,我尊重你对事情的看法和感受。

五、总结感悟

学会了解决冲突的方法,可以帮助孩子在以后的成长过程中解决问题,因为这种能力是伴随一生的。

　　培养孩子解决冲突的能力的过程是长久的、辛苦的,我们一定要有耐心、有爱心地引导孩子,适当放手,多鼓励支持,相信他们一定能与人和谐相处,成为一个人际交往能力强、充满自信的人。

　　(教师介绍:李曼,合肥市师范附属小学语文教师。)

如何让低年级孩子爱上运动

马斌

【课程目标】

一、帮助家长了解低年级孩子的生理特点,激发低年级孩子运动的欲望;

二、帮助家长创设游戏情境,减少低年级孩子运动畏惧感;

三、帮助家长建立科学的训练方式和形式多样的评价制度,让低年级孩子爱上运动。

【课程大纲】

一、低年级孩子生理特点分析;

二、运动策略制定;

三、运动项目选择;

四、科学预防运动损伤。

【课程内容】

开场导入

尊敬的各位家长,你们好!为积极响应教育部提出的抓好落实中小学生"手机、睡眠、作业、读物、体质"五项管理的号召,进一步建立健全学校、家庭、社会协同育人机制,形成教育合力,让每一个孩子能够拥有阳光心态和强健体魄,合肥市师范附小特推出"落实五项管理 凝聚家校合力"系列家长学校讲座。作为中小学生"五项管理"之一的体制管理,对于学生健康成长影响颇大。今天将为大家带来"五项管理"系列讲座之——《如何让低年级孩子爱上运动》。

形成假设

运动不仅会赋予孩子健康和力量,还会赋予孩子优质的个性和品质。运动对于孩子、对于家长都有好处,它不应该沦为家庭教育的盲点。培养孩子的运动习惯且拥有一种运动特长的同时,可以帮助孩子克服困难、抵御诱惑、战胜不良情绪。同时运动在促进孩子身体健康,提升智力的同时还能在培养自信、阳光开朗、坚强勇敢的品格等方面也起到积极的作用。孩子们的运动习惯和特长是孩子一生中首要的,也是最重要的素养。

我们提倡全民运动、终生运动,运动也好处多多,为什么还有孩子的身体健康状况不达标? 为什么您的孩子还不喜欢运动呢?

解决策略

下面我们就从生理特点、制定策略、选择项目、预防损伤四个方面来聊一聊。

一、低年级孩子的生理特点

孩子差 1 岁或半岁,运动能力会差很多,不同年龄阶段的孩子的身体控制能力、协调能力都有很大的差异,7 岁的孩子的身体控制能力、协调能力都比幼儿园和一年级的时候会有显著地增强,7 岁孩子的身体姿势比 6 岁的孩子绷得更紧,更偏重于某一个侧面。打个比方,他趴在那里写作业的时候,它的身子会倾斜,倾倒在他不写作业的那只胳膊上,脸几乎可以碰到课桌,而且可以保持这样一个奇怪的姿势很长时间。除此之外,7 岁的孩子的动作准确性、简洁性、直接性是比较有限的,接近 8 岁的时候,他的身体就开始比较活跃,而且动作协调性明显增强,动作开始越来越流畅,更加平衡,更加优雅,行走很自然,不再那么内敛,开始喜欢一些具有挑战性的活动,比如爬树、走独木桥、跑步、跳绳,虽然有点害怕,但是他会给自己鼓劲、打气。

了解了低年级孩子的特点,我们就来一起站在孩子的角度,从孩子的需求出发,陪孩子一起经历参与运动、掌握技能、产生兴趣、形成习惯的过程,从而让孩子们爱上运动。

二、制定策略

(一)参与运动

任何孩子不可能刚开始就喜欢某种运动,作为家长,我们首先要想办法让孩子参与各种运动。可以借助教师在课堂上的硬性要求,先让孩子被动参与,也可以给孩子创设运动的环境,通过游戏、亲子互动等活动来实现孩子主动参与,比如把短跑转化成"警察抓小偷"、把投沙包变成"植物大战僵尸"、把立定跳远变成"小青蛙跳荷叶"等。把游戏和运动结合起来,让孩子们主动参与。父母做好思想和身体准备,让亲子运动成为常态,陪伴孩子运动或组织孩子和小伙伴一起运动。在参与运动的过程中,时刻关注孩子们的运动体验,陪伴孩子产生运动的愉悦感,从而引导孩子对运动产生初步的兴趣。

(二)掌握技能

对运动产生兴趣和参与运动是掌握技能的前提,孩子们在运动的过程中,家长要做好必要的指导,通过家校沟通、查阅文献、网络学习等多种途径,了解孩子要参与的运动的规范动作,做好行为示范,让孩子的动作更准确、更有效,实现游戏运动到运动技能的转化,让孩子在运动中得到学习和愉悦,形成正确的规范的技能。

比如,低年级孩子跑步我们就可以进行如下的规范指导。第一个关键点,跑步的时候不要低头或者仰头跑,时间长了容易导致脖子、肩胛部位的肌肉紧张,这也是许多人跑步后觉得上背部和脖子酸痛的原因。所以,正确的方式是保持眼睛平视前方,这个视角大约是看你前方 30 米左右位置的地面,而不看脚下。而且平视的视野是最大的，更具安全性。当然，如果是跑不平整的路面在跑步过程中还是可以适当低头的。

第二个关键点则是摆臂。比较常见的就是，孩子要么手臂不动，要么就是摆臂的幅度过大。这两种方式其实都不利于跑步过程中的重心维持。要是遇到路况不太好，可能会出现偏离或者受伤。正确的做法则是，保持大小臂夹角90度，以肩关节为轴前后摆臂，往前，拳头到胸口位置，往后则是手腕到腰的位置。另外，手臂和身体的距离也不能太近或者太远，从正面看，手臂不要大幅度左右摆动，也不要完全贴着身体。尽量让手肘和身体有大约一个拳头的距离。

第三个关键点是身体的姿势。有的人跑步的时候，身体往前倾了，但是重心没跟上，此时跑步就会变得没力，很容易就会累。而且长时间这样跑也会导致屈髋肌肉紧张，导致一些关节损伤或者体态问题。正确的做法是想象整个身体是一条直线，核心收紧，臀部发力往前倾，整个身体需要联动起来。而不是身体动了下肢没动。

第四个关键点是腿部。尤其是女生，跑步的时候会刻意地屈膝往后勾脚，虽然这符合日漫里面的审美，但是对于跑步来说却是不利的。跑步的时候应该注意抬腿送髋，而不是主要靠动膝关节来完成的。而且经常这样跑会导致小腿肌肉紧张，变得粗壮。正确的做法则是主动地抬大腿往前跑，这样跑步的速度和稳定性才能有保证。

最后一个关键点则是落脚。跑步过程中尽量避免向前跨步，这样会突然把身体的重量往前压，这也是一些人跑步过程中膝盖出现疼痛的原因之一。正确的做法则是时刻保持重心，对于日常跑步而言，前脚落地的位置差不多是身体重心再往前一个脚掌的距离即可，这样双侧腿的受力更加平均。

（三）产生兴趣

当孩子们的技能积累到一定程度，就会产生展示运动技能的欲望，就由原来的被动参与转化为主动展示，从初始时的兴趣慢慢地内化成了习惯。作为家长，了解孩子的运动特点，积极创设和鼓励孩子参与各项竞技活动，通过搭设平台和运动展示，不断地激发孩子的参与热情，通过及时表扬认可，让孩子们心理得到充分满足,这种满足感会进一步促使他们继续提高自己,在主动的运动中不断改进自己的技能,在不断地改进、积累、竞技中,这种运动的兴趣就更根深蒂固了。

(四)形成习惯

形成习惯是运动中最难的部分,在这个过程中孩子可能会出现畏难情绪,不愿意做,坚持不下去。家长面对这一情况如何帮助孩子养成习惯呢?

孩子们有了对某项运动的兴趣,掌握了必要的技能,可以尝试通过运动打卡、亲子共同运动、以比赛促进坚持运动、组织同伴共同坚持等形式将习惯内化,以"周、月、季度、年"的打卡形式持续训练,增强运动的持续性和经常性,保证运动的时间和频率。

三、项目选择

篮球、足球——锻炼孩子的手与脚的配合,培养团队意识;

乒乓球——培养孩子的专注力,还可预防近视;

游泳——生存本领,还可以增加肺活量;

跑步——培养毅力,还有助生长发育;

跳绳——弹跳运动让身体更协调,健脑益智。

我们也可以参考网络上有些低年级小朋友的训练计划去做,一周分别做哪些运动,进行翔实的计划。

四、预防损伤

低年级孩子的所有运动,都要以安全为前提,预防运动损伤,也能让运动更持久有效。

运动前热身,活动手腕、脚踝,肩、背,让身体先"热"起来。

运动中控制心率,运动是一个长期坚持的过程,刚开始不需要强度太大,保证运动的持久性更重要。

运动后的拉伸特别重要,身体比较热的情况下,拉伸的效果更好,也可以有效地降低运动给身体带来的疼痛感和疲劳感。

【宣讲结语】

最后,推荐一组 5 分钟的针对腿、背、肩的拉伸动作结束今天的微课,愿孩子们在运动的路上不再迷茫。

(教师介绍:马斌,合肥市教坛新星、骨干教师、学科带头人,包河区骨干教师、优秀支教教师、包河区优秀班主任,所带班级获得"包河区优秀班集体"称号。两项省级课题、一项市级课题负责人,多篇论文在国家级、省级获奖,教科研论文发表十余篇,在安徽省小学数学优质课评选中获一等奖。)

扫码观看线上课堂

让孩子爱上劳动

——家庭劳动教育小妙招

吴超

【课程目标】

知识与能力

能够了解开展家庭劳动教育的重要意义,知道孩子参与家庭劳动教育的好处,掌握指导孩子参与家庭劳动教育的方法。

过程与方法

了解开展家庭劳动教育的知识,通过具体实践操作,掌握开展家庭劳动教育的方法。

情感态度价值观

开展家庭劳动教育可以通过家务劳动树立孩子正确的劳动观念,让孩子养成劳动的习惯,培养孩子的独立能力和责任感。

【课程大纲】

一、家庭劳动教育的意义;

二、为什么部分家长不让孩子参与家庭劳动;

三、很少参与家庭劳动的孩子有什么特点;

四、参与家庭劳动给孩子带来的好处;

五、开展家庭劳动教育,家长应该这么做;

六、开展家庭劳动教育的注意事项。

【课程内容】

第一课时

大家都知道,当前,一部分中小学生的动手能力和自理能力都比较弱。其实学校和家长对这一现状都是非常重视的,就让我们一起来看一看,让孩子参与家庭劳动有什么好处,家长在家中该如何有效地开展家庭劳动教育呢?

首先,我们要明确一个理念,那就是,劳动教育的目的是什么?有的人会说劳动教育为的是让孩子体会到大人的艰辛,有的人会说劳动教育的目的是让孩子掌握技能,培养孩子的意志品质。是的,这些都是劳动教育的目的,但总的概括来说,其实劳动教育是为了让我们的孩子拥有幸福生活的能力,让他们懂得一个道理:幸福的生活建基于辛勤的劳动之上。

那么作为家长,你会让孩子参与到家庭劳动中来吗?现在很多家长不怎么让孩子去动手劳动,原因在于,有的家长认为家务事孩子做不好,做不好还添麻烦,那不如就不让孩子做了;有的家长认为做家务会耽误宝贵的学习时间,那可就"损失大了";有的家长干脆就是溺爱孩子,认为孩子长大后自然而然就会劳动了。其实,家长的这种心情是可以理解的,但是所有事情都为孩子包办真的好吗?从平时学生在学校的表现我们可以看到,父母在家做的事太多,孩子在家做的事太少,这样的孩子一般都有以下几个特点:

比较懒散,经常迟到,学习玩耍也没有安排,上课时动手动脑更是一万个不情愿;自理能力较差,桌子上摆得乱七八糟,书包里也是杂乱无序,学习文具总是丢;不珍惜大人的劳动成果,不爱惜自己的物品,缺少感恩的心;缺乏上进心,好奇心,做事不专心,有始无终。

造成孩子身上这些问题的主要原因就是,家长喜欢包办孩子的生活,孩子缺乏锻炼的机会。因此,要想让孩子更早独立,增强孩子的责任心,家长首先就要改变对孩子参与劳动的认知。凡是孩子可以通过自己的能力做到的事,家长尽量不要替代他做。家里的很多事情看起来无足轻重,可偏偏就能对孩子的能力培养和不良习惯的纠正,起很大的作用。从孩子小的时候就应给为他们创造环境和条件,对孩子进行早期的劳动教育,培养孩子勤劳的意志品质,这样才是让孩子受益一生的宝贵财富。

参与家庭劳动给孩子带来的好处非常多:

第一,可以锻炼孩子的动手能力,帮助他们提高各种动作技能。可以促进大脑思考,改善孩子不爱思考不爱动脑筋的习惯。

第二,孩子学会整理东西,学会分类摆放不同的物品,学会保管自己的物品,进而养成做事有条理的习惯。做事有条有理,学习上自然也会有计划,有规划。

第三,多多参与家庭劳动,孩子就会对所要做的事情抱以认真严谨的态度,这样有利于培养孩子的责任心。

第四,参与家庭劳动还可以增加孩子的自信心,孩子们从劳动中获得快乐,体会到了自己的力量,就会产生成就感。

第五,多参与劳动还能培养孩子解决问题的能力。当我们在家庭劳动中遇到一些问题时,家长可以多鼓励孩子自己去找出解决问题的方案,即便错了,也要鼓励他们重新思考尝试。

第六,家庭劳动可以改掉孩子懒惰的坏习惯。

第七,能让孩子懂得珍惜和感恩。孩子只有通过劳动亲身实践过,体验过,才能懂得生活的甘苦。

看,原来让孩子参与家庭劳动有这么多的好处,那家长在家中该如何有效地开展家庭劳动教育呢?

第二课时

上一节课中我们谈到了让孩子参与家庭劳动的好处,那今天这一节课,我们就重点来谈一谈家庭劳动教育,家长应该怎么做。

首先我们来看第一点,态度要一致。家庭教育应当与学校教育保持一致,如果说法不一,孩子听哪边的呢?比如劳动课上老师通过讲授,让低年级的孩子现场模拟做家务,学生通过老师实际演示和观看视频的方式,学到了科学准确的方法。那么在学校学习之后,家长也要积极配合老师,与老师做好沟通,在家也能让孩子按照科学的方法来进行劳动。同样,在家里,家庭成员的观点也要保持一致。如果爸爸妈妈让孩子参与家庭劳动,爷爷奶奶看着心疼反对孩子参与家庭劳动,这样也不行。

第二点,坚持就是胜利。对孩子的劳动教育一定要持之以恒,坚持不懈,不能三天打鱼两天晒网。而且要求要到位,不然家长在孩子面前树立不了威信,孩子自然也不会认真对待。

第三点,层次分开。不同年龄段的孩子在劳动技能方面有着显著的个体差异。我们可以分层次进行指导。低年级段的孩子进行自理能力的训练,如收拾书桌、整理书包,擦拭桌椅。在家长的指导下,低年级的小朋友可以在家中学习叠衣服、穿衣服、整理书包等,然后在学校进行大 PK,这就能够很好地培养低年级孩子的自理能力,而且孩子们对于这样的活动也是非常喜欢。中年级段的孩子进行基本技能的训练,如为父母擦皮鞋、拖地、倒垃圾等;高年级段的孩子进行基本技巧的训练,如:学做饭,学择菜。别看这些事都是小事,但却十分考验孩子的能力。当然,当孩子不足以自己完成任务时,家长可以协助他们完成。

第四点,保障安全,在满足孩子好奇心和学习成效的同时,一定要保证孩子的安全,量力而行,不可让孩子自行拿取危险物品,做危险动作。随着孩子慢慢长大,可教其正确的方法。

那么,家长在开展家庭劳动教育时还需要注意些什么呢?

首先,千万别用金钱"激励"孩子劳动。用金钱去"激励"孩子做家庭劳动时,可以在短期内刺激他去劳动,却不能让他形成热爱劳动的意识。因为,当我们用金钱"激励"孩子去劳动时,他劳动的真正动力是获得金钱,而不是为了帮家长分担家务,减轻家长的负担。因此,不要用金钱去激励孩子劳动。

其次,要及时鼓励孩子,促使孩子积极参与家务劳动。当家长看到孩子做家务时,及时给予鼓励,这会促使孩子产生自豪感,从而喜欢上这种行为,将其转变成一种习惯。孩子劳动的积极性一般都是在鼓励声中激发出来的,所以,要及时鼓励孩子,让他积极参与到家庭劳动中。

再次,耐心认真地教孩子一些家庭劳动的具体方法。有时候,虽然孩子积极参与家务劳动,但是可能会越帮越忙,这时候,我们要沉着冷静,不能因为场面的混乱而大发脾气,家长需要做的更重要的事情是,细心认真地将做家务的正确方法教给孩子,耐心地指导孩子学会。一开始,我们可以把需要做的事情分解成几个小步骤,细致地教给孩子方法。这样,他们才能学会并从中受益。

最后给大家附上不同年龄段的家务建议清单,供大家参考。

一年级同学适合做的家务有:

1. 把自己要穿的衣服整理好。

2. 整理书包。

3. 每周打扫一次房间。

4. 饭后收拾碗筷并放入水槽。

5. 摆桌子和椅子。

6. 在指导下把衣服放进衣柜里。

二年级同学适合做的家务有:

1. 上学前整理好书包和穿戴。

2. 学习洗碗。

3. 学会淘米煮饭。

4. 在妈妈的帮助下做简单的早饭。

5. 收拾自己的房间。

三年级同学适合做的家务有:

1. 写超市购物清单。

2. 和爸妈一起制订出行计划。

3. 叠衣服。

4. 保持自己卧室整洁。

5. 帮助妈妈进行大扫除。

四年级同学适合做的家务有：

1. 学会晾晒衣服。

2. 擦家具。

3. 帮助家人拿快递。

4. 帮家长倒垃圾。

5. 做简单的饭菜。

五年级同学适合做的家务有：

1. 帮助家长整理衣物。

2. 学会洗碗。

3. 学会用吸尘器。

4. 把衣服分类放进衣柜。

5. 学会买菜。

六年级同学适合做的家务有：

1. 学会洗衣服。

2. 学会洗菜择菜。

3. 学会晒被子。

4. 会进行垃圾分类。

5. 学会记账。

家校联动，协同发展，让我们一起培养会做家务、爱做家务的孩子吧！

（教师介绍：吴超，曾获得包河区小学综合实践课堂教学评比一等奖，包河区教育教学论文评比一等奖，所带班级获得"包河区先进班集体"等荣誉称号。）

小学生睡眠不足的原因及家长应对策略

王小强

【课程目标】

一、帮助家长认识到保障小学生睡眠的重要性,促进小学生身心健康发展;

二、帮助家长分析睡眠不足的原因,根据不同情况运用对应的策略调整学生的睡眠状态,让学生都能达到"睡眠令"的标准。

【课程大纲】

一、小学生睡眠现状以及睡眠不足的危害;

二、分析小学生睡眠不足的原因;

三、调节好夜猫子的生物钟;

四、指导学生管理时间,做到学习睡觉两不误。

【课程内容】

青少年时期,是身体发育的关键期。良好的睡眠,能消除疲劳恢复体力,保护大脑,增强免疫力,促进生长发育,保护心理。而睡眠不足可引起肥胖,对疾病的抵抗力下降,更容易出现神经衰弱或抑郁。还会发现对问题的反应能力降低,记忆力下降,学习成绩下降等问题。可见没睡好的危害性很大。

一、小学生睡眠现状

2020 年 12 月,教育部基础教育司委托有关研究机构对 10 省市开展了中小学生学业负担监测。结果显示,小学生、初中生每日平均睡眠时长分别为 9.5 小时和 8.4 小时。青少年不同程度存在睡眠不足的问题。

因此,2021 年 3 月教育部发布《关于进一步加强中小学生睡眠管理工作的通知》,通知中明确指出学生睡眠时间要求,要求小学生每天应睡 10 小时,初中生 9 小时,高中生 8 小时。

二、小学生睡眠不足的原因

导致小学生睡眠不足的原因主要有三方面:家庭环境影响、不良习惯、课业压力。

(一)家庭环境的影响

不良环境因素会对睡眠造成直接影响,即真正的"环境性失眠"。比如孩子睡眠环境嘈杂,室内温度湿度不适宜,床铺不舒服等,使孩子焦躁不安、辗转反侧,造成睡眠不安稳。此外,家长的习惯也影响着孩子的睡眠。家长晚上操持家务或消遣娱乐,又没有安顿好孩子,孩子自然也难以入睡。一个晚睡的家庭不大可能培养出一个早睡的孩子。

(二)作息习惯不好

好的作息习惯应该是早睡早起。尽管家人已经困倦,但"小夜猫子"活力四射磨蹭玩耍没有困意,早晨赖床,上课无精打采。这种作息习惯与学校作息制度反差很大,生活学习紊乱跟不上节奏。

(三)学业压力

在"双减"政策实施后,学生作业量得到了控制。部分学生仍要熬夜写作业的主要原因是消极对待作业,磨蹭拖延,例如:慢腾腾地拿出学习用品,边写作业边抠橡皮,写一会儿又想想心思,刚写完几道题目就去上厕所等,总是不能一鼓作气把作业完成,喜欢往后拖直到最后发现自己快完成不了了,迫于压力再加班加点地去写。

三、改善小学生睡眠的策略

(一)改善家庭环境,让孩子睡得舒心

外部环境影响睡眠,最好的方法是消除不利的因素,失眠会自然缓解。

1. 设置卧室的环境让睡眠更容易

①温度湿度要适宜:要注意常给室内通风换气,保持空气清新,适宜睡眠的最佳室温是 15.6℃—22.2℃,最佳湿度是 50%—65%。

②光线要暗:睡眠时拉上窗帘关好灯,在光线较暗的环境中睡眠。如果无法做到完全遮光,可以选择佩戴眼罩睡觉。

③保持安静:一般环境声音控制在 30 分贝左右时不会影响正常的生活和休息。如果卧室靠近马路、嘈杂区域,可以换上较厚的窗帘隔绝噪音。

④寝具要清洁舒适:选用排汗、透气材料制成的床单被罩;枕头要能提供舒适的支撑,防止过低或过高;床垫软硬适中,改善人的受力点,减轻腰背疼痛。

2. 父母营造好的睡眠氛围

家长一定要在孩子睡觉前的半小时就营造出好的睡眠氛围,如关闭电视机、减少谈话或者降低音量、拉上窗帘调暗灯光,让孩子觉得是到了睡眠时间了。孩子最喜欢模仿,看看大人都要睡了也会收起玩心。如果父母不能早睡,也要在孩子就寝前停止所有噪声大的活动,给孩子创造出静谧的休息氛围。如果睡前全家人都在一起说笑或者看电视,孩子就会觉得这是没到睡觉时间,仍然处于兴奋的状态。

(二)按照生物钟安排生活节奏

研究表明,包括人类在内的各种生命体的体内存在一种生物钟,它调节着我们的一切活动。科学家们发现:6 到 12 点身体会释放皮质醇,血压上升最快,最适合专注地学习和工作,12 点到 18 点身体的协调性最好,反应速度最快,最适合与人交流协作,锻炼健身;18 点后到第二天 6 点血压升高后回落,褪黑素分泌,这时候最适合休息。根据生物钟的特点安排我们的学习和生活,可以获得更高的效率。

1. 和孩子一起制定作息表

家长可以和孩子一起制订作息计划规划睡眠,建立相对稳定的生物钟。记住要和孩子进行交流,增加孩子的参与感而不是要求孩子必须几点睡,那样往往会适得其反。约定好时间后，到了这个时间就必须得去睡觉。比如约定好9点半要上床睡觉，那么9点的时候，就要试着让孩子静下来，进行睡前准备了。有规律的生活习惯是父母送给孩子最好的健康礼物。

2. 给孩子安排一个"睡眠仪式"

"睡眠仪式"是一些固定化的、程序化的任务。在孩子入睡前，家长给孩子准备一定的陪睡小活动，能够帮助孩子舒缓情绪，减少对睡眠的抗拒，例如：喝奶—刷牙—洗脸、洗手、洗脚—换睡衣—亲子共读—说晚安。整个流程下来，大概30分钟左右孩子就渐渐有了睡意。在三周内每天重复这些流程，即使在节假日也不要轻易打破规律，孩子就会形成内在的生物钟。养成习惯后，每次睡前给孩子喝奶的时候，他就知道接下来要做什么。自然而然地形成睡眠认知，培养出良好的睡眠习惯。

3. 将电子产品请出卧室

电子产品屏幕发出的"蓝光"会抑制人体内褪黑素的分泌，破坏睡眠深度和睡眠结构，使人入睡困难、睡眠变浅。电子产品的内容，会增加神经兴奋，孩子的自控力弱，玩手机经常是欲罢不能，固有的生物钟会被破坏。因此，睡前一小时应放下手机，避免睡前接触令人兴奋的影视音乐游戏等。

生物钟是长期形成的，要循序渐进。有些已养成晚睡习惯的孩子，无法在短时间内调整过来，这时候家长不能急躁，要有足够的耐心，给孩子一段时间做调整。如果睡眠问题严重的话，就需要就医了。

(三)改进学习方法，学习睡觉两不误

在作业量稳定的前提下，学兰如果拖拉磨蹭导致到点不能完成作业，挤占了睡眠时间，父母要用科学的规划和管理使孩子走上正轨，以保障孩子的健康和学习能力。

1. 学会管理时间，学习更高效

①指导孩子制定作业安排表。孩子应每天用记事本抄写作业目录，整体规划，合理安排先后顺序，预估时间。建议先做最紧要的内容，此时头脑最清醒、精力最旺盛，有助于节省时间、提高效率。如果预估时间与实际完成时间差异

较大,应及时分析原因,调整方法。有序完成作业,是提高作业效率的重要前提。

②指导利用好碎片化的时间。一天当中有很多碎片化的时间,乘车上学途中可以背诵,课间可以处理部分作业,午休可以阅读,放学托管时间可以完成各种任务。引导学生把这些时间利用起来,发挥效益。边边角角的零碎时间看似不多,但也能减轻到家后的时间压力,更重要的意义在于为孩子建立完成作业是课后第一位的任务的认知,避免孩子对学习产生拖延心理。

③学习使用番茄时间管理法,形成自律。番茄时间管理法是一种极好地帮助孩子集中注意力、获得更高学习效率的方法。

比如孩子要做作业时,给孩子定25分钟的学习时间,这个25分钟就是番茄时间,这个时间内与学习无关的事情都不做,当孩子开小差的时候,可以告诉孩子这个番茄时间完成之后再做其他事情,帮助孩子更加专注地完成当下的任务。时钟响后休息,可以休息5分钟的时间。然后进入下一个番茄时间。刚开始,番茄时间可以短一点,10分钟,15分钟,20分钟……随着孩子年龄增大,番茄时间可以不断加长。先提出低要求,孩子完成后表扬奖励正面强化;逐渐提出高要求,孩子的时间管理能力和自律能力会随之提高起来。

2. 提升学习能力,做好心理安抚

部分学生自身的学习能力有缺陷,书写速度慢,答题速度慢,明明可以30分钟写完的作业,要拖到2个小时写完。这不算严格意义上的拖拉,因为这是由能力问题造成的。家长一味地催促也不解决任何问题,只有帮孩子建立和提高相关的学习能力,建立学习自信才能解决拖拉的问题。这样才有学习效率,能保证睡眠时间。另一种便是孩子主观意识上的选择,俗称故意的。也就是孩子学习能力没问题,只是他懒惰,并不想学。这种情况是比较难纠正的,家长辅导孩子的时候,需要提高的不是学习能力,而是学习意识和心理上的安抚。

3. 减轻课外负担,保障睡眠时间

尽量不增加孩子课外学业负担,如报各种各样的辅导班、兴趣班等,避免孩子放学或节假日都在辅导班度过,形成校内减负校外增压,学生疲惫不堪,心理上抵触学习。即使培优补差,也要有针对性地补漏或适度提高,要注重质量而不是片面追求数量。

　　睡眠情况直接影响孩子的学业水平,关系到孩子的身心健康,家校应坚持生命健康至上的理念,合理合力保障孩子睡眠,让孩子在精力充沛、心情愉悦的状态下,健康成长,快乐成才。

　　(教师介绍:王小强,包河区优秀教师,在安徽省小学心理优质课评选获一等奖,合肥市心理剧评比获一等奖。)

立足家庭，让孩子的责任感生根发芽

侯珍丽

【课程目标】

一、帮助家长了解责任感的内涵，孩子责任感缺失的现状及原因；

二、引导家长运用科学的方法培养孩子的责任感；

三、坚定家长一定能培养出有责任感孩子的信念。

【课程大纲】

一、孩子需要担起他的责任；

二、孩子责任感缺失的现状；

三、孩子责任感缺失的原因；

四、孩子责任感培养的方法。

【课程内容】

一、孩子需要担起他的责任

什么是责任感呢？责任感是一种自觉主动地做好分内一切有益事情的精神状态。人只有有了责任感，才能具有驱动自己一生都勇往直前的不竭动力，才能感到许许多多有意义的事需要自己去做，才能感受到自我存在的价值和意义，才能真正得到人们的信赖和尊重。

责任感和责任密不可分，古往今来，关于"责任"的名言不胜枚举：

士不可以不弘毅，任重而道远。——曾子

先天下之忧而忧，后天下之乐而乐。——范仲淹

天下兴亡，匹夫有责。——顾炎武

……

这些责任看似和我们的孩子无关，但是我们每个人都是从孩子长大的，孩子是祖国的未来，是民族的希望，也是我们每个家庭的希望。我相信，每位家长都希望自己的孩子成为一个孝敬父母、团结友爱、积极进取、勇于担当、值得尊敬的人。这样的孩子，必定是一个有责任感的人。

二、孩子责任感缺失的现状

但是，我们不得不面对的一个现实是：现在很多孩子责任感不强，甚至是责任感缺失。我们来看这样几个镜头：

"妈，把我要穿的衣服拿好！"

"爸，我水杯忘带了，给我送到学校来吧！"

"我妈这两天出差，所以我作业没做好。"

"地板又不是我自己弄脏的，凭什么我拖？"

"你就得先陪我！"

"你再说，我就跳楼了！"

三、孩子责任感缺失的原因

为什么有些孩子不愿自理，无视责任？为什么有些孩子寻找借口，推卸责任？为什么有些孩子完全以自我为中心，甚至以死逃避责任？结合各项社会调查和现实生活，整理出现代孩子责任感缺失的三大原因。

（一）社会不良环境的负面影响

在市场经济条件下，逐利特性和消费至上的观念，让一些人只扫自家门前

雪,不愿为社会、为国家负责。有些人因出面担当而承受不白之冤,致使更多的人不敢对他人负责。这些负面影响也无形中波及了我们的孩子。

(二)家庭责任教育缺失或偏颇

现在,生活条件好了,我们有些父母什么都不舍得让孩子做。随着社会竞争越来越激烈,一些家长在孩子教育上,只注重智力开发,而把对孩子的责任教育等非智力因素培养放在一边。

当孩子还小的时候,父母从不给孩子认清责任、承担责任的机会,等孩子长成了一个必须去承担责任的成年人时,孩子早已养成了不负责任、我行我素、满不在乎的人生态度。

(三)学校责任教育的孤立无援

我作为合肥师范附小的一名老师,已把校训融入血液:放出光芒,把希望点亮。"放出光芒,把希望点亮",不只是所有老师的责任,也是每一位学生的责任。我们希望每一个孩子都能放出光芒,把自己的希望点亮,把他人的希望点亮,把家庭的希望点亮,把社会的希望点亮。在学校里,我们严格要求孩子自己的事情自己做,集体的事情要事事有人做,同时人人有事做。但有些孩子,走出校园,走进社区,走进家庭,责任的光芒渐渐暗了,甚至消失了。

管建刚曾说:"每一个有成就感的人,都是一艘负重前行的船,沉重的责任感时常压在心头,砥砺着他们人生坚稳的脚步,从岁月和历史的风雨中走出来,走出一个大写的'人'。"要走出一个有责任感的大写的"人",需要家庭、学校、社会三方面的合力,而家庭是孩子责任感成长的摇篮,因为家长是孩子的第一任老师,也是孩子一生的老师。

四、孩子责任感培养的方法

如何立足家庭,让孩子的责任感生根发芽呢?

(一)点滴中,培养孩子的责任意识

在孩子很小的时候,我们就可以培养孩子的责任意识了。让他们在耳濡目染中感受到家庭中的每个人都要承担责任。

1. 做有责任感的家长

想要孩子有责任感,首先我们自己要有责任感。面对孩子,我们家长的责任是什么? 我们要保护、关心、呵护孩子,但绝不是溺爱;我们要接纳、尊重、认可孩子,但绝不是放任;我们要陪伴、鼓励、引领孩子,但绝不是专制。

作为父母,我们要经常反思自己:我尽到做父母的责任了吗? 当孩子需要我们时,我们在吗? 当孩子犯错时,我们接纳他了吗? 当孩子迷茫时,我们能给出相对科学的引领吗? 不要把孩子犯的所有的错都推给孩子,很多时候,是我们大人教育的不当造成的。

我们在为孩子出现的问题不知所措时,可能某本书上已经有了很好的解决方案了。所以,当我们闲暇时,不妨翻开一本,兴许会给我们启发。看到这样负责任的父母,孩子肯定是能感受到的。所以,要改变孩子,先要改变自己。

2. 发挥母亲榜样力量

斯迈尔斯在他的人生随笔《品格的力量》中说:"女性的素养决定一个民族的素养。"因为"人的品格和智慧首先在家庭中形成,这是自然的铁律",而"能够频繁出现在小孩面前的,就是他的母亲"。

母亲传递给孩子们的美好、善良的东西,会一代一代地传下去,这就是母亲榜样的力量。

3. 凸显父亲陪伴品质

培养孩子的责任感,要充分发挥母亲的榜样力量,难道父亲的角色就可以忽略吗? 当然不是。研究表明,父亲陪伴品质越高的孩子,责任感越强。当孩子在与父亲玩耍时,能从父亲那里学到敢于直面困难和危险的勇气,增强抗压力和自信心,逐步学会处理自己的事情,成为一个具有自我责任感的人。当孩子建立起了自信和自尊,他们才能有负重的肩膀,才可能与别人愉快地玩耍,才能担起小集体的责任。

无论父亲是否常在子女身边,母亲都可以把父亲为家庭所承担的责任与奉献传达给子女。母亲对父亲的支持,不仅使孩子体会到家庭氛围给其成长带来的快乐和满足,同时也起到了潜移默化的榜样作用。

所以,请父亲们,除了关心孩子的学习,每周尽量抽出点儿时间陪陪自己的孩子。孩子需要你的陪伴多过你的礼物。

一个负责任的妻子,决定了家庭的温度;一个负责任的丈夫,决定了家庭的高度。家庭无小事,事事皆育人。代际传承中榜样力量的感染是润物无声的,它有利于孩子逐渐内化为自己的责任感。

(二)行动中,锻炼孩子的责任能力

皮亚杰在他的道德发展阶段理论中指出:"一般情况下,孩子从9岁起,就由他律过渡到了自律。"如果您的孩子此时已经9岁或是大于9岁,还没有责任意识,或是责任能力很弱,请一定要重视了。因为错过的时间越长,弥补起来困难越大。所以要让孩子知道:在这个世上,最终能对自己负责的人永远只有一个,那就是自己。

1. 行动中,让孩子对自己负责

如何在行动中,让孩子对自己负责?作为父母,在孩子上学的第一天开始就应该告诉他,学习是他自己的事情,作业是他自己的事情,没有人会代替他完成,他必须自己负起责任。只是此时的孩子还处于他律阶段,所以需要我们大人的提醒、督促、鼓励。

对自己负责,除了要对自己的学习负责,还要培养孩子对自己的生活负责——自己的事自己做;对自己的生命负责——健康向上地活着;对自己的时间负责——过有准备的人生。

当然,行动中,让孩子对自己负责,是一个由扶到放的过程。这个过程很艰辛,但要让孩子逐渐意识到:优秀的人并非生而不凡,而是他愿意用行动对自己负责。

2. 行动中,让孩子对他人负责

每个人都不可能孤零零地存在,在与人交往中,诚实守信、文明有礼、宽容大度、知恩图报,这些都是对他人负责的表现。一个对自己负责的人,他的人生必然是脚踏实地的;一个对他人负责的人,他的人生必然是充实祥和的。

3. 行动中,让孩子对家庭负责

一个对家庭负责的人,他的人生必然是幸福美满的。我们要让孩子知道他是家中的一分子,让他享受一分子的待遇,也要付出一分子的劳动。让孩子在家庭小事中感受到担当后的快乐,从细微处、力所能及处培养其家庭责任感和行动力。

4. 行动中,让孩子对社会负责

"社会责任"并不是一个温柔的词语,它有的是磐石般的冷峻。我们家长要怎样做,才能培养孩子的社会责任感呢? 我们可以陪孩子看战争年代的影视剧,孩子会懂得没有国家,哪有大家;没有大家,哪有小家。我们给孩子讲身边榜样的故事,孩子会不自觉地向榜样看齐,树立人生理想。我们带着孩子走出家庭,举手投足间带着孩子遵守社会公德,爱护公共设施,保护公共环境。我们还可以在特殊的日子里送给孩子特殊的礼物,比如:在儿童节这一天,我们不妨送给孩子一份责任感,陪孩子去一趟养老院,在小区里做半天义工……当孩子能够通过帮助不认识的人收获快乐时,他们就能逐渐懂得什么是社会责任和担当了。

托尔斯泰认为:"一个人若是没有热情,他将一事无成,而热情的基点正是责任心。"对自己负责,是独善其身;对他人负责,是合作共赢;对家庭负责,是相亲相爱;对社会负责,是胸怀天下。所以,人,活着,就应担起责任。不是因为执着,而是因为值得。

(三)评价中,升华孩子的责任情感

家长正面、有效的评价,对于培养孩子的责任感起着至关重要的作用。

1. 等待闪光点时,不贴负面标签

当一个孩子没有尽责时,不要光找错误,而是应该寻求补救的办法,再让孩子接受事先约定的小小惩罚,但决不能贴负面标签。著名儿童学家阿黛尔·法伯说过,永远都不要低估了你的话对孩子一生的影响。毁掉孩子责任心最快的方法就是给他贴标签。父母的标签,具有强烈的暗示和导向,孩子一旦被贴上不负责任的标签,就很容易成为标签所指定的人。因为这些负面的标签散发出的负能量,会扼杀一个孩子的上进心,打消孩子的积极性。

当外人给孩子贴负面标签时,我们家长的反应同样重要。你要有礼貌地制止。你的态度,足以影响到孩子的人生轨迹。

我们可以对一个学习暂时不自觉的孩子说:"我们期待你学有所成。学习不是一件偶然的事情,它需要努力和恒心。我们期待你做到这些。"宽容,有时候比惩罚更有力量。但,宽容不代表无原则、无止境。

2. 发现闪光点时,让它可以燎原

当孩子担起责任时,我们要用信任和表扬激励孩子的责任心。以便让这种责任心的闪光点可以燎原。

如果一个对学习不负责任的孩子,今天自觉写作业了,我们要表扬,但是这种表扬要低调,切不可过度夸赞,目的是让孩子知道,这种做法是对的,这的确是他自己应该做的。我们为你高兴,因为你已经懂得了责任与担当。激励是精神的清新氧气,相信孩子会做得更好。

如果一个不爱做家务的孩子,今天主动刷碗了,我们要高调表扬——家庭表彰、晒晒朋友圈。告诉他一个人能承担多大的责任,就能取得多大的成功。因为责任感与机遇成正比。

(四)反复中,坚定孩子的责任意志

有些家长可能会说,我的孩子做什么都是三分钟热度。低年级写字总是工工整整的,可是到了高年级却惨不忍睹了。孩子小时候也干家务,现在什么也不愿意干了,越大越懒了。曾经还愿意弯腰捡起马路上的废纸,现在也不愿意了。是什么让孩子对自己、对家庭、对社会的责任感悄悄消减了呢?我想这句话,能解释这类现象:当新鲜的、诱人的东西变得习以为常的时候,孩子对它的兴趣就减退了。

以劳动为例,怎样才能始终保持孩子对劳动的浓厚兴趣和热烈追求呢?怎样才能使劳动变得有吸引力、诱惑力呢?要让孩子在劳动的过程中觉得他被需要,他在创造,他还可以做得更好,他还可以发现更多。

所以,当孩子的责任心出现反复、动摇时,我们可以换一种思路,让孩子觉得被需要,让孩子觉得在创造。正如苏霍姆林斯基所说:"请你注意无论如何不要使这种内在的力量消失。缺少这种力量任何巧妙措施都无济于事的。"

综上,想要培养孩子的责任感,我们可以分为四步走。点滴中,培养孩子的责任意识;行动中,锻炼孩子的责任能力;评价中,升华孩子的责任情感;反复中,坚定孩子的责任意志。

最后引用培根的话与大家共勉:"责任心是世界上最珍贵的种子,它若早早地播种在孩子的心田里,将会收获一生一世的幸福。"

(教师介绍:侯珍丽,市优秀辅导员,陶娟名班主任工作室成员。)

扫码观看线上课堂

解密青春期，让孩子顺利度过最具挑战性的时期

张文霞

【课程目标】

帮助家长深入了解小学高年级学生青春期的心理特点，引导家长正确解读青春期孩子的成长规律、行为差异，知晓家庭教育对孩子终生成长的作用与影响；指导家长探索更恰当的亲子沟通方法，提升亲子教育能力，陪伴孩子顺利度过青春期。

【课程大纲】

一、什么是青春期？青春期孩子会发生哪些变化？

二、青春期常见的心理现象有哪些？

三、面对青春期孩子的种种变化，家长该如何正确引导？

【课程内容】

一、什么是青春期？

什么是青春期？青春期是指儿童向成人过渡的人生关键时期，是个体身体发育急剧变化的时期，也是心理飞速发展变化的时期。女孩进入青春期最早起始于8、9岁，男孩10、11岁开始青春期。小学的五、六年级学生年龄一般在10—12岁之间，正好处于青春期前期。每个人的青春期阶段会随生活环境、饮食习惯、家庭基因、身体健康和运动状况等因素而有所区别。每个人都有独特的生长过程，早进入青春期或晚进入青春期不存在对与错、好与坏的区别。

二、青春期孩子会发生哪些变化?

青春期会发生很多生理变化,包括身体器官的发育,身高、体重的变化,大脑结构的改变,逻辑思维及推理能力的剧增,认知的发展。生理上发展逐渐成熟,导致他们在心理上产生成人感,但实际上他们的认知水平、社会经验、思维方式都还处于半成熟的状态。身体和心理发展速度的不匹配,孩子会出现自我认知和客观现实之间的矛盾,导致一些独特的心理现象。

三、青春期常见的心理现象有哪些?

(一)自我独立意识增强

【案例】一个青春期的孩子抱怨脸上长痘痘,妈妈体贴地说:"这一段时间我炒菜不放辣椒,平时不吃辛辣和油炸食品,痘痘很快就会消掉的。"不料孩子暴跳如雷,"不要你管这么宽,我偏要吃!"

青春期的孩子总认为自己已经是大人了,希望能够摆脱家长的控制,从而实现自我独立。在这方面心理因素的影响下,他会将成年人对自己的管束和说教,当作自己获得独立的障碍。因此经常会不加思考、不遗余力地反抗家长和老师,甚至是针对一些权威人士,力争获得完全的独立。在家庭中,他们往往会通过"蔑视"父母的言行,达到独立的心理需求,也往往会成为别人眼中的"杠精"。

(二)情绪波动大

【案例】疫情防控期间,因为疫情防控,一个高年级孩子有几天在家一直没有出去,出不去的他每天在家里烦躁得上蹿下跳,经常在屋子里走来走去,家长偶尔问他怎么了,他的无名火一下就上来了,吼道:"我也不知道,不要理我。"家长只是想关心一下孩子,但被孩子无缘无故的火气怼了,家长觉得孩子不尊重自己,于是这位家长很生气地训了孩子一顿,孩子的怒火就像是碰上了干草堆一样一下就点燃了,和家长吵了起来,最后直接跑进房间,把门重重地摔上。

青春期是孩子情绪发育的关键过渡期,这一时期的孩子正处于情绪从简单到丰富的发展阶段,烦躁、情绪低落、情绪波动大、爱发无名火是他们的典型症状。在青春期时,人的大脑负责基本行为的功能开始发育成熟,如视觉、听觉、和运动脑区,而负责复杂思考、规划区域的前额叶还未发展成熟。脑部的不平衡发育是导致孩子比较冲动,且情绪多变的主要原因,是生理因素。此外,青春期的孩子还会追求情绪的自主。在儿童时期,孩子的开心与不开心更多的是依赖父母的控制。而到了青春期,他开始有自己的想法,开心与否是因为自己,不再是因为父母,这时候的情绪表达也会更强烈。

(三)自我评价过高或过低

在自我评价时,孩子有时会过分夸大自己的能力,甚至行为上表现出自负,听不进别人的意见。由于认知能力不足,孩子看问题时往往片面主观,加上心理的脆弱,一旦遇到暂时的挫折和失败,他们往往又会走入另一个极端,怯懦自卑、抑郁不振甚至自暴自弃。当孩子进入青少年时期后,随着对外界认识的不断提高,生活经验的不断积累,开始对自己个性和品质进行关注和评价,并且凭借这些来调节自己的言行。但在相当长的一段时间内,他们并没有形成关于自己的稳固形象,也就是说,他们的自我意识还不够稳定。而且,他们对于周围人给予的评价非常敏感和关注,哪怕一句随便的评价,都会引起内心很大的情绪波动和应激反应,以致自我评价发生动摇。如何建立起对自己的正确认识,变得自信而强大,也是青少年期常遇到的心理问题。

(四)同伴交往愈加重要

青春期的孩子为了融入群体,往往会选择遵从群体意志,做一些他们平常不会做或不敢做的事情,因为他们害怕被排挤、受冷落,如不会再像低年级那样积极举手回答问题了,怕回答得不好被同学嘲笑。在同伴相处中,青春期的孩子往往产生攀比的想法,因为爱攀比,他们也会变得敏感、多疑。而产生这些变化,正是因为在青春期同伴关系已经上升为孩子最重要的关系,同伴关系带来的影响是巨大的。在这个年龄阶段,青春期的孩子分享内心想法的对象是同伴而不是家长。在孩子们的生活中,同伴扮演着十分重要的角色,他们是孩子自我认同的一个参照。他们是在与同伴的关系中,认识自己存在的价值,建立起自我认同的。如果一个孩子在青春期无法建立良好的同伴关系的话,将会有很大的负面影响。

(五)性别意识觉醒

青春期男女生在相处上主要有两个表现:一是强化自己本身性别,刻意疏远异性同学,男生只和男生玩,女生只和女生玩;二是希望得到异性的关注,对异性充满好奇。这是因为青春期的孩子性别特征快速发育,性别意识增强。此时孩子的性别意识会使他对自己的言行举止、穿衣装扮开始关注,以寻求性别认同。女孩可能通过打扮自己、男孩可能通过学说脏话等一些浅层次的方式,寻求一定的自我认同感。

四、青春期家长的教育策略

(一)隐退身份做"无为"的家长

孩子到了青春期,如果父母还像小时候那样事无巨细地为孩子安排好每一件事,结果只有两种可能:一种是孩子为了讨好父母继续扮演孩子的角色,产生了心理学上称为"退行"的现象,放弃成长的权利,变得幼稚化。这样的孩子即使学习成绩优秀,也是生活能力比较弱。另一种是孩子选择反抗,因为他觉得如果我不能挫败父母,我就长不大。很多孩子逃学不是因为不喜欢学习,而只是为了反抗父母,父母希望他好好学习,他就不好好学,看父母怎么办。因为他知道父母可以替代他做决定,但无法替代他学习,只有这样才能挫败父母。所以面对青春期的孩子,父母首先要把自己从权威的角色上放下来。青春期的孩子要建立自己的权威、尊严,往往尝试着攻击家庭的成员。而父母要明确,既然孩子不再想当孩子了,自己就要慢慢从家长的角色中引退。告诉孩子,你现在长大了,有一些事要自己做,需要帮助时你就说话,你如果不说的话,我不管,你要自己管自己。在孩子的面前做一名"无为"的家长,同时在孩子的背后默默关注,以便在孩子需要的时候及时引导。

（二）不和孩子硬杠,避免情绪交锋

青春期的孩子情绪多变,最大的表现就是会无缘无故地发火,控制不住自己的情绪。如果家长因为孩子的这种表现陷入一个错误的解读:孩子不尊重自己。那么为了维护自己的权威,家长会以愤怒来对抗正在情绪动荡中的孩子,而孩子会觉得不被理解,不被爱,对家长更加排斥,家庭大战一触即发。这样的亲子之战,从根本上来说是亲子双方认知的错位才产生的,两个人所在意的点根本不是同一个。那如何和孩子沟通呢? 当孩子情绪激动时,父母要做的就是接纳并理解他的情绪,不要在孩子情绪激动时急于和他沟通。及时接纳孩子的情绪并不等于认同他的行为,不与孩子的情绪交锋,孩子在情绪稳定后才更有可能按照父母的期望去调整自己的行为。当与孩子发生矛盾冲突的时候,如孩子不理人、吼家长等情形对于大多数家长都是极大的挑战。家长要随时对自己的情绪有所察觉,首先要稳住自己的情绪,可以尝试深呼吸,从 1 数到 10,先稳住自己的情绪才是成功沟通的开始。如果家长自己处于暴怒的状态下,是无法有效与孩子沟通的。其次要倾听孩子的想法,不动声色地审视孩子的心理需求。如果是好的想法,家长要及时肯定、鼓励;如果是不够成熟的想法,家长可以循循善诱,引导孩子思考。在引导孩子的沟通中,少说道理,带着不批判的态度去沟通。基于此,我们来看一下正确的沟通案例:当孩子要跟别人攀比,服饰鞋子总是需要买品牌,不顺着他,就发脾气时,冲突式沟通家长可能是这样说的:"年纪不大,怎么学的爱攀比。你现在主要的任务是学习,不要老想着和人家比吃比穿,一点都不懂事。"这样的沟通显然是无效的,反而激起孩子的逆反。而接纳式沟通可以这样说:"我特别理解你想要买这个牌子的衣服,这是在你们同学中流行的时尚,同学有,你也渴望拥有,可以理解。不过因为×××的原因,我现在不能给你买。"家长正确的沟通方式将有效化解孩子的不良情绪。

(三)发挥"朋友圈"的正向影响力

孩子在 10 岁以前,他们没有选择朋友的意识,跟谁都能玩到一块。随着年龄的增长,到 12 岁左右,孩子就有选择意识了。他们会选择与自己的兴趣、爱好、价值观相同的朋友走在一起,形成"朋友圈"。所以父母一方面要对孩子进行人际交往指导,关注孩子的交友情况,进行合理的引导。例如,常在孩子面前表扬他的朋友的优点,既让孩子觉得"有面子",同时引导孩子学习朋友的长处;家长不要轻易去否定孩子认可的朋友,否则你的否定可能会导致孩子不再愿意向你敞开心扉了。如果孩子已经与"不良"孩子长期相处,则鼓励孩子发挥自身的正能量,帮助朋友改正缺点,共同进步。家长要支持孩子交友,多为孩子创造交友的平台,同时对孩子提出具体而简单的底线要求。如带你做坏事的人不能做朋友,很自私的人不能做朋友……另一方面,同伴交往是青少年发展自主性、获得身份认同的一个过程,父母要给孩子足够的自由度,既掌握分寸又留有余地。在异性交往方面,要知道青春期男女同学之间互相吸引的心理是正常的、自然的、健康的。要认识到孩子同异性的接触和交往,不但是青春期孩子的愿望,也是他们社会化过程中必修的一课。通过彼此的交往,他们可以了解异性,学习对方的优点和长处。如果发现自己的孩子与某个异性的接触过于频繁,可以找适当的机会提醒他们不要错过与众多的异性接触的机会,指导孩子学会跟异性相处的原则。

(四)帮助孩子认识青春期

青春期是每个人在成长过程中的必经之路,让孩子认识到自己正在进入人生中一个飞速成长的阶段。青春期生理与心理发育不同步,心理发育相对滞后及学习压力和不良习惯,有时会引起心理失调现象,如果处理不当会严重影响孩子的身心健康,所以家长也要帮助孩子认识到这一点,教给孩子心理解压的方法:如换位思考,转换角度看待问题;一吐为快,向朋友家长倾诉自己感受;遇到解决不了的问题及时向别人寻求帮助;积极参加体育锻炼,放松身心等。

　　总之,我们的家长都会面对青春期的孩子,每个孩子的情况又有所不同,需要我们家长不断学习,掌握青春期孩子的规律特点,做到早注意、早引导。在这个充满挑战性的阶段里,家长的理解、尊重、引导是孩子平稳度过青春期的最好助力。

　　（教师介绍:张文霞,国家三级心理咨询师、家庭教育指导师,曾获得安徽省辅导员基本功技能大赛一等奖,所带班级荣获"包河区先进班集体"荣誉称号,多篇论文获市区级奖项并发表。）

如何教会孩子面对困难和挫折

许 蓓

【课程目标】

一、帮助家长了解这一学段孩子面对困难和挫折时的心理变化；

二、指导父母在家庭教育中如何培养孩子的抗挫折的能力。

【课程大纲】

一、困难和挫折对于孩子而言意味着什么呢？

二、提高孩子的抗挫折能力的重要性；

三、在家庭教育中提高孩子抗挫折能力的策略。

【课程内容】

第一课时

在当今社会，很多家长把孩子当作家庭的核心，孩子们俨然成了"小皇帝""小公主"。衣来伸手、饭来张口的生活使孩子不能独立面对生活中的困难，更不用说承受挫折了。困难和挫折对于孩子而言意味着什么呢？

这里我们讲一个故事：印度前总理、政治家甘地夫人，她的孩子需要接受手术治疗。在手术之前，医生想通过对孩子讲一些善意的话来安慰孩子，但是，甘地夫人却认为不需要，自己告诉孩子这个手术的危险性与痛苦，鼓励孩子积极地面对手术。在后面的手术中，孩子勇敢地面对手术，最后治疗成功。

这个故事后来就演变出了"甘地夫人法则"，这个法则的核心就是让孩子勇敢地面对挫折。在这个故事中,涉及了逆境商数,它是美国职业培训师提出的概念,指人们面对逆境时的反应方式,即面对挫折、摆脱困境和超越困难的能力。面对逆境或挫折时,控制感弱的人只会逆来顺受,信天由命;而控制感强的人则会凭借一己之力能动的改变所处环境,相信人定胜天。控制感弱的人经常说,我无能为力、我能力不及;控制感强的人则会说,虽然很难,但这算什么,一定有办法。高逆商者,往往能够将在某一范围内陷入逆境所带来的负面影响仅限于这一范围,并能够将其负面影响程度降至最小。深陷学习中的逆境,就仅限于此,而不会影响自己的工作和家庭生活;与家人吵架,就仅限于此,而不会因此失去家庭;对事争执,就仅限于此,而不致对人也有看法。高逆商者能够将逆境所产生的负面影响限制在一定范围,不至扩大到其他层面。越能够把握逆境的影响范围,就越可以把挫折视为特定事件,越觉得自己有能力处理,不致惊惶失措。高逆商者,往往能够清楚地认识到使自己陷入逆境的起因,并甘愿承担一切责任,能够及时地采取有效行动,痛定思痛,在跌倒处再次爬起。大量资料显示,在市场经济日趋激烈的 21 世纪,要想取得成功更大程度上取决于其面对挫折、摆脱困境和超越困难的能力。困难与挫折的发生是人类无法操控的,下面,我将从两个方面来说说提高孩子的抗挫折能力的重要性。

第一个方面,提高孩子抗挫折能力有利于培养孩子的自信心。

如今,很多父母都在感叹,现在的孩子一点儿挫折都承受不了。的确,这是如今很普遍的一种现象。这一现象的原因分析是家长的包办。在家长事无巨细地照顾和呵护下,绝大多数的孩子成长过程都过于顺利。因此,当孩子需要去面对社会时,遇到一点点的小挫折,就很容易萎靡不振,甚至情绪崩溃,做出极端的行为。因此,培养孩子直面挫折的勇气是非常重要的,它可以让孩子在经历逆境时,能以积极的心态去面对,而不是选择逃避,退缩,拥有摆脱困境和超越困难的能力。适当地让孩子受一些挫折教育,提高孩子的抗挫折能力是孩子人生的必修课,有利于培养孩子的自信心。

其次,提高孩子的抗挫折能力有利于塑造孩子健全的人格。

著名的心理学家阿德勒在他的著作《儿童教育心理学》中提到:培养孩子健

全的人格,这才是教育孩子的首要目的。英国著名心理学家艾森克也指出:"人格决定个人适应社会环境的能力;健全的人格可以让人不断认识自我、提升自我,大大地提高一个人适应社会的能力。"国学大师南怀瑾曾说:"今天的世界唯科技马首是瞻,人格养成没有了,都是乱的不成器的,这是根本乱源,是苦恼之源。"因此,提高孩子抗挫折能力,让他们在人生的道路上不轻易被挫折和困难所击倒,有战胜一切困难的勇气和力量,这就是给予孩子最好的礼物。

第二个方面,提高孩子的抗挫折能力有利于激发孩子的潜能。

困难与挫折的发生往往是无法预料的,对于父母而言,要教育孩子积极主动地去面对困难与挫折。当孩子培养出面对困难与挫折的勇气时,即使他们失败了,他们也会不断思考怎么去克服,在思考中激发自己的潜能,激发自己的斗志,最终取得成功。

在班主任工作中,我发现,在作业没有全对时,和同学之间相处得不愉快时,考试没有考到自己的理想分数时,被师长批评时,很多孩子的反应是极端的:学习成绩不错的孩子情绪容易崩溃,而情绪崩溃的反应是大哭、大叫,严重时甚至是有自残的行为;而成绩一般的孩子呢,敏感、自卑、沮丧,在遇到问题时,经常用消极、无所谓的态度来漠视它;只有少数的孩子能正确认识这些挫折和困难,并用积极的心态去面对它,用积极的行动去解决它。针对孩子出现的这些情况,让我们分析一下是什么原因导致的呢? 我想有以下三个原因:

原因一:孩子不能够正确认识挫折。

在遇到自己不能解决的事情时,孩子会出现负面情绪,有的家长就会批评自己的孩子,这会使孩子的负面情绪被放大,时间长了之后,就不会积极地对待困难挫折了。

原因二:盲目地替孩子掩盖错误。

很多父母在遇到孩子出现的问题时,为了不打击孩子,会用变相鼓励的方法解决问题。但是家长们不能过度地鼓励,反而让孩子忽视问题的本身,过分地赏识孩子,也会使得他们无法培养出抗挫折能力。

原因三:忽视孩子独立思考的能力。

遇到困难挫折不可怕,关键是教会孩子该怎么样面对,要学会反思与总结,这需要的是孩子独立思考的能力。很多父母在指出问题之后就作罢了,没有教孩子自己去思考与总结,今后在面对其他的问题时,孩子还是会再次犯错。

德国著名教育家舒马赫说:"给孩子多多提供尝试机会,也是挫折教育的有机组成部分。孩子一旦被剥夺了尝试的机会,也就等于被剥夺了犯错误和改正错误的机会,因此也不可能迈向成功之路。"

第二课时

上一课我们了解了什么是挫折教育,以及挫折教育的意义,这节课我们来说一说在家庭教育中提高孩子抗挫折能力的三个锦囊妙计。

现代社会是一个充满竞争与挑战,也充满机遇的社会,为了更好地适应并立足于这个现代竞争社会,实现自己的理想和抱负,孩子必须培养自己的抗挫折能力,增强自我适应能力,磨炼自己的意志,才能从容应对并战胜学习和生活中的各种挫折。

一、帮助孩子建立自尊心和自信心

苏格拉底说:"一个人能否有成就,只看他是否具备自尊心和自信心两个条件。"一个没有被尊重的人,很难有自尊,儿童时期是培养孩子自我尊重的黄金阶段,而父母的尊重是孩子自尊心形成的重要保证。尊重自己的孩子,守护他们的自尊心,是健全他们的人格的重要内容,也有利于孩子在面对困难和挫折时不胆怯、不畏惧。

人类心理学认为,每一个人都有被认可的需求,被肯定的人表现出来的积极性比一般人都高,这有助于培养个人的自信。给予肯定是父母了解孩子的第一步。只有当父母完全了解孩子的时候,才知道怎么样去引导他们。同时,父母的肯定是孩子自信心最重要的来源。有心理学研究表明，当孩子被父母质疑的时候，他们是最孤独，最不自信的。这种孤单和不自信轻则导致沟通障碍，重则造成孩子的偏激行为，所以，给孩子认可才是明智之举。大量的事实证明，父母的肯定对孩子的自信心和未来有着不可估量的影响。有自信心的孩子，在面对挑战和挫折时，往往能够清楚地认识到使自己陷入逆境的起因，并甘愿承担一切责任，能够及时地采取有效行动，痛定思痛，在跌倒处再次爬起。

二、提高孩子的心理韧性

家庭作为个体成长的最初和最重要场所，其环境和氛围是提高孩子心理韧性的重要影响因素。很多父母总是舍不得让孩子吃苦，尽心尽力地呵护和照顾着孩子，帮孩子把所有的事情都做了，孩子什么都没有做过，当然什么都不会做，等到需要他自己去独立面对时，就很容易被一点小困难所打倒。父母要学会用适当的方式帮助孩子掌握基本的生活技能，培养孩子独立自主能力，而且要学会如何去保护孩子不受侵害，提高孩子的心理韧性。

首先，提高孩子的心理韧性，就是教育孩子要经得起逆境和艰苦的磨炼。想要经得起逆境和艰苦的磨炼，应有意识增强积极的心理态度。心态积极，就能潇洒自如，就会特别自信。考试的失败对学生无疑是最大的打击，由于成绩很不理想导致自信心下降，一个恶性循环可能由此开始。此时此刻，家长要及时地疏导、鼓劲。通过家长讲述自己的经历、故事等，让孩子在轻松的氛围中深刻认识到凡事以积极的心态去对待，生活才会一片灿烂。当孩子具备心理韧性，在面对困难、挫折，甚至失败时，他们才能获得良好的发展。

其次，教育孩子学会增强自我调适能力。在家庭教育中，家长应多关注孩子的态度和行为，而不是结果。孩子付出的努力，认真解决问题的态度，以及得到的成长等作为重点关注和认可的对象，并跟孩子具体地描述出来。"刚才做这个事的时候，你认真的样子很帅""虽然中间有点儿累，但是你还是坚持下来了"，用这样的方式去给孩子再次尝试的勇气，效果会更好。因为要摆脱因挫折产生的消极情绪,减轻心理压力,就必须通过合理的方式去调节自己的心理,提升自我调适能力在家庭教育中,教会孩子积极的自我暗示是一种最有效的提升自我调适能力的方法,因为积极的自我暗示能调动一个人的潜能,令人振奋精神,集中注意力,去应付不寻常的挑战。人的心理十分复杂,经常受到外界情境的影响。尤其是在对抗、竞争的环境里,对手的好成绩,会造成孩子内心的紧张,即便实力超过对手,心理的紧张也会束缚孩子潜在能力的发挥。自我暗示在这时就能起到排除杂念、稳定情绪的作用。"飞人"刘翔在起跑前经常要对自己说一些积极的话,鼓励自己;2004 年雅典奥运会上爆出冷门获得奥运冠军的网球选手李婷、孙甜甜,其成功也得益于心理教练对她们进行积极的心理暗示。积极的心理暗示可采用自己和自己对话的方式,表达出内心的感受,自己激励自己,提醒我们不去做哪些事情,要尽力去做好哪些事情,有益于我们集中精神做好我们期待的事情,达到预定的目标,实现自己的愿望。在遭遇挫折失败时,要努力调整好心态,不要总是给自己贴上失败者的标签,被负面情绪所困扰,应把每一次失败当作积累经验的契机。在遭遇不顺和失败的时候,试着对自己说:"这是最糟糕的情况了,不会再有比这更倒霉的事情发生了。""既然最糟糕的事都已经发生了,那么以后就该否极泰来了!"等等。这样做会给自己以信心,增强心中的安全感。

三、面对挫折不妨教会孩子重新调整自我目标

挫折,尤其是学业挫折,有时是因为孩子或家长所定的目标过高而引起的。当孩子预定的目标没有实现而遭受挫折时,家长应当及时引导孩子接纳自己的不足,反省自己的目标是否合理,达到目标的途径是否恰当,等等。根据自己的实际情况及时调整自己的目标,有利于减轻压力,发挥出自己的最大潜能。

挫折教育不是刻意地给孩子挫折,而是帮助孩子建立乐观、坚韧的性格,给予孩子希望。乐观可以让孩子学会"在消极情境下作积极解读";坚韧可以让孩子"在遇到挫折时能自我激励";希望则决定着孩子能否有效地实现人生目标,

让孩子学会做事有方向,不虚度光阴。让孩子在遇到挫折和困难时能够勇敢地去面对,并拥有跨越障碍的勇气和积极的态度。家长的正确引导和教育正是这些正能量的来源。

德国儿童教育专家威茨格提醒父母说:"要让孩子的尝试取得成效,还必须注重循序渐进,注重孩子不同年龄段的不同特点,注重各个孩子的不同个性,并充分了解和尊重他们各自的兴趣喜好以及心理需求。"他主张一开始让孩子做一些难度较小的尝试,以便孩子取得成功后自信心上升。接着再渐渐增大尝试的难度,目的是让孩子在失败和挫折中培养不向困难低头的精神。他还特别强调,孩子的种种尝试必须出于自愿,勉强或强迫只会事与愿违或事倍功半。

真正的挫折教育不是打击,而是正确地鼓励孩子,给他面对挫折和再次拼搏的勇气。让孩子知道自己的不足,引导孩子去接纳那个不完美的自己,鼓励他去尝试。孩子受挫时,可以给他一个拥抱或者是鼓励的眼神。

正确面对挫折与困难,可以让孩子们学会直面,学会坚持,在经历更为繁重的学业负担和生活负担时,他们会多一份从容和淡定。

今天的课程就到这里,正如佩恩所言:"没有播种,何来收获;没有辛苦,何来成功;没有磨难,何来荣耀;没有挫折,何来辉煌。"让我们共同努力,携手合作,静待花开。

(教师介绍:许蓓,区级骨干教师,合肥市师范附属小学语文老师,并担任班主任。)

敬惜儿童成长　做好幼小衔接

蒋文君

【课程目标】

知识与能力

认识到幼小衔接中存在的误区和问题,树立正确的幼小衔接观念。

过程与方法

学习掌握解决幼小衔接问题的应对策略。

情感态度价值观

配合老师家校共育,敬惜儿童成长,做好幼小衔接。

【课程大纲】

一、幼小衔接中存在的问题;

二、幼小衔接问题的主要应对策略。

【课程内容】

2021 年 3 月 31 日,教育部颁发《关于大力推进幼儿园与小学科学衔接的指导意见》,要求以习近平新时代中国特色社会主义思想为指导,全面贯彻党的教育方针,落实立德树人根本任务,遵循儿童身心发展规律和教育规律,深化基础教育课程改革,建立幼儿园与小学科学衔接的长效机制,全面提高教育质量,促进儿童德智体美劳全面发展和身心健康成长。

一、幼小衔接中存在的问题

幼小衔接——这是个一直被家长、教师、社会广泛关注的问题,但是长期以来,却没有很好地解决。相较于幼儿园,小学是更加独立自主的学习天地,不仅从自由散漫的环境过渡到强调规则纪律的课堂,而且有作息时间、人际交往方式的改变,这些可能会让幼儿产生生理和心理上的不适应。相应地,一到暑假,各种各样的教育机构遍地开花,为了不输在起跑线上,很多家长都会带孩子去培训班学拼音、学计算、学书法……

(一)片面强调知识的过渡

有调查显示,接受了超前教育的孩子,在幼儿园阶段会表现出较强的学习能力,然而经历了一年级上学期的学习后,优势会逐步变弱,二年级后一般会下降得越发明显。为什么会这样呢?研究表明幼儿的自我认知和情绪管理都尚不成熟,提前的重复学习会反馈出不错的学习表现,然而后面学习新授知识时遇到的困难,可能会导致幼儿的心理落差,产生学习上的逆反心理。简而言之,揠苗助长式的超前教育是幼小衔接中错误的认知和教育方式。

(二)家庭教育与学校教育不连贯

在幼儿的成长过程中,虽然学前和小学教育是两个不同阶段,但是家庭教育始终贯穿其中,因此家长和家庭教育对于幼小衔接有着至关重要的意义和作用。反观现实情况,很多家长却仅仅凭自身经验、直觉和部分碎片化的信息进行教育,这就会导致不科学的教育方式,如放任式、期待式、盲从式教育等。这就更迫切地需要家长与老师、学校及时沟通,积极联络。

二、幼小衔接问题的主要应对策略

作为一名一线的小学教师,笔者想给大家的建议是重视幼小衔接的同时,做到科学对待,实现有效衔接!

(一)科学衔接不"抢跑",从小培养好习惯

1.行动力的训练

结合课堂观察,有的学生做事能力较差,效率低且拖沓。如上课了才慢吞吞地从书包里拿出书本;体育活动时,老师布置了具体任务后,仍磨磨蹭蹭、懒

懒散散。

在儿童 3 岁后,即初步具备独立行动能力时,家长就可以根据孩子的生理发展特点,锻炼其做事能力,如将垃圾放到指定的垃圾桶里,把脏衣服放到指定的衣物收纳筐……家长还可用游戏的方式,和孩子一起整理归纳。随着年龄增长,幼儿会逐渐提高自理能力,等到 6 周岁上小学时,已会自己整理书包、摆放物品、打扫卫生等。

2. 专注力的培养

在低年段的课堂中,普遍存在学生注意力易分散的问题。家长如果从婴幼儿时期,着手培养孩子的专注力,就会有效地改善这个问题。

专注力训练的前提是从幼儿做自己喜欢做的事情开始,锻炼持续的时间。家长可以让幼儿从玩单一的玩具开始训练其专注力,让他做自己喜欢的事情,不被打扰。但孩子的天性就是会被新奇的事物吸引,一直做同一件事情,不免会动摇,家长要耐心地引导,想方设法地帮助孩子坚持。大多数情况下,幼儿每次专注的时间不会超过半小时,这是生理特点决定的。

3. 阅读能力的养成

阅读是一件对每个人终身发展具有长远意义的大事。在幼儿园阶段,就需要多进行亲子阅读,培养孩子的阅读能力。家长可在晚上睡觉前读书给孩子听,因为幼儿在浅眠期最容易进行记忆。还可以扮演书中的角色,做做游戏,激发阅读兴趣,充分发挥孩子的想象力。

早期阅读不仅对幼儿的语言、想象、逻辑思维能力等方面的发展具有积极的促进作用,而且对其健康人格的形成也有直接的影响。有条件的家庭可选择一处安静、采光良好的位置作为阅读角,让阅读从小融入孩子的生活,成为他们的生活方式。

(二)做好准备不焦虑,家校联动"扫误区"

1. 保持平和乐观的心态

从幼儿园到小学,师生、生生关系都发生了很大的变化。幼儿园阶段,每个班级的三名教师始终与幼儿在一起,及时解决、协调幼儿面临的困难,关系密切。而小学虽然有班主任和七八位科任教师,但老师的工作主要是授课和管理,遇到困难往往需要孩子自己解决,同伴之间也增加了竞争的成分。因此,有的幼儿会出现无助、压抑等焦虑情绪,家长要关注幼儿的情绪变化,及时疏导。

家长首先要保持一颗乐观平和的心态,逐步引导幼儿理解、倾听他人,学会与人沟通,请求别人帮助,懂得竞争等。为了帮助孩子建立良好的人际关系,还可以帮助其分析什么样的同学受大家欢迎,从而让他约束自己的行为,向优秀的同学学习。总之,面对入学后的一系列考验,家长要努力营造良好的家庭氛围,戒掉焦虑! 在轻松愉快的家庭氛围中成长起来的孩子,心态更积极,面对挫折,也有更多的心理能量去战胜它。

2. 做好适当的物质准备

家长有必要为孩子提前准备书包、铅笔盒等文具,这样可以让孩子产生对小学的向往和自豪感。但购买时要注意,不要一味追求高档,否则会引起孩子的优越感和炫耀心理,还易分散注意力。家长同时还要训练幼儿使用和保管这些学习用品。

进入小学后,生活和学习的节奏变快,为了帮助孩子适应这种变化,家长可以同孩子一起制定时间安排表。将孩子在家的一天分为不同的时间段,安排好每个时间段可以做哪些事情,要求孩子在规定的时间内完成,培养其时间观念。小学生每天在校都要自己整理书包、轮流值日。家长可以在他还没上学时,就帮助孩子养成好的生活秩序和卫生习惯。比如带着孩子一起做家务,扫地、拖地、擦桌子等,培养幼儿日常生活的自理能力。

3. 家校紧密联系

幼儿进入小学后的半年也是关键时期,除了能够设想到的情况,还会出现很多新问题,家长要及时同老师沟通、积极配合,帮助幼儿早日适应学校生活,平稳过渡,获得更好的发展,快乐成长。

(三)平稳过渡,"让我陪你慢慢跑"

在当前"双减"政策的教育背景下,我们需要用发展的眼光看待幼小衔接。真正的幼小衔接绝不是提前学习小学的课程,而是通过恰当的方式让孩子适应小学的生活。老师和家长们不妨沉下心来，每一天、每一节课、每一个学习任务慢慢地执行，不急不躁地陪着天真稚嫩的孩子走好衔接的关键期。

从幼儿园到小学是儿童智慧发蒙的窗口期，家长、教师、社会都应秉持儿童视角，树立以儿童为中心的教育理念，珍惜这段时光，为幼儿铺展心智发育的河床，让他们带着好奇和喜爱，开启知识奔涌的求学时代。

（教师介绍：蒋文君，青年教师。）

扫码观看线上课堂

想要娃自律，父母巧用力

李　琼

【课程目标】

一、帮助家长了解自律对孩子的重要性以及孩子是否自律与家长的关系；

二、指导父母在家庭教育中如何培养孩子的自律性。

【课程大纲】

一、没有自律性对孩子的影响；

二、父母的行为与孩子的自律性；

三、家庭教育中父母如何培养孩子的自律性。

【课程内容】

康德认为："真正品德的产生，是来自人们意志的志愿，不受外界的约束，可以自主规范来约束自己。"故道德的最高境界是自律。一个孩子在长大后要想有所成就，就必须具备自律性，要具备能够独立思考、选择、判断、解决问题的能力，只有以这些为基础，才能应对各种生活的挑战，否则是很难适应现代社会需要的。

近年来，经常有家长抱怨"孩子太懒，什么事情都不会做""孩子都 6 岁了，连衣服都要爸妈帮忙穿，吃饭奶奶得端着碗喂饭"孩子的这种情况，让家长很着急上火。其实这种情况，并不是个例，很多家庭都有，孩子不是太懒，而是没有自律性，事事都要依靠父母。

卡耐基说："为了让孩子更好地生活，必须让孩子学习自立，在家庭中，要教育他拥有独立的人格。"而现在很多的家长宠爱孩子，让孩子在无形之中失去了人存活于世上最基本的能力，就是自律性。

一、没有自律性对孩子的影响

（一）孩子不容易融入新环境

居里夫人说："路只有靠自己去走,才能够越走越宽。"没有自律性的孩子,在家里由于有长辈们在身边,可能没有明显的表现。一旦到了上学的年龄,就会出现适应和融入的问题。如上幼儿园后,其他小朋友都已经会用筷子,只有自己需要让老师喂饭吃,这种对比会让孩子在内心产生一种格格不入的感觉,更是对孩子幼小自尊心的一种打击,孩子会觉得其他小朋友都会,只有自己不会,很丢脸,就不容易融入新的环境中去。

（二）依赖感让孩子变得懒惰

父母对孩子娇生惯养,只会让孩子对父母的依赖感更强,这样的孩子自然没有独立能力,当孩子大小事情都被父母安排,不需要为任何事情操心,不需要动手去做任何事情后,孩子的自律能力也就被父母给剥夺掉了,长此以往会让孩子变得对父母有超强的依赖感,变得懒惰,没有自律性。

（三）精细照顾让孩子逐步失去生活能力

很多的家长不仅要工作,还要照顾孩子衣食住行,关心孩子的学习,每天的生活节奏很紧张。孩子上学后,仍然没有养成自律性,这不仅会让父母每天更加忙碌,还会让孩子逐步失去自理能力。如爸妈下班晚,孩子回家后想要喝水都不知道怎么去接水;即使饭桌上有饭,孩子也不会盛饭,不会用勺子吃饭,只好忍饥挨饿了。久而久之,没有自律性的孩子便失去了基本的生活能力,甚至有的大学生离开父母生活都无法自理,这更让我们看到了缺乏自律性给孩子带来的不良影响。

二、父母的行为对孩子自律性的影响

（一）父母的亲力亲为

　　当下大多数的父母都对孩子的事情大包大揽,家里老人照顾孩子的更是如此,当家长把孩子的大小事务都包揽下来后,孩子就会变得无事可做,只要饭来张口,衣来伸手便可。孩子都上小学了,还要爸妈喂饭吃,不会用筷子,不会系鞋带,自己的书包都是妈妈整理,时间久了,孩子不是懒惰,而是不会,源头就是父母的亲力亲为,让孩子失去了应有的自律性。

　　记得我们小时候家里的条件不好,很多人五六岁时就已经帮妈妈扫地,收拾碗筷,到二三年级时,炒菜、做饭都已经很熟练了。现在的很多孩子别说做饭,几乎什么家务活都不会干,而且也从未帮忙做过任何的家务。其中的原因都是家长不让孩子帮忙做家务,怕累着孩子,怕孩子做不好,怕耽误了学习。

　　其实很多孩子在小时候都是很勤快的,看到妈妈洗衣服,孩子就很好奇,要求洗自己的衣服,妈妈就会阻止孩子说,你还太小了,自己洗不了衣服。孩子看到妈妈擦桌子很有趣,跑过来说,想要擦桌子,妈妈说,不行,你还太小,去玩吧!什么事情都不让孩子去尝试,不让孩子去做,孩子自然缺乏自律性。

　　(二)父母的榜样示范

　　父母是孩子的第一任老师,模仿是孩子的天性。模仿是孩子学习的主要方式。当孩子能模仿大人扫地抹桌时,他也同样会模仿大人其他的行为方式,如语言、生活习惯和待人接物等等。

　　由于孩子的能力有限,他们的模仿是没有选择性的,父母的一些坏习惯、不文明语言,甚至不良行为都可能被孩子效仿。试想,父母自身在工作和生活中都做不到有计划、有安排,家里是乱的,工作是乱的,天天沉迷麻将,或者回家就拿着手机玩游戏,就不要怪孩子学习不自律,因为你自己混乱的生活,无法给孩子足够的榜样力量。你又如何奢望你的孩子具有很好的自律性呢?

　　自律是什么? 通俗说就是一种自控力,即克制自己想做某事的冲动。下面是一段母子对话:

　　妈妈:儿子,我陪你出去踢会儿球? 儿子:写完作业再踢球。

　　妈妈:踢完球再写? 儿子:写不完。

　　妈妈:写不完明天写。儿子:明天还有明天的。

当别的孩子在玩耍时,这个孩子在规定时间、自律地完成目标。一个孩子对自己自律,去完成作为学生该完成的任务,按时写完作业,将来长大后,他会对工作自律、会对自己的人生自律。相信很多父母也希望自己的孩子能有如此高的自律性,那么父母又该怎么做呢?

三、家庭教育中父母如何培养孩子的自律性

(一)把握小学生的心理发展特点,尽早树立自律意识

小学阶段的儿童,心理内部稳定性较差,容易产生情绪波动,对事物充满了好奇心和敏感性,有较强的自尊心和自主意识,但同时又缺乏自控力和耐受性,遇到困难容易退缩,受到批评时容易沮丧,好的习惯难以坚持。因此,教育这一阶段的儿童需要教育者有极大的耐心和爱心,充分理解和体谅他们的所作所为,并且需要教师、家长和社会合力对其进行指导和约束,即以"他律"为主进行教育。

随着小学生年龄的增长,身心发展水平的提高,孩子们的自我意识逐渐形成,有一种迫切想摆脱家长和老师束缚的趋势,这时的孩子道德思维和道德评价能力开始形成和发展,为自律能力的产生奠定了客观的基础。作为父母,应当根据小学生身心发展的阶段特点,有针对性地激发学生的潜能,逐步将"他律"向"自律"过渡,培养学生自我管理的意识。

(二)激发孩子的内在驱动力,自己的事情自己做

孩子如何自律呢? 自律来自于可以照顾自己,自己的事情自己做。要培养孩子的自律性,重点是要激发孩子的内在驱动力,锻炼孩子的手脚,让孩子可以从自己的事情自己做开始。例如孩子在一岁后,应该开始尝试用小勺子自己吃饭;两岁后,就可以教给孩子穿衣服,穿袜子;三岁后,就应该让孩子自己自主如厕,并开始让孩子自己学习洗袜子,洗小手帕;四岁左右开始整理自己的玩具,衣服。

当孩子想要帮忙做家务时,爸妈一定要给予孩子做家务的机会,并要求孩

子参与做家务,这些可以让孩子知道,他是这个家庭的一分子,应该担负起家庭责任,更利于培养孩子的自律性。带着孩子做家务,只有一个秘诀:"不要只动嘴,不动手。"孩子通过模仿学习,除了嘴巴说,父母更要示范给他看。当孩子开始做,家长就要紧闭嘴巴,不要再说话。想要说的等到孩子做完,再说声"谢谢"就可以了。当孩子完成任务后,父母可以给予孩子赞赏和鼓励,使孩子获得成就感,提高孩子的责任感。

(三)制订每日计划,父母以身作则

孩子不懂得自律,就容易分散注意力,被时间牵着鼻子走。所以,父母要引导孩子学会自律,从被动接受监督到主动自我管理,真正成为时间的主人,在有效时间内完成自己的目标,完成更多有意义的事情。父母怎么引导孩子自主管理时间呢?

1.让孩子学会制订一天的计划

如果孩子没有时间观念,不懂怎么安排自己的学习和休息时间,那么父母可以引导孩子制订一天的计划,规定好什么时候学习、什么时候休息。而且,要督促孩子马上执行。父母也可以在儿童每日计划表写上父母需要每天做到的事情,例如:锻炼身体、陪孩子玩等等,和孩子一起进行自我管理。近朱者赤近墨者黑,每一个自律的孩子背后都有一对以身作则的父母。从被教育者的接受程度来看,身教比言传有用得多。一个书香世家教育出来的孩子往往成天与书为伴,而一个从重视自律教育的家庭出来的孩子也更明白自律的重要性,更能做到自律。

父母需要以身作则,给孩子做一个好榜样。孩子按计划完成后,父母就要及时地给予孩子奖励,不能找借口不奖励。

2.玩"对对时间"的游戏

如果孩子不知道当下时间,父母可以给孩子配一块手表,时不时地与孩子对对时间,按时开始,按时结束。久而久之,孩子就会养成良好的作息习惯。例如,孩子在家里发呆,这时,父母可以对孩子说:"我们来对对时间,请伸出你的手表看一看,现在是上午10点,我们花10分钟的时间收拾房间。"

3. 倒计时学习与休息,增强紧迫感

为了增强紧迫感,父母可以引导孩子进行倒计时学习与休息,让孩子知道在什么时间就该做什么事情。学习和休息的时间一旦过了,就再也找不回来了。例如,在孩子读课文之前,爸爸可以拿来一个闹钟,倒计时 15 分钟,要求孩子在规定时间内读完课文。时间到了,孩子就可以休息 5 分钟。

4. 引导孩子多学习一些关于时间的词语

父母可以在日常交流中有意识地、高频率地使用关于时间的语言,以增强孩子的时间观念。例如,父母可以不断重复这些话:"今天是星期几?""明天早上 7 点准时起床!""现在是几点钟?""等我 1 分钟。""快用 5 分钟做完。""做这件事不能超过 1 个小时。"还可以教给孩子一些关于时间的词语,如分秒必争、光阴似箭、弹指之间等。

(四)善用赏识与鼓励,促进道德内化

孩子在由他律到自律的过程中,父母要及时地给予孩子赏识与鼓励。赏识孩子,激励其向更高的目标攀登。美国心理学家威廉·詹姆斯曾说:"人性最深层的需要就是渴望别人的赞赏,这是人类区别于其他动物的地方。"赏识教育的特点让孩子在"我是好孩子"的心态中觉醒,从而要求自己往更优秀的自己努力。

学生在各方面都能够严格要求自己按照计划完成目标时,父母要及时表扬,特别要表扬孩子坚持的过程,并给予一些奖励。不过要以精神奖励为主,以物质奖励为辅。例如:孩子一天下来吃饭、上学、做作业、阅读、睡觉都能按时进行,父母可以在孩子的作息表上加一朵小红花,孩子一周集齐七朵红花就能获得口头表扬或一件小礼物,下周孩子再集满七朵花,父母就再奖励别的东西。

十年树木,百年树人。小树苗要成为可用的木料,需要经过很长时间的生长,培养一个优秀的人才则需要更多的时间,并且非常不容易。想让小树苗成材需要科学栽培,修剪枝叶;而培养人才,就需要从小养成自律意识,从而养成良好的行为习惯。因为,人生中所有值得追求的目标都需要自律才能实现。当一个孩子得到充分锻炼后,自律性得到提高,他就会有信心去处理生活中的各种问题,坦然面对生活中的风雨。

（教师介绍:李琼,一级教师,包河区骨干教师、优秀教育工作者,合肥市骨干教师,国家三级心理咨询师,家庭教育指导教师。从教二十年来,一直担任班主任,现任职于合肥市师范附属小学。）

扫码观看线上课堂

正视差异，树立孩子自信心

姚思琪

【课程目标】

一、帮助家长了解孩子在小学各阶段的心理发展特征；

二、帮助家长正确认识孩子之间出现的差异及其原因；

三、在树立孩子自信心的方面，给予相应的家庭教育方法，以规避或解决实际问题。

【课程大纲】

一、小学生心理情况总览（发展阶段的差异）；

二、学生个体间的具体差异及其原因；

三、树立孩子自信心的具体策略。

【课程内容】

第一课时

在大多数的家庭中，家长并不关注孩子的心理健康，尤其是我们小学生的家长，认为孩子还小，学习压力还没那么重，能有什么心理问题呢。但是，近年来"厌学""焦虑"等名词层出不穷，已然证明各种不同的心理问题也开始出现在小学生的群体中。而大部分小学生心理问题的来源，便是家长给予他们的莫大压力。同伴压力、社会压力等，让家长不能正确认识个体差异性，将过度严苛的要求和过高的期待扣在孩子的头上，让孩子的心理差点"窒息"。

其实"差异"存在于个体与个体之间,也存在于每一个个体之内。孩子成长的每一个阶段,都会呈现出不同的心理状态。只有掌握孩子的心理发展规律,我们才能更加积极地规避或应对孩子可能会出现的心理问题。下面,我们就一起看一看小学阶段孩子的心理发展规律。

一、小学生心理情况总览(发展阶段的差异)

小学阶段是学生个体心理发展的关键时期,孩子在不同年级,他们的身心发育和内心世界也会有诸多不同的显著特点。

一年级的孩子刚进入小学,他们开始摆脱对父母的依赖,对新事物有极强的好奇心,同时,也正初步建立人际关系。

经过一年的学习,二年级孩子的心理趋向稳定,出现了竞争意识,同时,也出现了个体分化,学生之间的差异逐步明显。

三年级的孩子乐于结交更多的朋友,他们推崇偶像,同时他们也开始趋利避害。

四年级的孩子处于心理过渡期,他们的自我意识增强,个体间出现极大的差异。

五年级的孩子有了更强的自控力、竞争意识,他们的思维开始趋于现实。

六年级的孩子开始进入青春期,内心世界日渐丰富的同时也可能会出心理恐慌,缺乏自信。

当然,在成长过程中,孩子与孩子之间,也出现越来越大的差异。

二、个体间的具体差异

(一)行为 & 思想

差异表现:进入小学我们最重视的是常规学习,经历了严格的常规教育,所有的孩子都会知道我们在学校、在班级应该遵守的各项纪律。但是,知道不代表能做到。为什么有的孩子能做到"规规矩矩",有些孩子总想"冲破规矩"呢?

原因:其实,这是规则意识不强的体现。孩子还没吃完饭就离开饭桌去玩耍,玩一会之后再回来吃,家长说没关系,吃完就行;到了约定的时间该关电视了,孩子跟你撒娇说再看 5 分钟吧,家长想着 5 分钟也不长,就同意了,于是一个 5 分钟接着一个 5 分钟,不知道又多看了多久……这些看似不起眼的小事,其实都让孩子养成了不遵守规则的习惯。

同时,有的家长知道对错,可是教育的方式不对,也不行。经常使用暴力的教育手段,会让孩子形成撒谎的习惯。这是品行的问题,是很严重的,家长切忌经常性地打骂孩子,尤其当着别人面,要给孩子留足尊严。

结果:孩子做了错事,批评是一定少不了的。当孩子只受到学校单方面的批评时,他会自然而然地把家长当作挡箭牌,在学校继续他原本的行为。当孩子经常性地受到家长和老师共同的批评时,要么产生自卑的情绪,要么会在内心给自己贴上"坏孩子"的标签,更加肆无忌惮地闯祸。

(二)学习方面

差异表现:小学阶段的学习内容不会太难,但随着年级的升高,孩子的成绩差距会越来越大。以二年级的写话为例,有的孩子能说会写,有的孩子却想写一句完整的话都十分困难。如果家长在写作初期不加以重视,后期的作文会成为孩子学习语文的巨大障碍。

原因:产生学习差异的原因有很多,首先,是智力方面,人与人的智力差异一定是有的,家长要客观看待自己的孩子。不要妄自尊大,也不要妄自菲薄。其实,在小学阶段,更重要的是学习态度和学习习惯,智力方面对孩子学习的影响并不会太大。

其次,早期的能力培养方面,曾经有一个一年级的家长,她焦虑地问我:"老师,我家孩子是不是很笨? 为什么×××都能逆向思维,我家孩子就没法做到呢?"我先安慰她,人的思维在 7—12 岁会慢慢拥有可逆性和永恒性,所以我让她不要焦虑,这绝不是笨的体现。

但是,同龄的孩子在思维上出现比较明显的差异,这就和家长对孩子早期能力的培养有关了。现在很多家长会从小有目的性地培养孩子的各方面能力，思维、专注、理解等等，比如，在写数学应用题的时候，有的孩子能够迅速理解题意，而有的孩子却总是不明白题目想让他做什么，这就是理解能力的差异。培养理解能力的重要方式之一就是阅读。小时候家长经常给孩子讲故事，带孩子看书，这个孩子的理解能力就不会太差。理解能力强的孩子，往往更会听课，而理解能力不佳的孩子，往往因为听不懂而走神，久而久之，学习的差异就越来越明显。

但是家长们不要焦虑，能力的培养绝不是一朝一夕的，明确孩子亟待解决的问题，找到相应方法，坚持下去，相信孩子一定会有所改变。

再次，学习习惯的养成方面，专注的听课习惯、认真的书写习惯、阅读习惯、锻炼习惯等等，良好的习惯让孩子受益终身，而小学就是习惯养成的关键期。有的孩子心血来潮想要学钢琴、学跳舞，可没学几天就放弃了，或者跟家长吵着说要换一个学。也许家长会说，不学就不学吧，反正兴趣爱好也不重要，学习好就行了。各位，和玩耍相比，学习是一件枯燥的事，一个不懂得坚持的孩子，如何能学习好呢？

最后，家长的过度期待方面，孩子的世界本是无忧无虑的，他们的心理问题大多都是从家长那儿来的。幼儿园对孩子学习的要求很低，背一首诗、做一道简单的加减法，家长就十分满足。一到小学，学习要求陡然转变，家长发现自己的孩子和别人差距太大，于是开始焦虑，每天强迫孩子学习，题目做不完不许睡；孩子考试成绩下滑了，立马对着孩子大声吼叫；把孩子塞进辅导班，一周七天，孩子基本没有快乐的玩耍时间……这是现代很多家庭的现状，家长好难，好累；孩子更难，更累。

家长们，你想让你的孩子成为什么样的人呢？你对孩子的期待是客观的吗？

期待是没有问题的，但过度期待不仅不会让孩子越来越好，反而容易造成家庭矛盾，导致孩子出现很多心理问题。

其中，自卑和自负是孩子成长过程中常见的心理问题，其本质都是不自信。

因此,帮助孩子正确树立自信心,便是我们家长必须要做的一件事。

第二课时

上节课中和大家分享了孩子在小学时期个体间的差异,本节课我们将了解如何树立孩子自信心,从而规避和解决差异带来的实际问题。

三、帮助孩子树立自信

自信是人对自我能力评价的一种心理活动,是人在已有知识能力基础上对自己是否能完成某项任务的自我评估。

小学是形成自信心的关键期。孩子在接受别人评价的过程中能发现自身的价值,产生兴奋感、自豪感,对自己充满信心。有的孩子还表现出强烈的自我确定、自我主张,对自己评价偏高,甚至目空一切,这就容易导致自负的心理。相反,有的孩子由于成绩不良或某个方面的缺失,受到班级同学的歧视,对自己评价过低,便会对自己失去信心。

培养孩子的自信心,赏识鼓励是前提,活动竞争是手段,体验成功最关键。

(一)赏识鼓励,助孩子自信自尊

孩子自信心的树立、阳光型性格的养成,离不开赏识与鼓励。而赏识教育,就是通过赏识孩子的行为过程和行为结果,来激发孩子的兴趣,促进孩子的发展。小学生的自我判断水平较低,家长、老师、同伴的评价或暗示是其自我评价的基础,孩子是需要从他人给予的肯定或鼓励中获得自信的。

在课堂教学中,我会经常让学生互相进行评价,而我的评价要求就是:先赞美,再建议。无论你要指出他何种问题,你都必须先找出他一个优点。这不仅能够给予孩子学习的自信,也是在优化孩子们的同伴关系。

亲子之间也是一样的,批评和暴力极有可能教育出一个自卑、叛逆的孩子。

我曾经遇见过一个特别叛逆的孩子,甚至一年级就出现了撒谎的不良情况。经了解,孩子父母的惯常教育方式就是打骂。后来,我建议用表扬的方法替代责骂,当孩子表现好的时候,可以在计划表上给他贴上小红花,以此进行鼓励。在长时间的努力下,这个孩子渐渐变得积极向上。

美国著名的心理学家德雷克斯说:"孩子需要鼓励,如同植物需要水一般。"当学生已付出努力或已尽力去做了,仍还不能够达到目标时,就需要获得更多坚持下去的勇气。这种勇气的来源,就是我们给予他的肯定和鼓励。我们可以对孩子说:"大家都知道你已经非常努力去做了,我们都为你骄傲""这次检测成绩不够理想,但你这些知识已经掌握得比上次更牢了,继续努力,你会取得更好的成绩""你距离任务目标已经很近了,胜利的曙光就在前头,加油呀,你一定能完成"……

(二)活动竞争,帮孩子自信自强

在平时生活中,我们可以给孩子设置一些竞争环境,比如,有两个孩子的家庭,就可以让孩子们比一比谁做家务活做得快;也可以在周末的时候,爸爸妈妈和孩子来一场竞赛。这些竞争无论是学习、生活、体育等方面都可以,主要是在活动中挖掘孩子的闪光点,培养孩子的竞争意识。

同时,我们要注意对孩子进行意志品格的教育和训练,帮助孩子树立正确的竞争观,使孩子明白:在成长的过程中,遇到挫折和困难是正常的;在竞争的环节中,失利是暂时的,也是难免的。我们要教会孩子以平和的心态、相信自己能行的自信投入竞争中,也要积极和勇敢地去面对竞争中的失利。

(三)体验成功,让孩子自信自豪

培养孩子的自信心,最关键的是让孩子体验成功的快乐。苏联心理学家维果斯基提出了最近发展区理论,他认为学生的发展有两种水平:一种是学生的现有水平,指独立活动时所能达到的解决问题的水平;另一种是学生可能的发展水平,也就是通过教学所获得的潜力。两者之间的差异就是最近发展区。

因此,目标任务的选择尤为关键。目标太低,挑战性太弱,孩子没有参与的动力;目标太高,不容易体验成功,会容易让孩子产生挫败感,打击孩子的自信。

家长要根据孩子的年龄特点,先从较低的目标开始,让孩子稍微"跳一跳"摘到"果实",品尝到"果实"的美味与甘甜,然后提高目标难度,让孩子迎难而上,最终到达成功的彼岸。

当然,在活动告一段落之后,我们应给予适当的评价。我们可以这样说:"果然,勇于挑战的你真的很酷哦!""不要灰心,努力就是胜利,下次我们再试试!"只要孩子积极参与了活动,接受了锻炼,即使目标没有完成,也应进行肯定和鼓励,使其更加自信。

成长,从心出发。希望家长能多多关注孩子的心理健康,以积极的心态去面对孩子,让孩子拥有一个阳光的童年,成为一个温暖的人。

(教师介绍:姚思琪,合肥市师范附属小学语文老师,并担任班主任。)

你的孩子爱学习吗

邓义景

【课程目标】

帮助家长调整心态,正确面对孩子不喜欢学习,学习不够坚持的情况;

帮助家长正确育儿,用科学、有效的方法,帮助孩子喜欢学习,主动学习。

【课程大纲】

先从社会现象导入——家长普遍反映孩子不喜欢学习,继而站在孩子的角度分析不喜欢学习的原因。在厘清原因之后,帮助父母放平心态,正确看待这一现象。通过阐述一些教学中真实存在的案例,给出具体的策略。面对孩子不喜欢学习的各种情况,有针对性地提供指导方法,帮助孩子喜欢学习,主动学习。

【课程内容】

我想问一下各位家长:"你的孩子爱学习吗?"今天我们就来谈一谈,如何帮助孩子爱上学习。

我们常常听到有些家长在社交圈发出这样的灵魂拷问:

"我和爸爸当年是学霸,为什么我的孩子学习如此烦神?"

"为什么别的孩子在学校就能完成作业,或者回家半个小时就能完成,我的孩子要写到很晚?"

"孩子对玩的事情这么积极,对学习却那么消极?"

"我的孩子真的比别人差吗? 我做父母不够好吗?"

一、原因分析

家长们想一想：你们的孩子还是小宝宝的时候，是不是都很喜欢学习、模仿？父母为孩子的学习、记忆能力震惊、骄傲。孩子们从小明明是"十万个为什么"，对所有的事情都有着深深的好奇，是一个很爱探索、爱求知的孩子，为什么长大了反而不喜欢学习了呢？

我们来换个角度，站在孩子的立场考虑一下问题。

父母逼着我学习，我喜欢学吗？

是手机游戏好玩、动画片好看，还是学习更有意思？

我在工作上遇到困难，面对指责，我能不能振奋精神，信心百倍地去投入我的工作？我的孩子在学习上遇到困难情绪低迷，学习状态不佳，开始不喜欢学习，这种行为固然不对，但是不是也是人之常情？

二、调整心态、接纳孩子

作为父母，我们有没有真正地理解孩子，和孩子深入沟通过？

作为父母，我们有没有以身作则，为孩子做是一个好的榜样，有没有为孩子创造一个好的学习环境？

在孩子学习遇到困难时，学习状态不佳、缺乏信心时，我们有没有正确地引导孩子，给孩子指明方向，提供恰当的帮助？

在责怪孩子之前，我们要明白一点，我相信无论是家长，学生，还是老师，比起学习和工作，都更喜欢休闲娱乐。我们不需要过度责怪孩子，孩子有时缺乏坚持，意志力有限，这是正常的。我们要能够做好思想调整，摆好心态，正确地认识孩子，接纳孩子的缺点。

三、实施方法

（一）正确认识、接纳理解

1. 摆正心态

【案例】音乐老师觉得小明乐感很好，数学老师觉得他很机灵，英语老师觉得他表达能力不太好，班主任觉得他过于顽皮。同样一个孩子，不同老师对小明的评价截然不同。

我们可以看到每个孩子的天赋不同，他们都有自己擅长的领域。作为家长要帮助孩子正确认识自己，发现孩子的优点，找到孩子的不足。

我们都希望孩子能取得好成绩，但是对每个阶段来说，还是进步最重要。树上有一颗果子，孩子跳一跳能摘到，他会不断努力、不断尝试去摘下这颗果子。树上有一颗果子，距离他三米高，虽然他非常想要，但是他不会着手去摘，因为他知道不可能摘到这个果子。

父母一定要摆正心态，知道自己孩子的天赋、长处。也要明白孩子的成长环境不同，后天学习结果也会有所不同。不要拿别的孩子的长处和自己孩子的短处比，要拿孩子和过去的自己对比。不要求孩子和其他人一样，都能摘到最高最远的那个果子，我们应正确认识孩子的水平，对孩子的目标期待定在跳起来能摘到的那个果子上。

2. 自我评价

父母对孩子做出评价、老师对孩子做出评价都是他人对孩子的看法，可能有些观点他接受，有些观点他不接受。当孩子犯错的时候，孩子本来觉得自己错了，面对他人的指责，自责程度反而会降低。

所以让孩子自己对自己做出评价，是一种自我意识的觉醒。他会深入思考自己这一段时间的学习怎么样，会想一想自己和制定的目标之间的距离。下一步是坚持下去,还是应该及时调整,及时改进。如果孩子对自己的评价不是很高,父母首先要肯定孩子,"你的自我意识是对的,很好",接着就要想办法和孩子一起思考,一起改进。

如果孩子对自己的自我评价比较高,说明这段时间孩子确实在认真刻苦地学习,并且他认可自己的努力成果,这样最有利于建立孩子的自信心,可以让孩子发现学习的乐趣。他能够更加正确地去面对学习上所存在的挫折和困难。

(二)制定目标,共同参与

1.每日目标　共同制定

【案例】小王这时间学习态度不够好,学习状态不佳。父母为了帮助小王提高,制定了每日学习目标:每天做两张试卷,一面计算,做不完不能出去玩。这些作业小王如果认真做,一个半小时就能完成,但连续几天,小王都是在哭喊中写作业,并且完不成。

如果这个每日目标任务量小一些,小王也参与到目标制定中,他会更愿意完成。孩子每天回家后需要完成语、数、英、科四项作业,还要复习巩固当天要学的知识,预习明天所学内容。如果时间安排不合理,学习效率会很低,每日学习目标的制定就很有必要。父母需要和孩子共同商讨,每段时间做什么事情,每件事情要做多长时间。如孩子告诉父母完成语文作业需要 15 分钟,父母可以给孩子 5 分钟弹性时间,那目标就是 4:00—4:20 完成语文作业,其他以此类推。这个目标就是时间合理,并且孩子参与制定的目标,那父母和孩子都必须遵守这个目标计划。

2.奖励机制　刺激进步

有学者研究过,为什么人们对游戏这么容易上瘾?很大一个原因在于游戏的"奖励填充机制",你在玩游戏时,每操作一步就能获得经验值和装备,努力立刻有收获。但是在学习上,你可能坚持两周,每天多学两小时,考试成绩都没有取得进步。长时间努力没有收获,所以孩子觉得学习很难。

那在学习方面,我们也可以给孩子设立一个奖励机制。比如说学习半个小时,我们可以休息10分钟;看书一个小时,可以看20分钟的动画片;或者我们还可以累积到周末,每天阅读半个小时,周末就可以去游乐园玩半个小时;等等。在制定奖励机制时,同样要征求孩子的意见,问问孩子希望得到什么奖励。而最重要的是一定要把奖励机制在显眼的地方列举出来,看着奖励的增多,其实也说明孩子在学习方面投入了更多的时间,孩子也会更有成就感。

(三)知识梳理　追问理解

有一道数学题,孩子做错了,或者不会做,父母给孩子讲了一遍,孩子把题目做对了,父母将题目中的数据改了,题型不变,让孩子再次完成,孩子却不会做了。孩子可能只是记住家长讲的每一个步骤,按照记忆写下来,但是他并不理解这道题,没有掌握这个知识点。父母正确的做法是,讲明白之后,别着急让孩子写下来,先让孩子把这道题反过来给父母讲一遍,讲的时候要注意讲明白每一步的理由。在这期间父母可以不断提问孩子,为什么要这么做? 你是怎样想的? 孩子能讲明白每一个知识点,才说明孩子是真的理解了。所以请父母一定记住,听懂不代表理解掌握,要让孩子反过来讲给你听,才能证明孩子理解掌握了。

父母在辅导孩子学习的时候,通过以下问题启发、引导孩子:

这道题目怎么做? 这些问题的易错点是什么? 解题关键是什么? 请孩子在父母的提问、引导下,把内容讲给父母听。这样他才是真的理解了。

(四)间隔记忆　错题摘录

1. 案例分析

这次数学考试小华考了80多分,拿到试卷妈妈非常生气。试卷里有3道题,妈妈在考试之前带着孩子做过,结果这次考试孩子做错了。还有一道题,之前做过一模一样的题目,当时做对了,这次反而做错了。

这里家长一定要明白一个问题:人的记忆是有时限的。孩子这次做对了,不代表孩子下次能做对。

2. 间隔记忆

孩子在刚接触一个知识的时候,经过几次练习,他会掌握得很牢固。但是之后他会学习新的知识，这个知识点可能连续两三周都不会再出现，之前的旧知识会模糊、遗忘。面对这种情况，我们可以使用间隔记忆法。

这个知识点我们之前没有掌握，今天学会了，第二天，父母可以变换一个题型，让孩子将这道题目再做一遍，第三天可以再做一次。根据遗忘曲线，全面复习的时间比较频繁，后期每次复习的时间间隔可以长一些。我们可以一周后、一个月后、半个学期后再把这些题翻出来看一遍、做一遍，这样孩子就能彻底记住知识点，不会再遗忘了。

3. 错题摘录

复习很重要的一部分，不是看你做对的题，而是看你做错的题。这道题第一次接触时，超过他的能力范围，他做错了，可能意味着他之后还会错。所以错题一定要不断地温习巩固。

可以专门准备一个错题记录本，将错误的题目统一整理到记录本上，写上当时的错误原因，也想一想以后如何处理这样的题目。做好错题收集、总结，才能避免再犯此类错误。

通过复习，孩子把错误的题再讲给你听，才能证明他完全理解掌握了；间隔记忆法，学过的知识点不定期巩固、温习，才能记得更牢固；错题摘录，他会更有针对性地弥补之前的错误，查漏补缺，这样的学习更高效。

运用这些复习方法，他才能真正地理解、掌握每一个知识点。他学过了，并且做对了，他觉得自己能学会，才会爱上学习。

四、总结

希望家长们能够借助本次课程带来的内容，掌握方法并且落实到位。在具体实施的过程中，父母要和孩子及时沟通和调整，长期坚持，帮助孩子爱上学习。

（教师介绍：邓义景，汤静雅名班主任工作室成员。）

和时间做朋友，培养孩子自主学习的好习惯

范莹

【课程目标】

家长可以通过这节课来帮助小学生从小树立时间意识，培养时间管理的能力，从而养成孩子自主学习的好习惯。

【课程大纲】

当今社会对学生时间管理的能力越发看重，随着"五项管理"和"双减"政策的出台，现在孩子不抓紧时间学习的现象都源于孩子不会合理利用时间，有效学习。家长可以通过"明确任务、估算时间""现在就开始""直面困难""制定时间预算"这四个策略来帮助小学生从小树立时间意识，培养时间管理的能力。

【课程内容】

一、前言

"双减"政策下，许多家长都有这样的焦虑：

为什么我的孩子做作业太慢，总是拖拖拉拉，每天都写到很晚？

为什么别人家孩子兴趣班七八种不重样，不仅不影响学习，而且十八般武艺样样精通？

作为老师感触就更深了：

同样的老师教，同样的作业量，有的孩子在学校就能完成，有的孩子作业却写到很晚。

这些现象都源于孩子不会合理利用时间，有效学习。每一位家长都希望自己的孩子能够学会管理时间，但殊不知"时间不会服从任何人的管理，它只会自顾自地流逝"这个道理。

——毫无疑问，我们无法管理时间，我们真正能够管理的，是我们自己。家长们想要自己的孩子能在有限的时间内完成更多的事，你需要做的就是让你的孩子和时间交朋友。

今天就和大家聊聊"和时间做朋友，培养孩子自主学习好习惯"。

二、四个锦囊来帮助孩子和时间交朋友

想要孩子和时间做朋友，其实就是用正确的方法做正确的事情。我这里有四个锦囊可以帮助大家学习如何用正确的方法做正确的事情。

锦囊一：确定任务，估算时间

我想家长们在工作中不可避免地也会遇到这样的问题，一旦开始，就会发现"意外"接踵而至，错误估算任务所需时间，是最常见的。换位思考一下，我们的孩子在这个年龄段还没有形成时间概念的情况下，他们如何做到合理分配时间呢？所以家长需要做的就是先让孩子直观地认识时间，了解时间。大家可以利用手机的计时器，或者沙漏，通过平时生活里的引导树立起孩子的时间意识，如刷牙洗脸 5 分钟就可以完成，吃饭需要 30 分钟等。还可以经常带孩子进行 1分钟计时的亲子游戏活动，在生活和游戏中帮助孩子渐渐树立时间概念。学习时，家长可以帮助孩子计时，这种计时开始要细，比如孩子完成一项语文抄写的作业需要多长时间，根据正常作业量，这个时间不会超过 30 分钟；完成一面数学练习需要多长时间；完成英语朗读作业需要多长时间等。孩子在第一次完成某项作业的时候，家长需要给他计时，这样不仅可以帮助孩子正确估算完成任务的时间，也能帮助家长了解自己孩子的学习能力。因此这种计时，需要让孩子知晓，保证他能在专注的情况下和能力范围内完成任务。

第一个锦囊"确定任务，估算时间"这个技能需要家长帮助孩子从小开始养

成习惯:做任何事情之前先确定任务的熟悉程度,再估算完成任务所需要的时间。渐渐地,孩子对时间越来越熟悉,越来越了解,也就和时间成了朋友。

锦囊二:"现在就开始"

"现在就开始"讲的是行动力。人的一生有两笔财富——你的才华和你的时间。我们的一生可以说是用时间来换取才华。如果时间一天天过去了,而才华没有增加,那就是虚度了时光。"时间都去哪了?"多数人都很轻易地相信自己"真的没时间",问题却是我们把大量的时间都浪费在拖延上了。"拖延"一词最早出现在美国人类学家爱德华·霍尔于 1942 年出版的书里,意为"推迟至明天做"。孩子爱拖延,很多都是受家庭影响,从小到大被包办代替得太多。

我观察过很多爱拖延的人,无论是成年人还是儿童,不是他们不愿意做,而是在还没开始做的时候,就觉得自己做不好,有难度,怕犯错。在面对孩子的拖延行为时,家长需要明确而肯定地告诉他——"现在就开始",从小就要培养他大胆尝试的性格。只有尝试做了,才知道自己真正的实力;只有开始做了,才知道自己的不足;只有坚持做了,才有可能获得最后的成功。当然,以更快的速度去行动不一定能获得最终的成功,但迟疑不决注定不能将事情做成。比尔·盖茨说:"过去,只有适者能够生存;今天,只有最快处理完事务的人能够生存。"对于一名绝不拖延的行动者来说,"现在就开始"是唯一的选择。需要注意的是:如果孩子开始了却没有做好,父母也不能过分指责孩子,要给予帮助和鼓励:帮助他营造一个可以专注任务的环境(专心致志意味着排除情绪干扰和外界干扰),鼓励他积极行动(言语鼓励和物质鼓励)。家长只有这样做了,才能从小培养孩子的行动力。

锦囊三:直面困难

现在大部分孩子都能在学校里完成作业,都具有良好的行动力,但是如果有一天语文老师布置了习作这项作业,孩子们在校的作业完成率就会大大降低,因为这项作业难度大呀,作文是一项创造性作业,需要时间去构思。这件事让我们知道,孩子的效率低下并不是他们不努力,而是因为这件事他不会,觉得难——造成效率低下的根本原因是:回避困难。任何一个任务都可以划分为两个部分,即相对简单的部分和相对困难的部分。稍微思考一下就能明白,合理的时间安排应该是这样的:迅速做完简单的部分,把节省出来的时间放在困难部分的处理上。然而很多人会下意识地回避困难,于是,他们的时间安排是这样的:用几乎全部时间处理简单的部分,至于困难的部分,干脆掩耳盗铃,视而不见,希望困难自动消失……

我想问下我们的家长朋友,在你得知孩子一件事没有做好的情况下,你的第一反应是什么? 是催促、责怪,还是和孩子一起分析问题的原因,帮助孩子寻找解决问题的方法? 如果是责怪,我想以后你的孩子在遇到问题的时候不仅不会第一时间找你倾诉,可能还会因为你的暴躁,为了隐瞒事实真相,会撒谎掩盖。这样做问题不仅不能够得到解决,还会让孩子形成不好的行为习惯。就拿上面写作文这件事来说,如果在孩子遇到写作困难的时候,作为家长应该先问孩子老师上课的时候是怎么讲解的,这样可以帮助孩子回忆课堂老师讲授的方法,再问问孩子自己有什么想法,这样可以培养孩子独立思考的习惯。孩子的生活经历有限,家长可以在选材上给出建议,并且在今后的生活中让孩子留心观察,积累写作素材。经过一番谈话,大部分孩子的困难都能得到解决,写起作文来就会一气呵成。其实家长在这一过程中并没有包办代替,只是帮助孩子解决了写作的困难,大部分任务还是孩子自己独立完成的。在这一过程中,家长还可以偷偷计个时,从谈话开始到写作完成,可能只花了 40 分钟。让孩子知道写作文这件看似很困难的事情,实际只需要花费 40 分钟就能完成。俗话说,有困难才有成长。人生路上谁都会遇到困难,关键看我们怎么去应对。总之,面对困难不能退缩,要学会分享困难,要放松自己,要学会自我激励,要有足够的耐心,一步一步地去解决困难。

锦囊四:记录"开销",制订"预算"

《鲁滨逊漂流记》中写到鲁滨逊刚开始流落荒岛时,用借方和贷方的格式记录出自己当时所遇到的幸与不幸,受其启发,我想到了我们的孩子也可以用这样的方法来感知时间。家长可以为孩子准备一个本子和一支笔,随身携带,正如鲁滨逊分析自己身处荒岛的处境一样,记录时间开销,制定时间预算。感知时间第一步就是要搞清楚自己的时间都用来做了些什么。

第一个习惯:记录"开销"——认真回忆并记录昨天做的事情,每条前面写上序号,后面标注出花费的时间,例如放学回家后的时间开销:

1. 写作业。下午 4:00—5:00,中间休息 10 分钟。

2. 到小区楼下和小伙伴玩滑板,学会一个新的动作。晚上 7:00—8:00。

3. 完成一个科学实验。晚上 8:10—8:30。

4. 睡前阅读。晚上 8:50—9:20。

如果每天记录时间开销这个习惯能养成,你的孩子将成为最"富有"的人。

接下来,还要养成第二个好习惯——制定"预算"。

在制订时间预算时,可以借鉴《正面管教》中的"建立日常惯例表"的方法:

1. 和孩子一起建立日常惯例表,尊重孩子的想法,让孩子舒服地去执行。

2. 和孩子一起分析需要做的事情,把时间安排好。比如我们在制定"睡前一小时"的日常惯例表前,要和孩子一起讨论睡前一小时都要做哪些事,洗澡、刷牙、睡前阅读需要多长时间,把这一小时时间分配好,和孩子达成共识。

3. 拍一下孩子活动时的照片。在惯例表中加入一些有趣的元素,这也是亲子关系最好的润滑剂。

4. 让日常惯例表做主,我们家长和孩子站在同一个战线上,而不是用惯例表来控制孩子。如果我们想要控制孩子,与孩子对立,永远赢得不了孩子的合作。

5. 孩子在执行日常惯例表的过程中,不要加入奖励。因为奖励会带走能力感,会减少孩子内心的成就感。

四个锦囊,也是四种习惯。如果做到以上四点,孩子们每天的学习时间不需要很多,从而可以获得更多的时间去做自己喜欢的并有意义的事情,学习、生活两不误。

三、结束语——和时间做朋友就是"用正确的方法去做正确的事情"

各位家长，不管在哪个领域，孩子的学习也好，我们的工作也罢，长辈们的建议总是"戒骄戒躁"，虽然把"戒骄"放在前面，但"戒骄"其实是有了一定成绩之后的事情，对于大多数人来说，首先要"戒躁"，才有机会"戒骄"。想让孩子自主学习，不是短期可以解决的问题，家长需要让孩子学会"用正确的方法去做正确的事情"，这样才能和时间做朋友。希望这节课说的四个锦囊能给您带来一些思考。

（教师介绍：范莹，合肥市优秀班主任、家庭教育指导师，所在班级曾获"合肥市优秀少先队中队"称号。）

如何帮助学生顺利度过小升初的家庭教育策略

邵青兵

【课程目标】

一、帮助家长了解小升初阶段学生的心理特征及外在表现；

二、帮助小升初阶段的家长掌握一定的家庭教育策略。

【课程大纲】

一、六年级学生的身心发展特点；

二、小升初阶段学生容易出现的问题；

三、帮助学生顺利度过小升初的家庭教育策略。

【课程内容】

作家柳青曾说："人生的道路虽然很漫长，但要紧处常常只有那么几步。"而即将告别小学升入初中的六年级学生所面临的，正是他们人生中的第一个"要紧处"。

小升初在学生的求学生涯中，是一个重要的转折点，也是一个很微妙的时期。学生在经历着巨大的飞跃和变化时，必然要经历一个从不适应到适应的过程。如果家长能了解这个过程，掌握其中的变化规律，耐心地帮助孩子，那么孩子的成长必将更加顺畅。

一、六年级学生的身心发展特点

我们先来看几个生活中常见的场景：

【场景1】孩子刚升入六年级时还挺省心，对父母的话也能听进去，可这段时间越来越让人劳神了,你说往东,他非要往西……

【场景2】我的孩子到了六年级下学期就跟换了个人似的,你说一句,他顶三句……

【场景3】我儿子最近这段时间情绪总是不好,一说他,他就嫌烦,不说吧,眼看着就要小升初了,唉……

……

越来越多的案例告诉我们,六年级的孩子不管是生理还是心理,都处于动荡期。这一时期的孩子在心理上有以下几个特点:

(一)依赖中求独立,出现对成人的反抗

从心理方面来讲,六年级的孩子随着生理的成长,其自我意识、独立意识、成人意识开始萌芽,并日益增强。正是这些意识的形成促使他们不可避免地以"小大人"自居,渴望自由、独立,占有欲、支配欲显著增强,想拥有自己独立的天地,想自己掌控方向。对于阻碍他自我意识发展、自我行为发生的一切外界因素,都表现出强烈的反感甚至反抗情绪。所以这一阶段的孩子经常把老师的劝说、要求、批评,家长的指点、提醒、督促等看成是"管""卡""压",是与自己过不去,是对自己自尊心的伤害,进而把自己放在教师、家长的对立面而产生叛逆心理和行为。

(二)思想易受暗示,分辨能力不高

六年级学生尚处于人生观、世界观形成的初级阶段,他们求知欲强,兴趣广泛,凡觉得新鲜的就想了解和吸收。但是,由于他们的社会实践少,经验不足,且辨别能力不强,思想免疫力较弱,看问题易带片面性和表面性,他们对周围人给予的评价非常敏感和关注,哪怕一句随便的评价,都会引起内心很大的情绪波动和应激反应,以致对自我评价产生动摇,遇到暂时的挫折和失败,往往会走入另一个极端,灰心丧气,怯懦自卑,没有恒心。因此常常在学校要求和家长意见不一致时,感到困惑和烦恼,在良莠难辨的情况下,容易受到错误思想观念的暗示和影响,出现跟风和效仿他人的现象。班级也容易出现小集体、小帮派,甚至出现共同犯错的现象。

（三）男女有别，复杂敏感

六年级的学生在生理上开始进入青春发育时期，他们对身体所发生的变化既好奇又怕羞，有些学生甚至为此感到困惑和烦恼。女学生发育早一些，首先由好动转为好静，开始怕羞，喜欢谈美了。由于个体发展的差异性，有些学生出现男女同学间暂时的反感，有些学生对男女生之间的交往则变得特别关注，对一些有关"恋爱"的话题和词语特别敏感，喜欢谈些"小道消息"，编派谁和谁是一对，还有个别学生对异性产生好感，甚至出现早恋的现象。他们开始注意自己的外在形象，注重异性同学对自己的评价，也开始尝试与异性交往。但是在交往过程中心理变得极其敏感：一方面他们渴望接近对方，但又不知道如何正确交往，表现为羞羞答答，显得别扭；另一方面他们比较关注其他同学与异性同学的交往，喜欢起哄，传谣，令当事人非常尴尬。就这样，因不能正确处理与异性同学的交往，而直接影响到学习和生活的学生为数不少。

（四）由注重亲子关系到注重同伴关系

当学生升到小学六年级时，变得比较独立，他们喜欢与同伴一起活动，容易对"知己朋友"倾吐内心的秘密；渴望得到更多的尊重和理解，不希望大人对自己过多干涉，与大人说话越来越少。随着毕业的临近，他们更多地在一起讨论即将到来的初中生活。这时他们发现就要分开了，可能不在一所学校了，也可能不在一个班级了，就要和相处六年的好朋友分别了，所以，他们开始感伤起来，开始写毕业纪念册，开始许愿，开始邀约……

二、小升初阶段学生容易出现的问题

六年级学生和四五年级的学生有着很大的不一样。

在学习方面，随着年级的增高，六年级学生的课业负担相对中低年级变重了，所学知识也变难了，需要孩子静下心来思考才可以，因此学生花在学习上的时间也更多了。大多数的学生在这时候已经有了一定的独立思想，也有了一定的竞争意识，有较强的自尊心，知道学习是自己的主要任务，但同时也存在着以下几个问题：

（一）浮躁——学习浮躁，做事浮躁，有一颗不能安静下来的心，不能真正静下心来学习

这是最棘手的一个问题，表现在方方面面。例如早读时，看书的学生不多，讲话聊天的多；写作业，不仔细审题，想当然地写；下课铃声响了，老师可能还在说最后一句话，有的学生就迫不及待地站起来准备飞奔出去……

（二）部分学生的学习缺乏主动性，存在依赖性

学习的动力来自督促，学习的目的是为了完成老师布置的作业和应付家长的检查——这种学生每个班或多或少都有那么几个，对学习完全是应付差事、敷衍了事，有的作业需要老师三令五申才能补齐。这部分同学，如果得不到家长的重视，他们就会养成了长期不写作业和经常不交作业的坏习惯。

（三）部分学生存在懒惰思想

不愿意去背诵积累，不愿意深度思考问题，不愿意自己探究问题。例如课文中的文章背诵、日积月累、经典诵读，老师不检查，他就不背诵；老师明天检查，他就今天才准备，而且准备的效果也不好。如果家长只靠老师检查，不现实。因为每个班都有好几十个学生，如果老师一个一个检查，一篇一篇检查，时间不允许。因此，如果家长在家不监督，学生的诵读时间不够，效果肯定就不好。这部分同学还有一个特点——写作业敷衍，遇到需要思考的题，随随便便敷衍几句，不愿意多问，不愿意多思考，不愿意多写，这是个普遍现象。

（四）两极分化的情况日趋严重

原来在中低年级成绩差异还不明显，你是 A，我是 A-。但到了六年级，你会发现好的学生越来越好，不仅学习成绩好，学习习惯也很好，进入了良性循环；而有些学困生因为成绩不好，对学习缺少信心，学习习惯也不好，进入了恶性循环。

三、帮助孩子顺利渡过小升初阶段的家庭教育策略

策略一：合理关注孩子的学习

1. 加强正面的教育

小学阶段最后这一段时间,由于学习任务加重,孩子们肯定会觉得比累,有时会产生浮躁的心理。我们要经常和孩子进行谈话聊天,发现孩子有怨言、有负面情绪时,要及时进行疏导。要让他们懂得,不努力、不吃苦就不会有收获。最好能和他们一起制定一个小目标,如赶超班级哪位同学,考上哪所初中。同时也要善于发现他们细小的进步和点滴的闪光点,对他们通过努力、勤奋得到的进步要及时进行表扬、鼓励,使他们有更多的乐趣投入到紧张的学习当中去。因为,只有主动地学习,才是最有效的学习。

2. 理性看待孩子的成绩

对于孩子在校的情况,家长更多关注的可能是他们的学习成绩。但如何正确地看待孩子的学习成绩呢? 我认为主要要看孩子有没有尽到最大的努力。学习成绩的好坏,受制于很多方面,有学习方法的不同,有个人的理解能力的差异,有原生家庭的差距等。所以,我们要正确看待孩子的成绩,告诉孩子主要是自己与自己比,只要尽了最大的努力,定然会有个优秀的成绩。

策略二:懂得关爱孩子

1. 关心孩子的身体

由于临近毕业,学习任务加重,孩子的消耗比较大。因此,这段时间可以适当给孩子增加营养,以防孩子生病。另外,要保证孩子充足的睡眠时间,到一定的时间要提醒孩子赶紧休息,以保证第二天有更好的精力投入学习。

2. 创设一个良好的家庭氛围

心理学研究表明,良好的家庭氛围对孩子的学习有很大的帮助,而不良的家庭气氛则会降低孩子的学习效果。如家庭中父母关系比较紧张的孩子,心理承受能力较差,容易自暴自弃,而家中父母关系和睦的孩子,心理都比较阳光,积极乐观,人际关系很好。所以,做家长的要为孩子创造一个和谐的家庭环境。即使有时碰到不顺心的事,也要努力克制自己,以免影响孩子的情绪。

策略三:善于交流沟通

小学毕业前夕,学生的思想波动较大,家长在这个阶段要多与孩子沟通,多与孩子交流，了解他们的喜怒哀乐，真正从思想上、情感上了解他们、关心他们、帮助他们。每个孩子都需要关爱，作为毕业班的家长，我们要有这样的意识：这时的孩子，并非只要让他们吃得好、穿得好就够了，更重要的是抽空多与他们谈谈心、说说话，了解他们在学校的一些情况，同时也让他们了解家长的辛苦与烦恼。多与孩子沟通、交流，孩子会与你无话不说，渐渐地也会与你建立起深厚的感情，这也能让孩子更健康地成长。

（教师介绍：邵青兵，区优秀教师，曾多次获得市、区级表彰，多篇论文获省市级一等奖，辅导学生多人次获奖。从教十几载，一直秉承着爱是教育的核心：热爱教育，热爱学习，热爱学生。）

聚焦作业管理　立足养成策略

郑萍

【课程目标】

知识与能力

帮助家长了解孩子在家中写作业时应该培养的好习惯。

过程与方法

给予家长方法指导,立好规矩,由扶到放,对孩子建立合理期待。

情感态度与价值观

让家长在面对孩子的家庭作业问题时轻松应对,由"扶"到"放",实现亲子和育,家校共育。

【课程大纲】

孩子写家庭作业,家长应该如何引导并培养孩子的学习好习惯呢?

一、立好规矩,培养孩子写作业的时间观、专注力和自查力;

二、由"扶"到"放",循序渐进;

三、放平心态,对孩子建立合理的期待。

【课程内容】

"不写作业,母慈子孝;一写作业,嗷呜喊叫。"相信大部分家长对这句话都会有些共情之感。感叹之余,不禁发问:孩子写作业,家长到底应该怎么做才能"母慈子孝",一片和谐呢?

曾经有一个家长诉苦:自从陪孩子写作业后,我脱发越来越严重了,估计不等娃上大学,我就得买假发戴了。看似开玩笑的诉苦,却道出了许多家长对于孩子写作业时出现磨蹭、拖拉、错误百出等问题时的手足无措,甚至出现情绪崩溃的情况。

其实孩子的问题都归结为一个原因：写作业的好习惯未养成。那么孩子写作业需要养成哪些好习惯呢？别急，育儿锦囊送给您。

策略一：养成先行，事半功倍

（一）培养孩子的时间观，做到按时完成作业

【案例1】我有一个学生，三年级的时候，她的妈妈和我抱怨：孩子每天下午3点半放学，作业很少，可是晚上却要磨蹭到八九点，甚至更晚才能完成。

我让孩子妈妈坐下来，和我详细说说孩子回家后所做的事情：原来，孩子的爸爸妈妈都是双职工，家里是奶奶接孩子。奶奶觉得孩子上学一天累了，回家后就先吃喝，然后带出去玩一会儿，大概到6点左右才回家写作业。此时孩子刚刚玩回来，心思根本不在作业上，又无人监督，边玩边写，还没有写完作业，一大家子就要吃饭了，吃完接着写，在批评和催促中，磨磨蹭蹭，一般都要到很晚才能完成作业。

听完这位家长的抱怨，我终于找到了孩子做作业拖拉磨蹭的原因了：孩子没有写作业的时间观。这和家长有着直接关系。当孩子放学到家，先吃好喝好玩好，这些做法其实都是在变相地告诉孩子，家庭作业并不是最重要的事情，再晚些完成也没问题。这些都直接导致了有的孩子后来出现拖拉作业、做事磨蹭等情况。

其实从孩子需要写家庭作业的那天开始，家长就应该和孩子"约法三章"，也务必要和家中老人商量好，达成统一"战线"：孩子回家后的首要任务便是写作业，培养孩子的时间观。孩子回到家，可以进行简短的休息，之后便应该直接进入房间写作业，中间不要有多余的事情干扰。

那如何培养孩子的时间观呢？家长们可以从以下三个方面训练。

1. 制订计划——持之以恒

对于写作业的时间规定，父母要先了解一下孩子的作业量，根据孩子的具体能力，给孩子规定完成作业的时间与计划。一开始可以给孩子一个稍微宽松的规定时间完成作业，让他够得着，完成得有成就感。这时家长再多鼓励，循序渐进地对孩子的书写速度、书写质量提高要求。这个计划制订后必须严格落实，持之以恒方能见效，不可三天打鱼，两天晒网。

2. 奖惩适当——及时有效

当孩子在规定的时间内完成作业后，父母可做适当可行的奖励，比如孩子按照要求完成作业后，可以和小伙伴在外面多玩 20 分钟，这样可以增强他们按时完成作业的成就感，有效地培养了孩子的时间观。如果孩子不能按时按量地完成作业，家长切勿着急上火，可以与孩子提前约好不能按时完成的惩罚，比如多写一面计算，多做一件家务等，不要做机械的罚抄或武力解决，惩罚也要有艺术性，要适当有效，罚中苦学。

3. 设定闹钟——监督提醒

家长可以买一个小时钟放在写字台上，可以按照作业计划定几个响铃。闹铃响起，会对孩子的书写速度有一个提醒，对孩子时间观的养成有一定的促进作用。

以上三点可以有效地培养孩子的时间观，养成按时完成作业的好习惯。

(二)培养孩子的专注力,学会认真书写作业

培养孩子的专注力，既可以提高孩子的学习能力，又可以锻炼孩子的毅力，有利于提高孩子的自信心。

1. 营造一个固定、安静、整洁的学习环境

有的家长认为孩子不自觉，必须要看着写，于是孩子跟着家长走，家长在哪，孩子就在哪找个地方写作业，这样会让孩子写作业的专注力受干扰，容易受到外界的影响，比如开门声、烧水声等，从而影响孩子写作业的效率。家长应该为孩子营造一个固定、安静、整洁的学习环境，让孩子少受干扰，静心写作业。

2.严格要求,专注做好一件事

【案例2】我曾经有个学生,他在课堂中写字词时,写几个字就要找橡皮擦一下重写,这样书写虽然好看一点,但是专注力和写作业的速度远远不如其他同学。后来和他聊天才知道,在家中,家长要求孩子书写必须工整,认为写得不好看的,马上就让他找橡皮擦了再写,写了再擦,哪怕写到很晚。了解情况后,我赶紧打电话和家长沟通了一下低年级段孩子的心理和生理特点:低年级段孩子专注力时长仅在 15 分钟左右,他把这段时间都用来找橡皮擦字了,如何能集中注意力思考问题、完成作业呢? 另外,如果一旦养成了这种习惯,他在中高年级段作业增多的情况下,势必会速度跟不上,久而久之,在学习中会失去自信。

有的孩子在写作业的过程中,一会儿要喝水,一会儿要吃东西,这些绝对不能迁就孩子,必须厉声拒绝,一切等写完作业才可以,逐步让孩子断了这些念想。

家长要提前告知孩子,在写作业期间,不能随便进出房间,让孩子意识到必须专心完成一件事情,才能去做另一件事情,培养孩子的专注力。

3.循序渐进,切忌一把抓或只抓一处

家长在培养孩子专注力时,一定要循序渐进,切忌一把抓或只抓一处。比如当孩子做作业速度慢时,我们应该以提高孩子的作业速度为主要目的,不要想着作业速度、正确率、书写美观度一起抓,这样急于求成,会导致孩子的专注力无所适从,完成作业的效率也会随之降低。

(三)培养孩子的自查力,提高作业的正确率

当孩子写完作业后,大多本子一放,笔一扔,根本不检查,或者让父母检查。如果我们让孩子检查,孩子也是应付看一遍,然后跟您说:“妈妈,我看没错,您再帮我看一下吧……”面对这种情况,家长切忌代为检查,否则时间一久,孩子检查作业的依赖性就会不断增加,不愿意独立思考订正了。

如何逐步培养孩子自我检查作业的能力呢？您可以这样做：

1. 缩小范围，鼓励自查

一开始，家长可以带着孩子一起检查。如果家长发现错误，不要告知孩子具体题目，可以划一个范围，比如数学计算8道题中有3道题是错的，我们让孩子自查。低年级段孩子可能觉得有难度，积极性也不高。那么我们可以把孩子检查作业的目标缩小，如果出两道题，告诉孩子这里面有一道题是错的，这时孩子主动寻找错误的积极性和订正错误的准确率就会提高。也可以给出在作业中的第几大题，让孩子有个方向检查即可，逐步培养孩子自我检查作业的能力。

2. 养成习惯，慢慢放手

如上操作，当孩子自主检查出错题时会获得成就感，他就会愿意去检查第二道错题。家长可多次重复这种方法，同时不断肯定孩子的进步，再慢慢地放手给他们自己检查，让孩子在检查作业的过程中不断地感受到"我可以自己找到错误并订正"的自信与成就感。这时，父母就可以放手，慢慢脱离检查孩子的作业了。

如果孩子检查出来订正还是错，或是未查出错误，家长不要着急，这说明孩子对这类题型的确不懂，应该高兴能及时发现问题，然后带着孩子去解决问题，直到弄懂为止。

记住，孩子能承担学习的责任远比他学习上的错误重要得多。越往高年级，我们就越有体会：学习上的事我们可以帮得了一时，帮不了永久。到最后，学习靠的是孩子自己！

策略二：由扶到放，循序渐进

（一）督促及坚持

经常会听到一些父母说："你看×××家的孩子，写作业从来不需要父母看着，每次都能认真自觉地完成作业，再看看我家的……"其实，在谈论这个话题时，各位家长也需要反思自己是否做到位了。因为任何一个写作业认真、不让家长操心的孩子,都会经历一个由扶到放的过程。当家长着手培养孩子的时间观、专注力和自查力时,这就是在"扶"着孩子走路。这个过程需要家长反复、耐心地督促和持之以恒地坚持。

任何一个好的习惯都需要 21 天才能形成,90 天才是一个完整的周期。有一部分家长在最开始,因为各种原因未能养成孩子学习的好习惯,所以一路走来并不轻松,而且会越来越累。而另一部分家长在孩子写作业初始就坚持培养孩子的各种能力,过程可能很辛苦,但是坚持一段时间,越到后面越轻松,慢慢地,孩子写作业基本不需要过多干预了。所以,督促与坚持是家长对孩子的作业管理由扶到放的必做之事。

(二)家长要找准"放手"切入点

对于孩子写作业好习惯的培养要循序渐进,因为每个孩子都是不同的,有的孩子很听话,家长可能"扶着走"不到一年,他就能自主高效地完成作业了,这时家长就可以放手了。反之,有的孩子或过于顽皮,或因为家长的督促与习惯培养时常"掉线",他们写作业不能做到自主高效,三天打鱼两天晒网,这类孩子哪怕是到初中,家长都应该经常关注孩子的作业完成情况,毕竟这是最能直接反馈孩子上课听课状态及知识掌握情况的重要检测方法。

如果您的孩子在近一个月的时间内,无论是书面作业还是口头作业,如背诵、读书等都能按时按量地完成,作为家长的您可以适当放手了,可以一个星期查一次作业完成情况,慢慢地半个月、一个月再检查几次,以此类推,慢慢地由扶到放。反之,您的孩子则没有达到放手的阶段,家长还需要多多关注孩子的作业完成情况。

综上所述,家长由扶到放是循序渐进式地放手:从全程的陪伴,到过程性的辅助,到阶段性的协助,直至最后放手。不过,这里的"放"不是绝对的,任何人的自律都是需要一个外界环境约束,何况是孩子,所谓的"放"是家长可以隔三岔五地抽查,但绝不可彻底放任不管。人人都有惰性,何况是孩子,这需要家长经常关注孩子,从作业完成情况去发现孩子的问题,及时纠正,让孩子更上一层楼。

策略三：调整情绪，建立合理期待

写作业对于很多孩子来说是一件无趣的事情，再加上如果没有养成良好的学习习惯，写作业时就会出现不认真、磨蹭、拖拉等问题，这样势必会激怒家长，软硬兼施都不能改变孩子学习态度的家长甚至会情绪崩溃。其实拖拉、磨蹭是每个人都有的惰性，孩子更甚。这时家长不妨换位思考，走出孩子的房间，深吸一口气，调整一下自己的情绪。

（一）放平心态

其实孩子写作业出现问题很正常。前面反复说过，作业的目的就是检测孩子知识掌握情况，及时查漏补缺。家长情绪失控往往是对孩子的期望值过高，认为我的孩子应该很聪明，不应该写不出来；我的孩子的作业中不应该犯这些低级的错误；我的孩子不应该这么不听话，他应该是个认真学习的好孩子，等等，期望越高，失望越大，情绪自然容易失控。

作为家长，我们不妨放平心态，告诉自己，这是孩子自己的事情，如果写不好作业，会被老师批评或被要求重写，让孩子自己学会承担后果，之后再找个机会和孩子好好探讨认真写作业的重要性，这样做比你咆哮一百遍更有效。

（二）榜样激励

我们还可以通过榜样来激励孩子端正学习态度。其实父母是孩子最好的老师。所以当你在批评孩子懒散、磨蹭、写作业不认真时，家长不妨以身作则，坚持认真做一件事情，比如你带着孩子一起坚持运动、练字、阅读等，坚持不懈，言传身教，让孩子意识到榜样的力量，这样比说教更管用。其实有很多家长都在这样做：比如报亲子书法班、亲子篮球班、亲子阅读课……我们在要求孩子的同时，也要努力做最好的父母，无声地教育着、影响着孩子。

曾经有家长问我：孩子已经四五年级了，现在纠正孩子的一些作业问题是否来得及了？我想说的是，无论如何，只要各位家长选择开始出发，那最大的问题其实已经在被解决的路上了！

养成先行,培养孩子写作业的时间观、专注力和自查力;由扶到放,家长一定要循序渐进,放平心态,对孩子建立合理的期待。如此这般,相信各位家长心中的"作业和谐号列车"不日便会抵达。

（教师介绍:郑萍,小学语文一级教师,从事教育教学工作十六年。一直担任语文老师、班主任兼年级组长。曾参加全国、省、市、区级教育教学及论文比赛,屡获一、二等奖;所带班级经常被评为校级、区级优秀班级。被评为区级优秀班主任,合肥市师范附属小学首届"最美教师"。）

后 记

教育，是一场向美而行的遇见。有人说："教育的左腿叫学校，教育的右腿叫家庭。两条腿一起和谐走路，才会走得快、走得顺。一条腿出了问题，或者两条腿不能配合，走不快也走不好。"家庭和学校只有保持同频共振，才能让孩子在生命成长中迈开双脚，快乐飞翔。

早在 1995 年，《中华人民共和国教育法》第 50 条就明确指出："学校、教师可以对学生家长提供家庭教育指导"。"可以"两字，授权学校、教师指导家庭教育的合法性。后来，教育部相继出台的政策进一步强化了学校、教师的家庭教育指导责任。

习近平总书记 2018 年在全国教育大会上指出："家庭是人生的第一所学校，家长是孩子的第一任老师，要给孩子讲好'人生第一课'，帮助扣好人生第一粒扣子"。2022 年 1 月 1 日，《中华人民共和国家庭教育促进法》正式实施，强调要通过各级政府、各部门、学校加强家庭教育指导服务，采用组织建立家庭教育指导服务专业队伍、家庭教育指导服务站点，建立家长学校，提供线上家庭教育指导服务等方式促进未成年人的父母或者其他监护人树立正确的家庭教育理念，自觉学习家庭教育知识，掌握科学的家庭教育方法，提高家庭教育的能力。

合肥市师范附属小学积极响应文件精神，在包河区教体局的大力支持下，立足于学校文化，构建学校、教师、学生、社区相融共生的良性教育生态，启动《拂晓共生·儿童为本——合肥市师范附属小学教育集团家校共育工作规划》。工作中，我们一直在思考怎样重塑家校共育新格局，营造温馨的家庭教育环境，促进学生健康成长。在面向一至六年级的教师、家长进行问卷、访谈后，发现大家更需要的是一套关注现实问题、提升家长教育胜任力的课程。于是在专家团队的引领下，学校组建了拂晓宣讲团，围绕各学段心理健康、生活指导、学习能力、亲子关系、焦点指导（主要针对七类儿童）等不同维度，开展 PBL 项目式研修。研修过程中，讲师团成员能够准确把握家庭教育讲座的选题及内容的结构性设计，把握讲座的目标和问题导向，以及对应的理论根据和现实需求。过程是艰辛的，但成果是喜人的。老师们经过长达半年多时间的课例撰写、课程录制和论文打磨，最终多节优秀课例在新华网推出，第一节课点击率在短短两周内就突破了 80 万人次。今天，我们将这些优秀课例的实录和老师们在研修过程中形成的理论成果汇编成册，希望能给广大家长带来帮助，给老师们点滴启发。

本书是编写组全体成员的智慧结晶，其内容撰写分工如下：

冯璐、杨志云负责全书的统稿、审核和后记的撰写；

杨志云、杨妍负责"拂晓共生　儿童为本"项目化培训；

汤静雅、范莹、许蓓、郑兆甫、王小强负责"家校共育"主题课程课例及论文的收集、修订；

何柳明、汤静雅、戴志程负责"家校共育"主题课程的录制和上传。

树立正确的育儿观、人才观，掌握正确的家庭教育方法，提升家长家庭教育胜任力是需要不断地学习实践和反思。希望读者能够爱上这本书，用好这本书，让我们一起同向同行，"育"见未来！

本书编写组

2022 年 12 月